LIBRO
COMPLETO
de
Reiki

LIBRO COMPLETO

de

Reiki

TODOS LOS NIVELES DE REIKI (1.º, 2.º, 3.º Y MAESTRÍA),
COMPLEMENTADOS CON EJERCICIOS DE RECARGA BIOENERGÉTICOS,
TÉCNICAS TAOÍSTAS, MEDITACIONES Y ORACIONES

JOSÉ MARÍA JIMÉNEZ SOLANA

Gaia Ediciones

Primera edición: abril de 2000
Tercera edición: diciembre de 2000

Diseño de cubierta: Miguel Ángel Parreño

© José María Jiménez Solana, 1999

© Gaia Ediciones, 1999
  Alquimia, 6
  28933 Móstoles (Madrid) - España
  Tels.: 91 614 53 46 - 91 617 08 67
  Fax: 91 618 40 12
  e- mail: alfaomega@sew.es
  www.alfaomegadistribucion.com

Depósito legal: M. 46.740-2000
ISBN: 84-88242-96-4

Impreso en España por Gráficas Cofás, S. A.

Índice

TERCERA PARTE
MANUAL DE REIKI TRES

CUARTA PARTE

Manual de Maestría Reiki

PRÓLOGO

*E*STE MANUAL es una herramienta que puedes utilizar para mirar en tu interior.

Simplemente, léelo.

No pretende conseguir que sigas disciplinadamente sus técnicas y reflexiones.

Su único objetivo es ayudarte a correr el velo que te impide conectar con tu Yo Superior que sabe.

Hay muchos caminos, tantos como personas, pero todos pasan por la fase de apertura hacia el interior y por un proceso de desapego de lo exterior que te permita afinar tu conciencia para penetrar paulatinamente dentro de ti y conectar con tu naturaleza divina.

De esta forma conseguirás un libre fluir de la energía en tus cuerpos físicos y sutiles, liberando los bloqueos energéticos que se han anclado en tu sistema debido a los efectos producidos por las creencias limitadoras que te impiden la libre expresión de tus sentimientos y de tu potencial energético innato, cargando sobre los demás tus propias limitaciones.

Descúbrete.

Sé libre.

No rechaces nada.

Para poder sanarte en los niveles físico, emocional, mental y espiritual: acepta, ama y comparte.

Si tú quieres, el Reiki, la meditación, la oración, el ejercicio y la alimentación van a ayudarte en tu propio proceso de sanación.

El Reiki es una técnica efectiva, sencilla, poderosa y de efectos más rápidos que otras, porque no requiere una preparación previa ni un entrenamiento especializado, y cualquiera que haya recibido las sintonizaciones puede comenzar a utilizarlo con resultados inmediatos.

Desde que decidas utilizar el Reiki, la meditación y la oración para penetrar en tu interior, habrá un antes y un después en tu vida, pero únicamente desde la óptica de tus esquemas adquiridos porque realmente, y en esencia, sólo existe un aquí y ahora, y sólo desde el momento presente puedes sanar tu pasado y configurar tu futuro.

El Reiki y las técnicas asociadas que se exponen en este manual te aportan más conciencia para sumergirte en el *ser* y liberarte del *deber ser* que te has autoimpuesto con tu sistema de creencias limitadoras.

El ser de este momento, tu realidad presente, es lo perfecto para ti, porque es un puente que debes atravesar para seguir tu camino.

El Reiki te puede enseñar a no rechazar nada y también a aceptar todo, para ser libre en cada momento y penetrar en tu Yo Superior, donde puedes comenzar el camino de tu sanación física, emocional, mental y espiritual pudiendo ayudar después a sanar a tus hermanos.

Toda enseñanza es como una balsa: hecha para realizar una tra-
vesía, pero a la que no hay que atarse.

BUDA

No te adhieras a ningún dogma.
No aceptes ningún dirigismo.

Sólo tú controlas tu propio destino.
Sólo tú te puedes sanar a ti mismo despertando tu Yo Interior y
penetrando en Él.

Si Dios no está en tu corazón no podrás encontrarlo en ninguna
otra parte del mundo.

EVEN BOJAN

Pedid y se os dará; buscad y hallaréis; llamad y se os abrirá.
Porque quien pide recibe, quien busca halla y a quien llama se le
abre.

JESÚS DE NAZARET,
en el Evangelio según San Mateo

Aquel que se conoce a sí mismo conoce a Dios.

MAHOMA

Vacíate y estarás lleno.
Utiliza la Luz para mirar dentro de ti.
Un viaje de mil millas empieza con un paso.

LAO TSÉ

Si ves la menor distinción entre Brahman [Dios] y el Ti Mismo,
entonces no has comprendido.

Upanishads

Dedicado a los hermanos de San Juan de Dios de Terriente (Teruel), que me ayudaron a correr el velo.

PRIMERA PARTE

MANUAL
DE

REIKI UNO

Para que se produzcan los efectos específicos que se mencionan en este manual es preciso haber recibido las enseñanzas y la sintonización de Reiki Uno de un Maestro Reiki.

CAPÍTULO 1

El símbolo Reiki en Reiki Uno

Esta figura que utilizo en mi escuela es un mandala que representa el Reiki como camino de sanación y de evolución espiritual.

El círculo exterior, representado por una flor de loto de doce pétalos, es una parte del símbolo del chakra del corazón (cuarto chakra), centro del amor y de la compasión, que es atravesado por la Energía Reiki antes de salir por las manos.

Dentro de él se encuentra inscrita la estrella de David, que está formada por dos triángulos equiláteros fusionados que originan una estrella de seis puntas:

El triángulo que tiene el vértice hacia arriba representa el proceso de liberación del individuo, y dentro de él a la humanidad dirigiéndose hacia Dios en su camino de evolución espiritual.

El que tiene el vértice hacia abajo representa el proceso de manifestación por el cual nuestras ideas y deseos se convierten en realidad, y también a Dios dirigiéndose hacia la humanidad, simbolizando que Él siempre está a nuestra disposición.

Los dos triángulos están unidos, armonizados y en equilibrio, y su fusión representa a Dios y a la humanidad cooperando juntos en amor y armonía, los cuales, fundidos en la Unidad, participan de una misma esencia: «Como es arriba es abajo.»

En el centro aparecen tres caracteres japoneses. Los dos primeros son los símbolos del *Rei* y del *Ki*, que es la Energía Universal guiada espiritualmente por el Amor Universal del Creador y por la Conciencia Divina que coexisten en cada uno de nosotros, y el tercero es el símbolo del *Do* o camino, y los tres unidos representan al Reiki como instrumento que nos conduce hacia nuestra sanación y nos acerca hacia Dios.

La imagen superior representa una flor de loto de mil pétalos abiertos hacia el cielo que forma parte del símbolo del séptimo chakra, centro de comunicación de nuestra mente con nuestro Yo Superior, donde reside nuestra esencia divina y cuya activación es una meta en nuestro camino de evolución espiritual hacia el amor y la Luz, que todos deberemos recorrer.

Los símbolos de los chakras séptimo y cuarto también representan el recorrido en nuestros cuerpos físicos y sutiles de la Energía Universal, que entra por el chakra corona, atraviesa el chakra del corazón y sale finalmente por los chakras menores de las palmas de las manos.

Todo, conjuntamente, representa la idea de que el Reiki es un sistema para sintonizar con la vibración del amor que forma parte de nuestra esencia divina, y que al acumular y transmitir esta *Energía Universal* mediante el Reiki unimos a Dios y a la humanidad en paz y armonía, conduciéndonos esta comunión con la frecuencia vibratoria del Amor Universal a la curación, inicialmente de nuestros cuerpos energéticos y sutiles, y posteriormente del cuerpo físico.

CAPÍTULO 2

La Energía Universal y la Energía Vital y su relación con el uso de las manos en sanación

Penetrando en la tierra yo soy con mi energía vital el sostén de todas las criaturas, y convertido en soma jugoso, nutro y doy sabor a las plantas.

Transformado en calor, animo el organismo de todo lo que respira, y combinándome con el aliento inspiratorio y espiratorio llevo a cabo la digestión de los alimentos.

Bhagavad Gita (550 a.C.)

Desde la Antigüedad, todas las culturas coinciden en que existe una *Energía Universal* que impregna y sustenta al cosmos en su totalidad como una unidad, y una de sus manifestaciones en una frecuencia de vibración más baja es la *Energía Vital* que anima a los seres vivos.

En India fue llamada *Prana* y los yoguis trabajan con el Prana mediante la respiración, la meditación y determinados ejercicios físicos para elevar su frecuencia vibratoria con la finalidad de unir al cuerpo con el alma y al hombre con Dios, y conseguir mantener unos estados alterados de conciencia que les permiten conservar la armonía, la juventud y la salud.

En China se utiliza la palabra *Chi, Qui o Ki*

para expresar el estado de energía de algo, preferentemente de las cosas vivas, y existen muchos tipos de Chi; por ejemplo, el Tian Chi es la energía celeste, el How Chi es la Energía Vital, el Ren Chi es la Energía Vital humana, el Goe Chi es el Chi del espíritu, etcétera.

Existen dos fuerzas o polaridades universales, el *yin* y el *yang,* de cuya interacción surge todo lo creado y que deben estar en equilibrio.

El Chi, Qui o Ki contiene el yang (o energía masculina) y el yin (o energía femenina), y del equilibrio entre ambas surge la armonía universal, física y mental.

El hombre es un microcosmos integrado en el macrocosmos universal y cósmico, y todo se rige por los mismos principios: «Lo que es arriba es abajo.»

En nuestros cuerpos físicos y sutiles existe una red energética por donde circula el Ki, formada por los chakras, los meridianos y los nadis.

Mediante la acupuntura se actúa en este sistema energético para restablecer el equilibrio entre el yin y el yang.

Existen básicamente tres tipos de Qui: el Qui celeste y el Qui terrestre, que son macrocósmicos, y el Qui humano, que es microcósmico.

El Chi, Qui, Prana o Ki es una sustancia energética omnipresente en el universo que tiene propiedades nutritivas, poseyendo también la conciencia de la reorganización celular, de forma que aporta a las estructuras atómicas y moleculares una tendencia hacia la reorganización y la armonía.

Si hay Ki, hay vida; por ello, cuando el cuerpo muere, el Ki lo abandona, cesa la vibración a nivel subatómico, produciéndose el caos y la descomposición física.

Desde hace miles de años, uno de los objetivos de la medicina china es lograr y mantener el equilibrio del Ki o Qui, y del yin y del yang, en todo el sistema para conservar la integridad energética del ser humano; pero lograr este objetivo que permite vivir con alegría, espontaneidad y autenticidad nos exige un continuo trabajo interior, ya que es un proceso cambiante que hay que mantener y que dura toda la vida; para ello existen diversas técnicas energéticas como el yoga, las artes marciales, la bioenergética occidental o la bioenergética taoísta, que estudian la manipulación consciente de la Energía Vital, de forma que mediante técnicas respiratorias, ejercicios precisos, masajes, visualizaciones y control, mental y espiritual, pueden acumular y dirigir el Ki a cualquier parte del organismo y transmitir la energía en el tiempo y en el espacio.

En la Edad Media, Paracelso creía en una fuerza vital controlada por la imaginación, a la que llamó arqueo, la cual podía producir efectos saludables o enfermizos.

En el siglo XVIII Mesmer le otorgó naturaleza magnética y decía que el individuo era el medio a través del cual se transmitía desde el cosmos la fuerza curativa, a la que llamó magnetismo animal; en el siglo XIX, Riechenbach la llamó fuerza ódica, y en la escuela del Este se denominó bioplasma.

En el siglo XX, Wilhelm Reich, discípulo de Freud y precursor de la Bioenergética occidental, la llamó orgón, y exponía que la carga de orgón de los tejidos y de las células de la sangre determina el grado de susceptibilidad a las infecciones y la disposición a la enfermedad, y que con la introducción de la energía orgónica desde el exterior (tal como hacemos en Reiki) se alivia al organismo de la carga de consumir el orgón de su propio cuerpo en la lucha contra la enfermedad.

Poco después, hacia 1940, un alumno de Reich, Alexander Lowen, se centró en los efectos de la energía en el cuerpo humano, estableciendo en sus estudios y técnicas que los procesos energéticos del ser humano condicionan lo que sucede en la mente, y también lo que sucede en el cuerpo, y que la energía de una persona determina su personalidad.

Así nació la *Bioenergética occidental,* que es una técnica para ayudar a los seres humanos a retomar contacto con nuestra Energía Vital innata, la cual permanece reprimida por los conflictos internos originando bloqueos energéticos que nos impiden manifestar nuestra propia personalidad e interactuar libremente con las personas de nuestro entorno, como los seres auténticos que somos, y así disfrutar de la vida recuperando nuestra naturaleza primaria de seres libres, hermosos y bellos.

La espiritualidad facilita la conexión, y ésta produce salud, que procede de esa sensación de conexión con una fuerza superior a nosotros, que nos colma y nos llena, haciéndonos sentir como parte del Universo, de forma que la pérdida de esa sensación de conexión con nuestra esencia espiritual y con las demás personas, los animales y la naturaleza nos produce un trastorno energético que posteriormente se convierte en un problema de salud; pero cuando una persona aumenta su energía (como con el Reiki), su espíritu crece, y cuando la energía de nuestros cuerpos (Energía Vital) está en contacto e interactúa con la energía del universo (Energía Universal) nos produce una sensación de plenitud y de vuelta a nuestros orígenes, que nos satisface, nos llena y nos nutre, aunque debido al estrés y al ritmo de la vida actual muchos de nosotros hemos perdido esta conexión, resultando que entonces nos sentimos aislados, enajenados, desconectados, infelices e insatisfechos y más predispuestos a la enfermedad.

Con el Reiki realizamos una aportación energética pura a nuestros cuerpos materiales e inmateriales, y este aumento de Energía Universal de amor produce en nuestra estructura energética un efecto principal sanador y un efecto secundario de expansión de la conciencia, ya que si nuestros cuerpos físicos y sutiles están sanos y desbloqueados, la energía circula libremente, la conciencia se expande y nuestra duda existencial disminuye, al aumentar y reforzarse nuestra sensación cósmica de conexión con lo superior y con Dios.

El campo energético universal no tiene un componente único, sino que está compuesto por una superestructura de puntos geométricos perfectamente organizados y de otros elementos como puntos luminosos aislados y pulsantes, diferentes tramas de líneas energéticas, algo semejante a chispas aleatorias, y emite pulsaciones sincronizadas que pueden ser percibidas por los sentidos.

Esta Energía Universal fue utilizada desde

hace siglos por muchas civilizaciones para la sanación mediante la imposición de manos: en Japón y China ya se conocían siglos antes de Cristo el masaje shiatsu y la acupuntura; en India y Tíbet se practicaba el control del Prana dirigido a la sanación con el yoga en todas sus variantes y el masaje. También en Egipto y en toda África existen testimonios de que se utilizaba la curación mediante la imposición de manos.

El Reiki, al transferirnos la Energía Universal pura, contribuye a aumentar el Ki en nuestros cuerpos materiales e inmateriales, restableciéndonos también el equilibrio entre el yin y el yang, y devolviéndonos con ello la sanación y la salud.

EJERCICIO PARA OBSERVAR EL CAMPO DE ENERGÍA UNIVERSAL, CHI O PRANA

En un día claro colócate de espaldas al sol y contempla el cielo sin mirar a ningún punto fijo.

Mirando vagamente al firmamento podrás observar en poco tiempo puntos de luz pulsantes, espirales, puntos negros, puntos blancos con una estructura precisa, vaho y alguna cosa más, y si persistes el tiempo suficiente verás el sincronismo entre estos movimientos, que al principio parecían aleatorios; si a continuación observas alguna planta cercana podrás ver un halo verdoso a su alrededor que absorbe a estos puntitos.

CAPÍTULO 3

¿Qué es el Reiki?

El Reiki es un sistema de sanación, autosanación y reequilibrado bioenergético mediante la transmisión de la Energía Universal curativa a través de la imposición de manos.

En Reiki se trabaja directamente con el campo energético del paciente, canalizando hacia sus cuerpos sutiles y su Yo Superior la energía amorosa y sanadora del Creador, el cual, incidiendo sobre los bloqueos energéticos que perturban la libre circulación de la energía en su ser, restaura y armoniza sus sistemas, posibilitándole y mostrándole de forma sencilla, fácil y asequible para todos el camino de vuelta hacia la salud, la alegría, la integración y el amor.

Con el Reiki y sus principios se eliminan rápidamente el estrés y la agitación de nuestra época; nos ayuda a avanzar en nuestro camino de evolución resolviendo la duda existencial y el miedo injustificado, conectándonos con nuestra esencia luminosa de amor divino, a la vez que nos hace sentirnos realmente satisfechos de existir porque redescubrimos cuál es nuestra misión en la vida, que habíamos olvidado con el alienamiento y la separación de los valores espirituales acompañantes de la vida actual. Esa nueva satisfacción vital cambia nuestra actitud, nuestras creencias y nuestro comportamiento, que al reorientarse hacia nuevos valores espirituales de amor, comprensión y entrega nos hace más poderosos e invulnerables al caprichoso e incierto devenir del mundo material que nos oprime y nos separa.

Cuando nuestro organismo está desequilibrado vibra a una frecuencia inarmónica y anómala que impide el desarrollo normal de las funciones celulares y el funcionamiento óptimo de nuestros sistemas, que pueden retornar a su mejor estado con un tratamiento Reiki aportador energético de la intensidad y frecuencia necesaria, suministrándonos el impulso imprescindible para restablecer el equilibrio y con él, la curación.

La energía Reiki armoniza y reequilibra el flujo energético en nuestros cuerpos físicos y sutiles, actuando simultáneamente en el nivel físico, mental, emocional y espiritual del ser humano.

La palabra *Reiki* es de origen japonés, y se compone de dos sílabas:

Rei, que significa Energía Universal o Energía de Dios, es la energía divina que está omnipresente en todo el universo y que hace posible el funcionamiento armónico del cosmos según la conciencia divina.

El primer símbolo de la izquierda es el Rei, que es un carácter kanji del idioma japonés representativo de un ideograma que puede interpretarse como la conciencia espiritual que procede de Dios, siendo también la inteligencia universal cósmica y divina que ordena y regula el funcionamiento universal y que forma parte de todos nosotros.

Ki, que significa Fuerza Vital, es la fuerza o energía de naturaleza divina que posibilita la vida, anima a todo ser viviente y circula por él; en China es el Chi o el Qui; en India el Prana, mana en hawaiano, y en el mundo occidental ha sido denominada de diferentes formas, como luz divina, orgón, bioplasma, fuerza ódica.

Desde la Antigüedad se sabe que el Ki tiene la cualidad de poder ser almacenado, manipulado y dirigido con la fuerza mental y la concentración.

«El Ki sigue a la mente» y «La mente dirige el Ki».

Rei y Ki unidas forman la palabra Reiki, que quiere decir *Energía Universal Vital dirigida o guiada espiritualmente.*

Energéticamente, Reiki representa la Energía Universal transmitida y guiada espiritualmente por el canal, que es recibida, sintonizada y dirigida por el sistema energético y el Yo Superior

del paciente hacia las frecuencias vibratorias necesarias para devolverle el equilibrio homeostático y la curación.

La Energía Universal es la energía con la que Dios ha dotado al universo y que posibilita su perfecto funcionamiento, siendo una corriente de amor puro de una frecuencia vibratoria muy alta cuya sustancia es el Amor Universal, Cósmico e incondicional del Creador, que está a disposición de todos los integrantes del cosmos y de todo lo creado, y que al ser captada por las diferentes entidades universales se convierte en la Energía Vital o Fuerza Vital de cada ser viviente.

La Energía Universal es la que posibilita la permanencia de todo lo que existe en el Universo y su coexistencia armónica y holográfica como una unidad cósmica dirigida por el amor divino. La Energía Vital es la Energía Universal que, una vez captada y procesada a través de los chakras por los cuerpos materiales e inmateriales de los seres vivientes, nutre todos los organismos y permite el flujo de la vida.

Al utilizar el Reiki, el Rei que es la Energía Universal curativa e inteligente, formada por la conciencia y el amor de Dios, de la que todos participamos, guía y dirige al Ki o Fuerza Vital, de manera que una vez recibida y asimilada por nuestros cuerpos materiales e inmateriales se convierte en la Energía Vital que anima física, espiritual y emocionalmente a cada ser viviente.

Una de las características del Ki que Dios ha puesto a disposición de los seres vivientes es que puede ser dirigido espiritualmente con el pensamiento en la distancia y en el tiempo, pudiendo también ser acumulado para utili-

zarlo en el presente, en el pasado o en el futuro, utilizando para ello diversas técnicas, y el Reiki es una de ellas.

Dios nos ha dotado con la facultad y la potestad de poder utilizar conscientemente la Energía Universal que ha puesto a nuestra disposición, para nuestra sanación física, mental y espiritual, de forma que nuestra vida en la Tierra sea más gozosa, jubilosa, equilibrada y amorosa si conectamos con ella.

El Reiki es un sistema de sanación y autosanación integral que actúa tanto en el *plano físico*, sanando nuestro cuerpo físico, como en *los planos no físicos*, sanándonos en los niveles mental, emocional y espiritual; igualmente, es también una técnica de reequilibrado energético que potencia la autorrealización, el crecimiento y la evolución espiritual de los practicantes, utilizando para ello la Energía Universal, que al ser transmitida mediante la concentración mental y la imposición de manos potencia nuestra Energía Vital, de forma que, estimulando y reactivando los chakras, las capas aurales y los cuerpos sutiles, nos pone en contacto directo con la energía del amor y elimina para siempre nuestra duda existencial, al hacernos sentir que formamos parte del plan divino y que estamos contribuyendo de manera activa en su recuperación para toda la humanidad.

Por ello, al transmitir el Reiki desde el corazón y percibir y canalizar la energía divina, realmente sentimos que estamos realizando algo valioso para el receptor, para nosotros y para el avance del universo hacia una nueva espiritualidad, y experimentamos en lo más profundo de nuestro ser que estamos realizando algo para lo que estamos programados, que es avanzar hacia la frecuencia del amor, transmitiendo y recibiendo parte de él en forma de Energía Universal sanadora.

Con nuestra maravillosa individualidad formamos parte de la unidad cósmica y eso nos hace sentirnos integrados en el plan divino, desterrando para siempre la sensación de alienamiento, al acercarnos y sumergirnos directamente en el amor del Creador.

Por ello el Reiki contribuye a nuestra evolución espiritual, que es imprescindible para avanzar en el camino de la Luz, haciendo que nuestra energía personal se mueva hacia niveles superiores, aumentando su vibración y su frecuencia, lo que nos permite avanzar cada día más, de lo material a lo espiritual, trasladándonos a una nueva perspectiva de nuestro entorno similar a la que describen los maestros de la filosofía oriental, que a su vez nos proporciona una nueva visión más objetiva de nuestros problemas y de los de nuestros semejantes, de forma que nos sentimos como espectadores del fluir de los acontecimientos sin implicarnos personal ni emocionalmente en las situaciones adversas, eliminándose de nosotros las pautas, situaciones y emociones negativas, como el odio, las disputas, la ira, la envidia, que ya sentimos como pertenecientes a una etapa pasada.

Jesús ya dijo:

Debéis nacer de nuevo.
El que no nace del espíritu no puede entrar en el reino de Dios.

Una de las finalidades del Reiki es enseñar a contactar con la Energía Universal a través de tu Yo Superior para que puedas primero sanarte a ti mismo y después ayudar a sanar a los demás.

El Reiki se caracteriza por su sencillez y efectividad y puede ser utilizado con total efectividad por cualquier persona con unos requisitos mínimos, percibiendo claramente sus resultados desde el primer momento.

Todos somos capaces de transmitir la Energía Reiki y para ello no se necesita ninguna cualidad especial, ni estudios profundos, ni largos años de práctica, ya que la capacidad de activar la energía Reiki se adquiere a través de las sintonizaciones realizadas por un maestro Reiki, el cual, al realizar un ajuste del nivel de vibraciones de nuestro campo energético, sintonizándolo con el de la Energía Universal, nos capacita para transmitirla cuando sea necesario.

Con las sintonizaciones se abre nuestro canal energético, se nos eliminan los bloqueos que pudieran existir al libre paso de la energía y quedamos conectados para siempre con la Energía Universal, que desde ahora fluirá ilimitadamente con el simple gesto de la imposición de manos y la disposición de nuestra voluntad para transmitirla.

Las sintonizaciones o alineamientos son un maravilloso regalo que nos dejan en contacto permanente con la fuente de Energía Universal aumentando con cada grado nuestra capacidad para transmitirla, y también amplían nuestra Energía Vital y nuestra frecuencia vibratoria, por lo que nos convierten en seres más integrados, más centrados, más conscientes, más evolucionados, más abiertos y con mayor capacidad de dar y de recibir.

CAPÍTULO 4

Historia del Reiki

Mikao Usui

Aunque no existe documentación escrita, la tradición oral ha pasado de maestro en maestro de forma piramidal, distorsionándose, por tanto, y habiendo diferentes versiones sobre el origen del Reiki, aunque todas coinciden en lo básico.

1. MIKAO USUI

El Reiki fue redescubierto alrededor de 1870 por un doctor y sacerdote japonés llama-do *Mikao Usui*, quien, según algunas fuentes, enseñaba en la Universidad cristiana Doshisha, de Kioto (Japón).

Un día, sus alumnos le preguntaron cómo sanaba Jesucristo a los enfermos y que si Él dijo que «el que crea en Mí realizará las obras que yo hago, y aún las hará más grandes», por qué no existía en el mundo ningún sanador capaz de realizar esas curaciones.

Usui no supo responder y como el código de honor japonés obliga al maestro a responder todas las preguntas de sus discípulos, empezó una búsqueda que duró diez años y que le llevaría a sentar las bases del Reiki.

Según una versión, Usui viajó a Estados Unidos, donde permaneció siete años en la Universidad de Chicago estudiando teología y las sagradas escrituras que narraban las curaciones de Jesucristo, y aunque no encontró el secreto de los milagros de Jesús, estudiando la historia comparada de las religiones descubrió indicios de que el primer Buda, Gautama Siddharta (620-543 a.C.), había realizado curaciones similares; también aprendió a leer el sánscrito, que era el antiguo idioma litúrgico de India y Tíbet.

Otra versión mantiene que Usui no estuvo en Estados Unidos y que esta parte de la historia fue añadida posteriormente para dar más verosimilitud y credibilidad al Reiki desde el punto de vista occidental y así ser aceptado más fácilmente.

Siguiendo esta pista, Usui viajó a India y Tíbet, donde continuó su búsqueda en los monasterios budistas, estudiando los sutras indios, chinos y tibetanos. Los monjes le decían que el hombre tuvo la facultad de sanar el cuerpo en épocas pasadas, pero que se había perdido porque en los monasterios la curación se había orientado únicamente hacia la sanación del espíritu, olvidándose en parte del cuerpo físico.

Pero Usui regresó a Japón y siguió investigando tenazmente y visitando monasterios y por fin en uno de ellos creyó haber encontrado la respuesta que buscaba en un manuscrito en el que un discípulo de Buda constataba la existencia de unos símbolos y procedimientos que se remontaban al año 2500 a.C., afirmando que Buda los había utilizado en sus curaciones, similares a las de Jesús, y también se revelaba la forma de transmitir esas facultades a otras personas.

Usui comunicó su hallazgo al abad del monasterio, que era un maestro Zen, y decidieron que debía aislarse en meditación, ayuno y oración en la montaña sagrada de Kuriyama, a 25 kilómetros de Kioto, durante tres semanas; una vez allí, colocó veintiuna piedras en el suelo para medir el transcurso de los días quitando una cada día. Así pasaron los primeros veinte días sin que ocurriera nada significativo hasta que en el amanecer del *día veintiuno* vio acercarse una especie de esfera luminosa que se dirigía hacia él y, aunque su primera reacción fue huir, decidió aceptar la realidad tal como se presentara; entonces la luz le penetró por el tercer ojo entre las cejas, se desvaneció y vio envueltos en burbujas de luz *los símbolos Reiki,* que se le quedaron grabados de forma indeleble.

Además, con cada símbolo se le informó sobre la forma de utilizarlos para activar la energía universal sanadora. Así tuvo lugar la primera sintonización Reiki, que fue la de Mikao Usui, al que le fueron revelados de esta forma los métodos de esta técnica ancestral.

Se cuenta que al descender del monte tuvieron lugar *las cuatro primeras curaciones Reiki:* mientras bajaba se hirió un dedo del pie y al cogérselo con las manos empezó a sentir calor, quedando curado el dedo; luego entró en una posada y, después del prolongado ayuno, se alimentó con una copiosa y abundante comida que no le sentó mal, curando después en el acto a la hija del posadero, que tenía un gran flemón, colocándole las manos en las mejillas. Al regresar al monasterio, el abad estaba postrado con un ataque de artritis y también lo curó mediante la imposición de las manos.

En los años posteriores Usui se dedicó a impartir el Reiki a las personas más desfavorecidas entre *los mendigos de Kioto* y se produjeron muchas curaciones que les devolvían la integridad física para trabajar y mantener a sus familias. Pero más tarde observó que muchos de ellos volvían a la mendicidad y al preguntarles por qué lo hacían, le contestaban que les resultaba más difícil volver a trabajar para ganarse la vida y que por ello preferían mendigar y no tener responsabilidades.

Al analizar las razones de este desinterés en ganarse la vida honradamente, comprendió que solamente había curado el cuerpo físico pero no la parte espiritual, ya que no había sabido enseñarles la gratitud y el sentido de responsabilidad de su propia existencia, y así Usui se percibió de la importancia del intercambio de energía y llegó a la conclusión de que *todo acto recibido exige una contrapartida del receptor que otorgue valor a lo recibido.*

LAS DOS REGLAS BÁSICAS DE REIKI

Las experiencias de Usui con los mendigos le llevaron a comprender que para que se produzca un cambio deseable como la curación y mantener este cambio es necesario actuar en los niveles físico, mental, emocional y espiri-

tual, y también que *la persona debe tomar parte activa en el proceso* y realmente desear y pedir ese cambio hacia la sanación; por ello, cualquier tipo de ayuda debe ir acompañado de una contrapartida o intercambio de energía que ponga de manifiesto la implicación y la colaboración del receptor en el proceso. En ese sentido, formuló en primer lugar las *dos reglas básicas en Reiki:*

Primera regla: Todas las personas tratadas deben pedir su propio tratamiento.

La voluntad de una persona de sanar debe ser respetada, ya que la libertad de la voluntad y el libre albedrío son los pilares básicos de la evolución humana y nadie debería interferir en la voluntad de otra persona. Por ello las personas que no piden la acción sanadora de energía Reiki es que todavía tienen una parte de sí mismos que se resiste a ser sanada, y esa decisión debe ser respetada.

Segunda regla: Todo tratamiento debe ir acompañado de una contrapartida, sea de la clase que sea, pero es esencial que haya un intercambio de energía entre transmisor y receptor para que éste se involucre en su propia sanación y adquiera el compromiso de hacer todo lo posible para sanar.

LOS CINCO PRINCIPIOS REIKI

Usui comprendió que su misión no era simplemente curar el cuerpo físico, sino que *debía ayudar a los demás a tomar a su cargo su propia curación*, y que para ello *toda curación lleva consigo un cambio de actitud ante la vida,* apartando las actitudes y pensamientos negativos y abriéndonos a lo positivo y al amor del Creador; así enunció los cinco principios Reiki, que son unas normas básicas de comportamiento y de ética que se debían practicar e interiorizar hasta convertirlos en principios rectores de nuestra vida, de forma que quedaran integrados como valores superiores en nuestra aura y nuestro sistema energético para que al realizar las transmisiones, además de lograr la sanación física, pudiéramos irradiar estos principios al campo del receptor con la finalidad de alterar su conciencia y lograr simultáneamente la sanación en los niveles mental, emocional y espiritual.

Estos principios son los siguientes:

1. Sólo por hoy no te *preocupes.*
2. Sólo por hoy no te *irrites.*
3. Sólo por hoy *sé amable* con todos los que te rodean y *respeta* a todo ser viviente.
4. Sólo por hoy realiza tu *trabajo* honestamente.
5. Sólo por hoy *agradece* todos los dones de tu vida.

2. LOS SUCESORES DE USUI: HAYASHI Y TAKATA

Después, Usui se consagró a extender las enseñanzas Reiki por todo Japón, otorgando a

Chujiro Hayashi

sus discípulos la capacidad de transmitir la Energía Universal mediante la imposición de manos; así conoció a su sucesor, *Chujiro Hayashi,* el cual recibió las enseñanzas y las sintonizaciones directamente de Usui, convirtiéndose en 1925 en Gran Maestro Reiki.

Mikao Usui falleció en el año 1930 habiendo formado una decena de maestros.

La labor sucesora fue desarrollada por Hayashi, quien creó un centro clínico de Reiki en Tokio, donde esta terapia se aplicaba en combinación con el ayuno y la dieta vegetariana.

En 1935 acudió a esta clínica buscando curación la señora *Hawayo Takata,* la cual estaba enferma de un tumor en la vesícula biliar, apendicitis y asma con insuficiencia respiratoria, donde fue enviada por el cirujano que la iba a operar en el hospital de Akaska, ya que cuando iba a ser intervenida escuchó una voz en la mesa de ope-

Hawayo Takata

raciones que le decía que la operación no era necesaria; entonces ella renunció a la operación y el cirujano la mandó a la clínica Reiki de Hayashi.

Takata fue internada, recibió Reiki diariamente y a los cuatro meses quedó completamente curada, solicitando a Hayashi que la aceptara como alumna; pero éste se mostraba reticente porque Takata era hawaiana y Hayashi no quería que el Reiki saliera de Japón; al final, ante la insistencia de Takata, accedió a impartirle las enseñanzas y la sintonizaciones Reiki Uno y Dos durante 1936 y 1937, período que permaneció en Japón practicando e impartiendo Reiki. A finales de 1937 regresó a Hawai, donde abrió su primera clínica en la ciudad de Kapaa.

En 1938 Hayashi la visitó en Hawai y le impartió la formación Reiki Tres y el grado de Maestra Reiki, designándola como su sucesora, convirtiéndose en la tercera Gran Maestra de Reiki.

En 1941 Takata regresó a Japón convocada por Hayashi, que le anunció la proximidad de la guerra con Estados Unidos y que durante ella la clínica sería destruida y se perdería el Reiki en Japón, designando a Takata como depositaria de todas las enseñanzas Reiki. Como Hayashi había sido movilizado por ser oficial de la Armada japonesa y no quería participar en la guerra, convocó a sus discípulos y, ante ellos y voluntariamente, hizo que su corazón dejara de latir y abandonó su cuerpo.

Takata, siguiendo la recomendación de Hayashi, siempre cobró por sus servicios, incluso a sus familiares, porque creía que quien no pagaba por recibir unas enseñanzas o una terapia acababa por no usar o no dar valor a lo recibido gratuitamente.

Hasta su fallecimiento, en 1980, Takata se dedicó a extender el Reiki por Estados Unidos y parte de Europa, habiendo formado a más de veinte maestros que han desarrollado varios sistemas Reiki similares en lo esencial y diferentes en el sistema de grados.

La línea descendiente de Takata la ostentan su nieta, *Phillips Lei Furumoto,* y la doctora *Webber Ray,* que al principio trabajaron juntas y luego se separaron fundando Furumoto la asociación denominada Reiki Aliance, y Webber, la AIRA (American International Reiki Inc.).

Hoy existen más asociaciones de maestros Reiki, las cuales se diferencian en aspectos secundarios, aunque todos mantienen la esencia de las enseñanzas originales de Mikao Usui denominadas «Usui Reiki Ryoho», y además otros muchos maestros Reiki enseñan de forma independiente sin pertenecer a ninguna asociación.

El movimiento Reiki no es jerárquico ni

existe ninguna escala de mando, y la denominación de Gran Maestro sólo la ostentan los sucesores directos de Usui-Hayashi-Takata-Furumoto; por ello, aunque eventualmente aparece alguna persona que se autodenomina Gran Maestro, esa circunstancia no significa que posea unas capacidades o conocimientos superiores a los de cualquier otro Maestro Reiki, ya que para enseñar Reiki no se requiere pertenecer a ninguna organización, sino solamente haber recibido la sintonización de la Maestría para poder transmitir los símbolos Reiki y respetar la filosofía, reglas y principios Reiki.

Takata, sucesora de Usui y Hayashi

CAPÍTULO 5

Los chakras y el Reiki

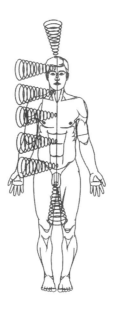
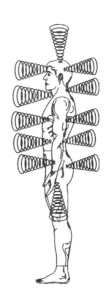

*L*a Fuerza Vital es lo que mantiene vivas a todas las entidades a las que Dios ha dotado de vida.

Nuestro cuerpo físico o material está animado por esta Fuerza Vital que penetra por unas puertas de entrada denominadas *chakras*, y fluye incesantemente a través de unos canales energéticos llamados *meridianos* y *nadis*.

La palabra chakra, en sánscrito, significa rueda o disco que gira.

Un chakra es una puerta de entrada a la energía; es como una válvula de entrada en nuestro campo energético con forma de cono o embudo que gira como un torbellino en el sentido horario permitiendo la absorción de la energía.

La misión de los chakras es canalizar las energías de vibración superior hacia las estructuras celulares y orgánicas del cuerpo físico; para ello deben realizar una adaptación previa de estas energías bajándolas a un nivel de vibración inferior para sintonizarlas con la frecuencia vibratoria propia de cada persona.

Hay unanimidad en señalar que tenemos

siete chakras principales o mayores y veintiún chakras secundarios o menores (para el estudio de los chakras en profundidad nos remitimos a las obras: *Manos que curan,* de Barbara Ann Brennan, y *Los Chakras,* de Anodea Judith).

La Energía Universal es recibida y absorbida por los chakras; éstos, antes de asimilarla, realizan un ajuste sintonizándola a la frecuencia vibratoria particular de cada ser, que será más alta o más baja en función del grado de evolución espiritual de cada persona; una vez absorbida y sintonizada, se transforma en la Energía Vital individual de cada uno, siendo conducida a través de los canales o vías de circulación energética hacia los átomos y células que com-

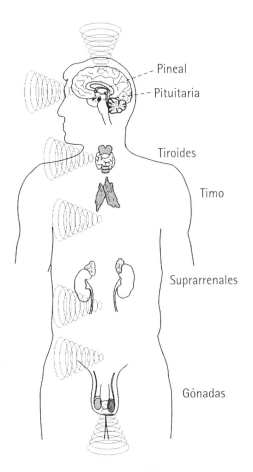

7.° Chakra corona
Sahasrara Chakra

6.° Chakra del tercer ojo
Ajna Chakra

5.° Chakra de la garganta
Vishuda Chakra

4.° Chakra del corazón
Anahata Chakra

3.° Chakra del plexo solar
Manipura Chakra

2.° Chakra sexual
Svadistana Chakra

1.° Chakra de la raíz
Muladara Chakra

Pineal

Pituitaria

Tiroides

Timo

Suprarrenales

Gónadas

Los chakras y las glándulas asociadas.

ponen los órganos, glándulas y tejidos del cuerpo material, los cuales se nutren de ella y la utilizan para mantener sus funciones vitales.

Cuando la Energía Vital no circula con fluidez disminuye o se interrumpe su libre circulación y los órganos corporales no pueden realizar adecuadamente sus funciones produciéndose la enfermedad.

Las enfermedades y dolencias en el plano físico son el reflejo de un mal funcionamiento de nuestro plano no físico, de forma que cuando tenemos pensamientos o sentimientos negativos sobre nosotros mismos o sobre los demás se originan unas fuerzas negativas que interfieren en el flujo de la Energía Vital y lo contaminan; esta Energía Vital impura provoca el mal funcionamiento de las partes del cuerpo físico a las que va dirigida, manifestándose en forma de dolencias y enfermedades.

Tenemos siete chakras principales y veintiún secundarios.

Los *siete chakras principales* ponen en contacto nuestro cuerpo físico con nuestros cuerpos sutiles y están conectados con el canal energético principal del organismo que coincide con la médula espinal:

1.º El primero se denomina *chakra raíz*; se encuentra situado en la base de la médula espinal, a la altura del cóccix, como un cono o embudo entre los muslos, orientado hacia el suelo y es de color rojo; está asociado con la supervivencia y con el elemento tierra, que es sólida y densa. Tiene que ver con la salud física, la estabilidad, el arraigo y la existencia terrenal.

2.º El segundo es el *chakra sexual o del ombligo,* situado debajo del ombligo como un cono orientado hacia el frente; es de color naranja y tiene un chakra asociado en la espalda situado simétricamente y de menor tamaño, estando relacionado con la sexualidad y con las emociones, y con el elemento agua, que es un fluido.

3.º El tercero es el *chakra del plexo solar,* situado entre los costados por encima del ombligo; también es un cono o embudo orientado hacia el frente y es de color amarillo; tiene un chakra asociado en la espalda situado simétricamente y de menor tamaño, y se relaciona con el poder personal y con el elemento fuego, que es transformador.

4.º El cuarto es el *chakra del corazón,* situado a la altura del corazón y orientado hacia el frente; es de color verde claro y tiene un chakra asociado en la espalda situado simétricamente y de menor tamaño, asociándose con el amor y con el elemento aire, que se caracteriza por su ligereza.

5.º El quinto es el *chakra de la garganta,* que es un cono situado en la garganta orientado hacia el frente de color azul claro; tiene un chakra asociado en la espalda situado simétricamente y de menor tamaño, y está relacionado con la comunicación con los demás y con el sonido, que sirve para materializar la comunicación.

6.º El sexto es el *chakra del tercer ojo,* que es un cono situado entre las cejas de color púrpura y tiene un chakra asociado en la espalda situado simétricamente y de menor tamaño; se relaciona con las facultades extrasensoriales, clarividencia, intuición, imaginación y su elemento es la luz, que muestra y revela.

7.º El séptimo es el *chakra corona,* que es un cono situado en la parte superior de la cabeza y orientado hacia el cielo de color blanco-violeta; se asocia con el conocimiento, la comprensión y el entendimiento y su elemento es el pensamiento, que guarda la información. Es el chakra que nos comunica con Dios y con nuestro Yo Superior.

Excepto el primero y el séptimo, todos tienen otro chakra simétrico en la parte posterior, que se relacionan con la voluntad, mientras que los de la parte frontal se relacionan con los sentimientos.

La *función principal* de los chakras es suministrar vitalidad al cuerpo físico canalizando la Energía Universal hacia los órganos, el sistema nervioso y otras partes de nuestra anatomía; para ello cada chakra está relacionado con un centro o plexo nervioso, una glándula endocrina y unos órganos determinados, y su misión es sintonizar la Energía Universal a la frecuencia vibratoria de nuestro cuerpo para que pueda ser asimilada por éste y distribuirla a través de los canales energéticos, denominados meridianos y nadis, a todo nuestro cuerpo para nutrirlo.

También tienen una *función psicológica* emocional y mental.

Conforme vamos avanzando espiritualmente, nuestro campo energético va aumentando su frecuencia, y los chakras aumentan también su nivel vibratorio proporcionándonos un nivel de conciencia superior, de forma que en el proceso de evolución espiritual cada etapa de la vida corresponde a un nivel energético cada vez más elevado.

Los chakras principales están conectados al canal energético principal de nuestro cuerpo que discurre superpuesto a la médula espinal y se denomina *sushumna,* que a su vez está rodeado por dos canales energéticos que suben entrelazados a su alrededor, que se denominan *ida* y *pingala,* y de ella parten las vías energéticas secundarias denominadas nadis o también meridianos.

Para que nuestros cuerpos funcionen armónicamente, todos los chakras deben estar abiertos y ser equilibrados o del mismo tamaño y si alguno está cerrado o bloqueado se producirá una disfunción energética que puede acabar en enfermedad física o mental.

Con el Reiki podemos detectar cuál chakra funciona mal y reajustarlo mediante la técnica del Equilibrado de Chakras.

Al recibir un tratamiento Reiki, a través de las manos del transmisor, acogemos una dosis elevada de Energía Universal pura y limpia que penetra en nuestros cuerpos a través de los chakras, depurando la negatividad y eliminando los bloqueos energéticos.

En el transmisor, la energía Reiki penetra por el chakra corona y desciende por el chakra del corazón hasta que sale por los puntos energéticos o chakras de nuestras manos denominados puntos *Lao-gong*.

EL REIKI Y LAS MANOS

Las manos en Reiki son muy importantes porque actúan como receptoras y como transmisoras de energía.

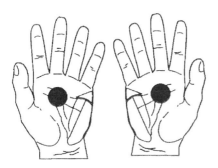

Al efectuar un tratamiento, las manos del transmisor funcionan como un radar móvil que percibe el estado energético del cuerpo del receptor, recogiendo sensaciones como frío, hormigueo, calor, vibración, vacío, movimiento, etcétera.

También por las manos recibimos la Energía Universal cuando efectuamos las técnicas adecuadas para ello, que explicaremos más adelante.

Situados en las palmas de las manos se encuentran los puntos Lao-gong, que son una especie de chakras secundarios en los que confluyen los meridianos que descienden por el brazo, el del pulmón, el del corazón y el del

pericardio, actuando como auténticos emisores de energía.

DETECCIÓN Y CHEQUEO DE LOS CHAKRAS

Para detectar los chakras podemos utilizar las manos, el biotensor o el péndulo.

Con las manos: las colocamos a unos quince centímetros del cuerpo del receptor encima de cada chakra hasta que detectemos en ellas sensaciones como de hormigueo, presión, calor, frío, etcétera...

Comenzamos en la zona del ombligo o *tantien*, que es la parte más energética del cuerpo y donde es más fácil detectar actividad energética.

Si no conseguimos captar nada en esa zona vamos subiendo muy lentamente hasta que notemos alguna sensación, que será la señal que nos indica que nos hallamos encima de un chakra.

Nos concentramos y prestamos atención a las sensaciones que percibimos.

Para abrir el chakra lo hacemos concentrándonos en él y visualizando cómo se abre, a la vez que realizamos con las dos manos simultáneamente un movimiento en el sentido contrario a las agujas del reloj.

Para cargarlo dejamos las manos encima o las ponemos en contacto con el cuerpo (en Reiki Dos utilizaremos además los símbolos).

Para cerrarlo y reactivarlo, giramos las dos manos simultáneamente con un movimiento circular en el sentido de las agujas del reloj.

Con el biotensor: es una herramienta que sirve para detectar campos energéticos sutiles, consistente en un mango metálico de unos veinte centímetros de longitud y dos de anchura, recubierto de una capa de plata, oro o cobre, la cual tiene adosada en uno de sus extremos una fina varilla de acero muy sensible con una arandela de cobre de medio centímetro de anchura soldada en la punta, tallada con varios círculos concéntricos, y que al detectar un campo energético favorable oscila de arriba a abajo, si es desfavorable oscila de lado, y si permanece quieta no detecta nada.

El biotensor es un aparato muy sensible que al detectar actividad energética en el organismo comienza a moverse de diferentes formas. Hay que conocerlo para interpretar sus movimientos; si se mueve en sentido vertical es que ha detectado energía positiva y si no se mueve nos indica que el chakra está cerrado; si se mueve horizontalmente nos advierte que en esa zona existe un bloqueo energético o un nudo de energía negativa.

Con el péndulo: previamente, habremos debido calibrar el péndulo de forma que otorguemos un valor positivo o negativo a cada sentido del giro y a los movimientos transversales,

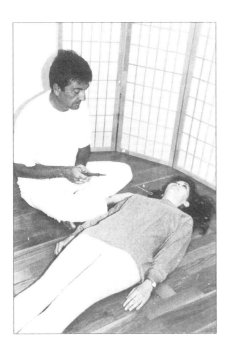

Detección de los chakras con el biotensor

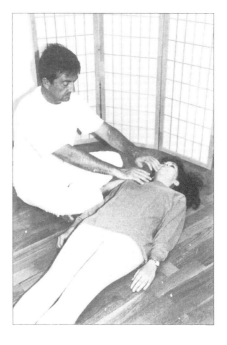

Detección de los chakras con las manos

así como a la falta de movimiento del transmisor.

El péndulo se mueve por la acción de tres campos energéticos, el del transmisor, el del receptor y el del propio péndulo y sus osci-laciones nos indican la cantidad y la calidad de la energía existente en la zona sobre la que actúa, pero exige un aprendizaje y una coordinación previa para interpretar sus movimientos.

CUADRO RESUMEN DE LOS CHAKRAS					
NOMBRE	DENOMINACIÓN	UBICACIÓN	COLOR	GLÁNDULAS ASOCIADAS	ELEMENTOS ANATÓMICOS ASOCIADOS
Muladhara	Primer chakra Chakra de la raíz o base.	En la base de la columna vertebral, entre la zona genital y el ano. Orientado hacia la tierra. No tiene simétrico en la espalda.	Rojo.	Testículos, ovarios y suprarrenales.	Columna vertebral, riñones, plexo nervioso coxígeo.
Svadhisthana	Segundo chakra Chakra sexual o del ombligo.	Debajo del ombligo. Orientado hacia el frente. Tiene un simétrico en la espalda.	Naranja.	Testículos y ovarios.	Sistema reproductor, plexo nervioso sacro.
Manipura	Tercer chakra Chakra del plexo solar.	Encima del ombligo. Orientado hacia el frente. Tiene un simétrico en la espalda.	Amarillo.	Suprarrenales, páncreas.	Estómago, hígado, vesícula biliar, plexo nervioso solar.
Anahata	Cuarto chakra Chakra del corazón.	En el esternón. Orientado hacia el frente. Tiene un simétrico en la espalda.	Verde.	Timo.	Corazón, sangre, sistema circulatorio, plexos nerviosos pulmonar y cardiaco.

CUADRO RESUMEN DE LOS CHAKRAS					
Vishudha	*Quinto chakra* Chakra de la garganta.	En la garganta. Orientado hacia el frente. Tiene un simétrico en la espalda.	Azul claro.	Glándula tiroides y paratiroides.	Bronquios, cuerdas vocales, pulmones, aparato digestivo y plexo nervioso faríngeo.
Ajna	*Sexto chakra* Chakra del tercer ojo.	Entre las cejas. Orientado hacia el frente. Tiene un simétrico en la espalda.	Azul oscuro.	Glándula pineal.	Zona inferior del cerebro, ojo izquierdo, orejas, nariz, plexo nervioso de la carótida.
Sahasrara	*Séptimo chakra* Chakra corona.	En la coronilla. Orientado hacia el cielo. No tiene simétrico.	Violeta o blanco.	Glándula pituitaria.	Zona superior del cerebro, ojo derecho, conjunto del córtex cerebral.

CAPÍTULO 6

Relaciones de cada chakra

PRIMER CHAKRA – CHAKRA DE LA RAÍZ – MULADAHRA (Raíz)	
Color	Rojo.
Situación	Entre el ano y los genitales, orientado hacia la tierra.
Símbolo	Flor de loto con cuatro pétalos, un cuadrado dentro y un triángulo invertido.
Nota	Sol.
Mantra	Lam, Hum.
Elemento	Tierra.

Verbo y derecho fundamental asociado	Tener derecho a poseer lo necesario para la supervivencia, alimentos, vestidos, vivienda, salud, compañía.
Finalidad	Supervivencia, arraigo a un lugar.
Cristales y piedras	De color rojo, rubí, granate sanguina, cuarzo ojo de tigre.
Elementos anatómicos asociados	Glándulas suprarrenales, plexo nervioso del cóccix, columna vertebral, ano, órganos sexuales, riñones, vejiga, pies, piernas, intestino grueso.
Elementos y situaciones asociadas	Hogar, familia, raíces, disciplina, arraigo, supervivencia.
Sentido	Olfato.
Alimentos	Todos los que ayudan a una toma de fundamento: proteínas, carnes, pescados, vinos, guisos muy condimentados, sin llegar a saciarnos.
Consecuencias físicas de su mal funcionamiento	Hemorroides, estreñimiento, accidentes que lesionan las rodillas y las piernas, ciática, anorexia, enfermedades óseas.
Consecuencias psíquicas de su mal funcionamiento	Sentimiento de desarraigo, miedo a enfrentarse con la vida diaria, sentimientos de culpa, timidez, falta de concentración, despiste, desconfianza, dificultad para decir que no, excesivo apego a las posesiones.
Comentarios	Trabajando este chakra para mantenerlo abierto nos dará una base para toda nuestra vida, ya que si nuestros cimientos son fuertes y nuestras raíces profundas, construiremos nuestra personalidad sobre una base sólida. Sabemos a dónde pertenecemos, nos sentimos arraigados. Otra función principal de este chakra es posibilitarnos una toma de fundamento o toma de tierra cuando nos sintamos desorientados. Es el final de *la vía de la manifestación* y de la realización material de nuestros pensamientos, deseos e ideas, que se basa en la concreción de objetivos a través de la concentración de la atención.

Ejercicios físicos	En general, todos los ejercicios que nos ayuden a mantener sano y en forma nuestro cuerpo, que deben ser una mezcla equilibrada de ejercicios *aeróbicos* para mantener activo y en forma los sistemas respiratorio y circulatorio, y *anaeróbicos*, para potenciar nuestros músculos y huesos. Para una toma de contacto específica y abrir el primer chakra: 1. Caminar con las rodillas flexionadas y a ser posible descalzos sobre la arena o el césped, pisando con fuerza en el suelo. 2. Flexionar el tronco y apoyar las manos en el suelo. Sentados, flexionar el tronco hasta cogernos las puntas de los pies. Tumbados boca arriba, levantar las piernas hasta la vertical. 3. Tumbados de espaldas, apoyamos las piernas contra al pared y empujamos contra ella. 4. Cualquier ejerció de baile o danza solo o acompañado. 5. Correr. 6. Saltar en el sitio, flexionando las rodillas al caer sintiendo la toma de tierra.
Ejercicios psíquicos	1. Redescubrir el sentimiento de inocencia y de plenitud de nuestra infancia. 2. Cuidar y mimar a nuestro niño interior. 3. Recobrar la confianza en la madre Tierra y en nuestro cuerpo. 4. Realizar actividades que potencien nuestra autoconfianza.

SEGUNDO CHAKRA – CHAKRA SEXUAL – SVADHISTHANA (Dulzura)	
Color	Naranja
Situación	Unos cuatro dedos por debajo del ombligo, tiene un chakra simétrico en la espalda de menor tamaño.
Símbolo	Flor de loto con seis pétalos.
Nota	Re.
Mantra	Vam o Bam.
Elemento	Agua que se mueve y se adapta al recipiente que la contiene o al cauce por el que discurre.
Verbo y derecho fundamental asociado	Derecho a sentir.
Cristales y piedras	De color anaranjado coral, cuarzo naranja, carnelita.
Elementos anatómicos asociados	Ovarios, testículos, órganos sexuales, región lumbar, caderas, riñones, vejiga.
Elementos y situaciones asociadas	Placer material, sexualidad, reproducción, excreción urinaria, deseo, relaciones, dulzura, apreciación de las cosas bellas, emociones, movimiento.
Sentido	Gusto.
Alimentos	Líquidos.

Consecuencias físicas de su mal funcionamiento	Problemas sexuales, aislamiento.
Consecuencias psíquicas de su mal funcionamiento	Miedo a gozar, aberraciones sexuales, desprecio del sexo, represiones cualquier tipo de placer, bloqueos energéticos que coartan y limitan la expresión libre de nuestra personalidad.
Comentarios	El segundo chakra nos impulsa a salir del enraizamiento del primer chakra porque el deseo nos motiva para movernos y cambiar tanto física como espiritualmente. Nos introduce en la dualidad del yin y del yang, que en su atracción generan energía y en su unión deben mantener el equilibrio. Debemos controlar las pasiones para continuar nuestra evolución espiritual ascendente hacia los chakras superiores. El ser humano por naturaleza tiende al placer que le da la satisfacción de sus deseos, y por ello, al satisfacer un deseo sentimos placer, pero no debemos cegarnos en conseguir algo externo, sino que debemos ser flexibles y dúctiles como el agua.
Ejercicios físicos	Todos los relacionados con el movimiento y rotación de las caderas, con el contacto y con el agua: 1. De pie con las rodillas flexionadas, balanceos y giros de caderas. 2. Tumbado boca arriba con las manos detrás de la cabeza, llevar las rodillas hacia el pecho y girar hacia ambos lados. 3. Sentado, abrir las piernas lo máximo posible y después juntar los pies bajando las rodillas y flexionar el tronco lo máximo posible. 4. Bailes y danzas de caderas como merengue y salsa. 5. Relaciones sexuales. 6. Natación, baños, duchas, jacuzzi, saunas.
Ejercicios psíquicos	1. Descubre las represiones que te han enseñado desde niño, desinhíbete, desbloquéate y disfruta. 2. Sé consciente de tus emociones y no las reprimas porque son energía que quiere salir de tu cuerpo y expresarse, diciendo al mundo lo que llevas dentro. Si las coartas, crearás bloqueos energéticos que se manifestarán en enfermedades.

TERCER CHAKRA – CHAKRA DEL PLEXO SOLAR – MANIPURA (Joya o piedra brillante)	
Color	Amarillo.
Situación	En el centro de la línea que une el ombligo y el plexo solar tiene un chakra simétrico en la espalda a la misma altura y de menor tamaño.
Símbolo	Flor de loto con diez pétalos y un triángulo invertido dentro.
Nota	Mi.
Mantra	Ram.
Elemento	El fuego.
Verbo y derecho fundamental asociado	Derecho a poder, a actuar y a obrar. El poder del hombre proviene de su voluntad, que es la energía dirigida a un objetivo concreto; la voluntad surge de la concentración en una meta deseada y conseguimos concentrarnos cuando existe un equilibrio entre nuestras polaridades yin y yang que nos mantiene centrados.
Finalidad	La transformación de la materia en energía: el fuego destruye la forma de la materia y la energía resultante fluye hacia arriba.
Cristales y piedras	Todas las de color amarillento, cuarzo amarillo, ámbar, topacio.
Elementos anatómicos asociados	Intestino delgado, estómago, duodeno, hígado, páncreas, glándulas suprarrenales.
Elementos y situaciones asociadas	Poder, voluntad, risa, alegría, humor, agresividad, vitalidad, perseverancia.

Alimentos	Hidratos de carbono, féculas.
Consecuencias físicas de su mal funcionamiento	Enfermedades del aparato digestivo, acidez, úlceras, exceso de peso centrado en un abdomen grueso, fatiga crónica, adiciones a estimulantes. La actividad de este chakra la percibimos con frecuencia en forma de cosquilleo en el estómago en la zona del tercer chakra, lo que nos indica que se ha concentrado un exceso de energía que debemos dirigir y encauzar adecuadamente.
Consecuencias psíquicas de su mal funcionamiento	Sentimiento de inferioridad, sensación de inseguridad y falta de autoconfianza. Sensación de culpabilidad, insatisfacción con lo que sientes, eres o haces, egoísmo, adicción al poder, voluntad compulsiva y obsesiva aplicada a algo sin considerar los demás aspectos de la vida; te encierras en ti mismo bloqueando la salida al exterior de tus emociones básicas, mostrándote ante los demás, frío, calculador y normalmente de mal humor. Sentimiento de alienamiento y separación de la fuente interior del amor, a pesar de que tenemos de todo lo material, nos sentimos desconectados e insatisfechos, percibimos que nos falta algo que nos impide ser felices y sentirnos plenos de fundamento vital, y ese algo es una potencialidad que se nos dio con la vida y que es nuestra capacidad de niño para entusiasmarnos con todo lo que hacemos y conectar con la fuente.
Comentarios	El poder y la voluntad provienen del equilibrio de las polaridades yin y yang de cada persona, superando la tendencia excesiva y las oscilaciones hacia lo masculino o lo femenino que nos atrapan en determinados baches o aspectos de nuestra vida, de los que conseguimos salir mediante el impulso que nos da nuestra fuerza de voluntad. El fuego es el elemento que genera calor, activando la voluntad y moviéndonos a la acción. Cuando tenemos miedo sentimos frío e inactividad, y para superarlo debemos ser conscientes de que somos seres únicos y maravillosos, valiosos para la humanidad y para Dios, que tenemos una misión

	que cumplir, y que todo comienza por amarse a sí mismo para posteriormente amar a los demás. El poder no hay que buscarlo fuera de nosotros porque está en nuestro interior y sus componentes son la autoconfianza, el sentimiento de valía, la conexión con tu entorno, el quererse a sí mismo y la proyección de este amor sobre todo lo que te rodea. Con la voluntad dirigimos nuestra mente hacia la acción; para crear nuestro futuro, tú has creado tu mundo con tu mente y tu voluntad. El movimiento genera movimiento y la inercia genera más inercia, por ello con la voluntad comenzamos a movernos y este movimiento de acción genera calor que produce más movimiento, de forma que el Universo nos devuelve lo que le damos y si le damos movimiento nos devolverá más movimiento para conseguir materializar nuestros objetivos vitales. Para avanzar hay que moverse y superar las dificultades; cada vez que lo hagamos aumentará nuestra autoconfianza para seguir moviéndonos.
Ejercicios físicos	1. Hacer *jogging* es adecuado también para tonificar el tercer chakra. 2. El leñador: de pie simula que tienes un hacha en las manos y golpea con fuerza hacia abajo descargando la energía del golpe en un tronco imaginario que tienes entre tus piernas; a la vez, y sin reprimirte, emite el sonido de liberación que desees. 3. Abdominales en V: tumbado boca arriba, procura juntar las puntas de los pies con las manos 15 veces seguidas. 4. Sentadillas: de pie flexiona las rodillas hasta donde puedas 15 veces seguidas; si puedes, colócate un peso en los hombros. 5. Giros de pie con los brazos estirados: estira los brazos y gira las caderas sobre la cintura a derecha e izquierda 10 veces hacia cada lado. 6. El arco: tumbado boca abajo, sujeta por detrás los tobillos con las manos y haz algunos balanceos. 7. Descargar tensiones: con una almohada o con el objeto que creas conveniente, incluso con los pies o las manos, golpea en la cama liberando la cólera, la rabia o la ira cuando lo creas necesario, no te reprimas ni te guardes estas emociones negativas para ti solo.

Ejercicios psíquicos	1. Rompe las rutinas e inercias que te estén bloqueando. 2. Si tienes la sensación de opresión o de estar en un callejón sin salida haz algo para salir de él, muévete para romper la inercia. 3. Cambia algún hábito que te aburra. 4. Analiza tu vida objetivamente e introduce cambios en las situaciones en que te encuentres atrapado.

CUARTO CHAKRA – CHAKRA DEL CORAZÓN O CORDIAL - ANAHATA	
Color	El chakra es de color verde, pero le afecta el color rosa.
Situación	A la altura del corazón, entre los pezones; por detrás tiene su simétrico.
Símbolo	Doce pétalos de loto con una estrella de seis puntas formada por dos triángulos; el invertido representa el descenso del espíritu hacia lo físico y el apoyado sobre su base simboliza el ascenso de nuestra parte física o material en su evolución hacia la espiritualidad. Es el centro de donde parte la vía energética espiral que comunica los siete chakras.
Nota	Fa.
Mantra	Lam; sonido vocal E.
Elemento	El aire (que representa la libertad, lo abierto, lo ligero, lo etéreo, que llena todo con su presencia dispersándose). El aire también nos sirve de alimento vital, porque contiene el Prana, Chi o Ki.

Verbo y derecho fundamental asociado	Derecho a amar.
Finalidad	Dar y recibir amor. Lograr el equilibrio de nuestra parte física y nuestra parte espiritual. Es un puente por el que la energía circula en los dos sentidos, en *la corriente liberadora* hacia los chakras superiores y en *la corriente. manifestadora* hacia los chakras inferiores. Es la culminación de lo físico y la base de lo espiritual.
Cristales y piedras	Las de color verde y rosa, como la esmeralda, la turmalina o el cuarzo rosa.
Elementos anatómicos asociados	La glándula timo, pulmones, corazón, aparato respiratorio, brazos, manos .
Elementos y situaciones asociadas	También se llama chakra cordial porque es el centro del amor.
Sentido	El tacto.
Alimentos	Los vegetales. El oxígeno y el prana del aire que respiramos.
Consecuencias físicas de su mal funcionamiento	Enfermedades cardiacas y respiratorias.
Consecuencias psíquicas de su mal funcionamiento	Incapacidad de amar, aislamiento, desconexión, aislamiento, alienación, egoísmo.
Comentarios	Representa el equilibrio interior y el equilibrio en nuestra relación con los demás y con el universo, y también el amor universal que nos produce una sensación de conexión, de estar integrados y de pertenencia a la unidad cósmica dentro de nuestra individualidad. Cuando este chakra está abierto nos sentimos realmente conectados con todo lo existente e irradiamos vibraciones elevadas que son detectadas y recibidas por los demás y por todo lo existente en el

	Universo, nutriéndonos esta sintonización y colmando nuestras expectativas vitales. En Reiki este chakra es el más importante porque la energía que transmitimos pasa por él antes de salir por las manos, de forma que en las sesiones de Reiki sentimos cómo estamos canalizando energía pura y limpia de amor divino hacia el receptor.
Ejercicios físicos	1. Los ejercicios respiratorios del Pranayama combinados con los *bandhas* (llaves energéticas) para manipular el aliento: —Respiración completa: tumbado, inicia la respiración nasal comenzando por el abdomen, pecho y clavículas; luego espira lentamente en el mismo orden, expulsando bien todo el aire. —Respiración ígnea: realiza series de varias respiraciones abdominales rápidas con el diafragma expandiendo y contrayendo el abdomen. —Respiración alternativa: tapándote alternativamente los orificios de la nariz, inspira lentamente por uno y espira por el otro. Realiza series de 15 veces seguidas. 2. Aperturas pectorales de todo tipo: realizar previamente una serie de giros a ambos lados con los brazos en los dos sentidos; luego con los brazos estirados realizar molinos, girando las caderas a derecha e izquierda y después llevar los dos brazos hacia atrás juntando los omoplatos y abriendo el pecho todo lo posible. 3. Tumbados con un apoyo en la espalda (almohadón, taburete, brazo de un sillón) arquear la columna vertebral lo máximo posible, visualizando cómo se abre nuestro chakra cordial y se disuelven los bloqueos con cada apertura. 4. Tumbados boca abajo con los brazos y piernas estiradas intentar flexionar la espalda hacia atrás lo máximo posible. 5. Tumbados boca arriba con las manos en los glúteos y la cabeza apoyada en el suelo arquear la espalda lo máximo posible. 6. Sentados en el suelo, levantar un brazo pegado a la cabeza y doblarlo por detrás del cuello hasta agarrar a la mano del otro brazo que se ha doblado por detrás de la espalda a la altura de la cintura.
Ejercicios psíquicos	1. Analiza cómo estás de amor. 2. Si odias a alguien, deja de hacerlo y envíale amorosamente tu perdón y tu amor.

	3. Si tu camino se ha cruzado con el de otra persona y os molestáis, recuerda que cada uno sigue su línea de evolución y que éstas pueden ser paralelas llevando cada uno su ritmo, y que si se cruzan es porque tú tienes algo que aprender de esa intersección, y que hasta que no lo aprendas se repetirá esa situación. 4. Antes de querer más a los demás tienes que quererte a ti mismo. 5. ¿Qué te reprocha tu crítico interior? Si lo hace frecuentemente, dile amablemente que deje de hacerlo cuantas veces sea necesario; persiste y persevera en este ejercicio, y conseguirás dominarlo; al fin y al cabo, tú eres quien manda. 6. Cuida a tu niño interior y recobra la inocencia y el amor de tu niñez, aplicándolo a tus relaciones actuales; entrégate sin esperar nada a cambio. 7. Ayuda a alguien todos los días. 8. Recuerda que el Universo es un espejo en el que te reflejas y que siempre te devuelve lo que le envías. 9. Lo que te desagrada de los demás es un reflejo de tus propios defectos; cuando menosprecias, criticas, insultas o atacas a alguien, en realidad lo estás haciendo contigo mismo. Recuerda que esto se repetirá hasta que lo aprendas. Es una ley universal que lo que das te será devuelto.

QUINTO CHAKRA – CHAKRA DE LA GARGANTA – VISHUDHA (Purificación)	
Color	Azul turquesa claro y brillante.
Situación	En la garganta; tiene uno simétrico en la parte posterior del cuello.

Símbolo	Flor de dieciséis pétalos, con un triángulo invertido y un círculo en su interior.
Nota	Sol.
Mantra	Ham, y la vocal Y.
Elemento	El sonido.
Verbo y derecho fundamental asociado	Derecho a hablar.
Finalidad	En nuestro camino evolutivo ascendente salimos del equilibrio del cuarto chakra y la energía llega al quinto chakra, donde se purifica y se afina más, aumentando su frecuencia y convirtiéndose en sonido; aquí se prepara para entrar en las vibraciones más sutiles de lo visual (sexto chakra) y la conciencia del absoluto espiritual (séptimo chakra).
Cristales y piedras	Las de color azul turquesa.
Elementos anatómicos asociados	Glándula tiroides y paratiroides, cuello, cuerdas vocales, hombros, amígdalas, brazos.
Elementos y situaciones asociadas	Armonía, conexión, comunicación, vibración, creatividad.
Sentido	El oído.
Alimentos	Las frutas.
Consecuencias físicas de su mal funcionamiento	Afecciones de la garganta.. Problemas de voz, irritación de las cuerdas vocales.
Consecuencias psíquicas de su mal funcionamiento	Problemas y dificultades de comunicación, temor a hablar por miedo a meter la pata. Necesidad continua de hablar, charlatanería.
Comentarios	El sonido tiene un efecto purificador y organizador de las partículas haciéndolas vibrar y posee propiedades como el tono, la frecuencia, el ritmo, la resonancia, etcétera.

	Dentro de nosotros se suceden multitud de ritmos, el del corazón, el de la respiración, el de la circulación, los biorritmos, la ovulación, etcétera. Todo es vibración y con los actos de nuestra vida inconscientemente elegimos a qué nivel queremos vibrar. Las actividades físicas nos hacen vibrar a niveles más bajos que las actividades mentales e intelectuales. La vibración más elevada es el amor en el grado de entrega. incondicional, que genera el estado de conexión cósmica con el universo, manteniendo a la vez la conciencia de tu individualidad como parte del todo. Para mantener este chakra activo, el cuerpo debe haber alcanzado también cierto nivel de depuración a través de la alimentación sana y del ejercicio regular. Es el chakra de la creatividad y de la comunicación.
Ejercicios físicos	1. Pronunciación repetida y sistemática de mantras, especialmente el mantra OM. 2. Abrir la boca todo lo que puedas sacando totalmente la lengua y extendiendo al máximo todos los músculos de la cara y del cuello; a la vez emite en voz alta el sonido Ham o cualquier otro que prefieras, manteniendo esta posición por lo menos 30 segundos y repitiéndola tres veces. 3. Giros del cuello y movimientos del mismo en todos los sentidos. 4. Si puedes, con la cabeza apoyada en el suelo haz el pino contra una pared y mueve la cabeza adelante y atrás ayudándote con los brazos. 5. El arado: tumbado boca arriba eleva las piernas y llévalas por detrás de la cabeza hasta tocar el suelo; si puedes, mantén los brazos estirados hacia la cabeza. 6. Grita con fuerza los sonidos que te apetezcan en un sitio donde no molestes a nadie. 7. Ejercicios de vocalización, leyendo poesía para añadir ritmos cambiantes. 8. Cualquier tipo de cantos.
Ejercicios psíquicos	1. Si te encuentras cerrado a los demás por miedo a ser rechazado y no te comunicas lo suficiente por timidez o por temor a quedar en

	ridículo, potencia tu autoestima y recuerda que en tu niñez eras un ser espontáneo y que eras apreciado por ello; recupera ese sentimiento de poder y trabaja tu comunicación con los demás. 2. Si en tu niñez tuviste traumas de comunicación, trabaja tu autoestima afirmando hasta que la interiorices en tu personalidad la realidad de que eres un ser único creado por Dios, digno de amor y respeto como todos los demás y que tienes todo el derecho a comunicarte con tus semejantes y expresar tus sentimientos sin miedo al ridículo o al rechazo. 3. Recuerda que lo que envíes al Universo te será devuelto, y que si le envías comunicación espontánea y amorosa serás correspondido con la atención y la respuesta comunicativa de los demás. 4. Cuando sientas la necesidad de hablar con alguien, hazlo espontáneamente, recordando que a todos nos gusta recibir una comunicación espontánea y amorosa de nuestros semejantes, y que si tu interlocutor se muestra hostil o distante es una deficiencia suya y no tuya, que tendrá que resolver él y no tú.

SEXTO CHAKRA – CHAKRA DEL TERCER OJO – AJNA (Percibir, disponer)	
Color	Violeta.
Situación	Entre las cejas; tiene su simétrico detrás de la cabeza.
Símbolo	Un círculo con dos pétalos blancos y un triángulo invertido en su interior.
Nota	La.
Mantra	OM.

Elemento	La luz.
Verbo y derecho fundamental asociado	Derecho a ver.
Finalidad	Nos introduce en el mundo de lo no material. Según desarrollemos este chakra aumentará nuestra clarividencia y nuestras facultades de percepción extrasensorial.
Cristales y piedras	Amatista.
Elementos anatómicos asociados	Glándula pineal, ojos, frente, ojos, nariz, parte inferior del cerebro.
Elementos y situaciones asociadas	Color, luz visión, intuición, clarividencia, capacidad de visualizar.
Sentido	La vista.
Alimentos	No tiene alimentos asociados, pero sí las drogas psicotroicas, naturales y sintéticas.
Consecuencias físicas de su mal funcionamiento	Problemas de visión, dolores de cabeza relacionados con la visión.
Consecuencias psíquicas de su mal funcionamiento	Trastornos psicológicos relacionados con la visión, alucinaciones, interpretaciones deformadas de la realidad, estados de confusión mental.
Comentarios	La vibración energética sigue aumentando. Hemos superado la frecuencia del sonido y entramos en la de la luz, que es una energía vibracional diferente y más fina. Nuestros sentidos perciben la luz como colores de diferente longitud de onda y frecuencias, y a medida que los colores son más fríos, sus frecuencias son más altas y nos influyen de diferente forma, materia que estudia la cromoterapia. En el sexto chakra trascendemos el tiempo, ya que la visión no depende del tiempo; en el mismo instante podemos ver un solo objeto o miles de ellos formando un todo holográfico.

Ejercicios físicos	1. Masaje de los ojos: comenzar masajeando con los dedos índices las cejas en sentido longitudinal; luego, con las yemas de los dedos, masajear circularmente las sienes y alrededor de los ojos, con los dedos medios los puntos medios debajo de los ojos y con los dedos índice y medio masajear circularmente con los párpados cerrados encima de los dos globos oculares, acabar frotando las palmas y colocándolas en forma de copa tapando los ojos. 2. Si dispones de una luz láser, aplicarla entre las cejas en intervalos cortos con los ojos cerrados. 3. Excitar con acupuntura eléctrica o convencional, o con digitopuntura, las sienes y los puntos de encima de las cejas. 4. Visualizaciones de formas geométricas simples. 5. Meditación con el símbolo Antahkarana.
Ejercicios psíquicos	En las meditaciones guiadas, realizar visualizaciones. Puedes grabar una cinta y escucharla en meditación concentrándote en las visualizaciones que te lleguen

SÉPTIMO CHAKRA – CHAKRA CORONA – SAHASRARA (Multiplicado por mil)	
Color	Blanco y oro.
Situación	Encima de la cabeza, orientado hacia arriba, no tiene simétrico.
Símbolo	Flor de loto de mil pétalos completamente abiertos.
Nota	Si.
Mantra	N nasal o M.
Elemento	El oro.

Verbo y derecho fundamental asociado	Derecho a saber.
Finalidad	Es la culminación de la corriente ascendente de espiritualidad (corriente liberadora). Es nuestra puerta de contacto con la dimensión no física y con los ángeles y nuestros guías. En el nivel Reiki Dos comenzamos a explorar el mundo espiritual y con Reiki Tres y la Maestría penetramos en él.
Cristales y piedras	Amatista, diamante, cuarzo blanco puro.
Elementos anatómicos asociados	Glándula pituitaria, parte superior del cerebro, sistema nervioso central.
Elementos y situaciones asociadas	Dios, espíritu, Creador, inteligencia, percepción.
Sentido	Ninguno. Se relaciona con el pensamiento y lo espiritual.
Alimentos	Ninguno. Se relaciona con el ayuno.
Consecuencias físicas de su mal funcionamiento	Actitud de quien cree saberlo todo, que siempre quieren tener razón y dominar y manipular a los demás para que adopten su postura o hagan lo que ellos quieren (en realidad, son personas inseguras e inmaduras que, asustadas de sus deficiencias, intentan suplirlas con esta actitud de prepotencia). Dificultad para pensar autónomamente porque no confían en sí mismos y buscan siempre el apoyo de los demás. Rigideces en los sistemas de creencias, fe ciega en los dogmas establecidos y miedo a la expansión de su propia conciencia.
Consecuencias psíquicas de su mal funcionamiento	Estrechez mental: «Si no lo veo, no lo creo». Expansión del ego, de forma que todas las actividades se orientan para satisfacerlo. Dificultad de concentración y dispersión mental. Valores directores orientados al materialismo, con olvido e incluso desprecio de todo lo espiritual.

Comentarios	Es el origen de *la corriente manifestadora*; nuestra realidad física comienza en el pensamiento con una imagen mental de lo que deseamos, hasta que se manifiesta en el plano físico que es el mundo material de energía densa perceptible por los sentidos. También es el final de *la corriente liberadora* que parte del primer chakra y va ascendiendo de forma que lo material se van transmutando en espiritual. Según vamos ascendiendo y evolucionando espiritualmente, vamos viendo todo desde una perspectiva más alta y objetiva, y tenemos una visión de conjunto que aumenta nuestra conciencia de seres humanos trascendentes y divinos.
Ejercicios físicos	Posturas invertidas: 1. Tumbados de espaldas, elevar las piernas y la espalda, apoyados en los codos que sujetan la cintura. 2. Con la cabeza y las manos apoyadas en el suelo hacer el pino, al principio apoyados en una pared. 3. Si dispones de un inversor, ¡utilízalo!
Ejercicios psíquicos	Cualquier tipo de meditación y de oración. Sentado con la espalda recta concentra tu atención en el vacío mental, como mínimo 20 minutos, preferiblemente con ayuda de un mantra. Meditaciones taoístas.

CAPÍTULO 7

El aura

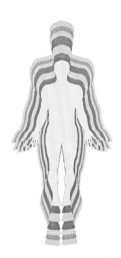

*T*odo lo material está constituido básicamente por partículas elementales que forman parte de los átomos y que a su vez constituyen la materia que está sometida al campo energético universal.

Todo aquello que detectan nuestros sentidos como materia está formado por ordenaciones de partículas animadas por energía que las hace vibrar en las frecuencias más bajas.

Los seres vivos, además, están animados por la Energía Vital o Fuerza Vital, de origen divino.

El aura o conjunto de cuerpos sutiles es el reflejo de nuestro campo energético, y todo ser vivo tiene un aura que es parte de su constitución energética y un patrón de su cuerpo físico.

El aura que rodea a nuestro cuerpo físico está formada por siete capas similares a éste, que se superponen unas a otras, y se extiende aproximadamente un metro a su alrededor.

Cada capa del aura se corresponde con un chakra de los siete principales:

1. La primera capa del aura, o *cuerpo etéreo*, está relacionada con el primer chakra o chakra de la raíz; es nuestra conexión con la

Tierra y afecta a todo lo material y a nuestro deseo de permanecer en este mundo, determina los sentimientos de arraigo con un lugar concreto y la lucha por la supervivencia, estando relacionada con el placer y el dolor físico y con el funcionamiento del cuerpo físico como organismo funcional. Esta primera capa tiene un espesor entre 1 y 2 centímetros, es de color azul brillante claro y fácilmente observable con los ejercicios descritos.

También en el plano etéreo existen siete chakras etéreos, que son réplicas de los chakras principales, y cuya misión es similar a la de sintonizar la frecuencia de las energías superiores para que puedan ser asimiladas por el cuerpo físico.

2. La segunda capa del aura se llama *cuerpo astral* o *cuerpo emocional,* se asocia con el segundo chakra o chakra sexual, y está relacionada con los sentimientos y las emociones humanas, siendo más etérea que la primera y normalmente es de color amarillo claro pastel, aunque puede cambiar en función de las diferentes emociones.

También existen los correspondientes siete chakras astrales cuya misión es la transformación de las energías astrales a la frecuencia adecuada para ser absorbida por el cuerpo astral y posteriormente por el cuerpo físico como en una escala jerárquica descendente.

El cuerpo astral es la sede de los deseos y de los temores, y tiene cierta autonomía respecto al cuerpo físico, lo que le permite interrelacionarse con las diferentes dimensiones etéreas con independencia del cuerpo físico, por ejemplo, cuando éste se halla dormido o en estado meditativo y en las proyecciones astrales.

3. La tercera capa o *cuerpo mental* se corresponde con el tercer chakra del plexo solar y está relacionada con el pensamiento y las funciones mentales; su color dependerá del tipo de pensamientos.

Su frecuencia vibratoria es más alta que la del cuerpo astral y es el vehículo de manifestación del intelecto. Cuando funciona bien, nos posibilita la claridad de pensamientos y la concentración y la focalización de nuestras ideas, base de la manifestación.

Estas tres primeras capas del aura forman el plano físico y están relacionadas con el procesamiento de la energía asociada al mundo físico.

4. La capa cuarta o *cuerpo causal* es la transición entre el plano físico representado por las tres primeras capas del aura y los tres primeros chakras y el plano mental o espiritual, compuesto por las capas quinta, sexta y séptima del aura y los chakras de la cabeza quinto, sexto y séptimo. Es un nivel de transición en doble sentido; en sentido descendente adapta la energía espiritual procedente de los chakras superiores en su camino descendente de transformación en realidad física, disminuyendo su vibración, y en sentido ascendente depura y eleva la vibración de las energías de los tres primeros chakras

y de las tres primeras capas del aura en su transición evolutiva hacia las frecuencias más elevadas de la espiritualidad.

La cuarta capa está asociada con el cuarto chakra del corazón y en ella también se desarrolla nuestra evolución en el amor, de forma que una evolución armónica de la persona se corresponderá con la adquisición, la asimilación y la interiorización de niveles cada vez más elevados de amor, lo cual implica una depuración, mediante el trabajo espiritual, para sintonizar con frecuencias vibratorias cada vez más elevadas.

Según vamos acercándonos al amor, los colores aurales de las capas superiores se van volviendo progresivamente de un luminoso color rosáceo etéreo que impregna la parte superior del aura.

En la cuarta capa o cuerpo causal se encuentra el archivo akáshico que es un registro que contiene toda la información de los tránsitos de las sucesivas reencarnaciones almacenada en un nivel energético de alta frecuencia.

5. La quinta capa está asociada con el quinto chakra de la garganta y representa el comienzo de una depuración de nuestra espiritualidad a través de un aumento de la frecuencia vibratoria de nuestro campo energético, el cual nos acerca paulatinamente a la unión con la voluntad divina.

6. La sexta capa se relaciona con el sexto chakra del tercer ojo y está asociada con una amor todavía más cercano al Creador.

7. La séptima capa está asociada con el séptimo chakra o chakra corona y representa nuestro más elevado estado de evolución, cuando hemos alcanzado la interiorización con el amor divino y en nuestro camino evolutivo en la Tierra nos hemos aproximado lo máximo posible a la sintonización con la frecuencia vibratoria de la Energía cósmica y universal.

El aura puede ser detectada mediante aparatos adecuados, como la fotografía Kirlian, y también de forma natural utilizando nuestros sentidos.

A través del *tacto,* conforme vamos avanzando en la práctica del Reiki, se incrementa la capacidad sensorial de las palmas de las manos y detectamos sensaciones de hormigueo, presión, calor, frío, cosquilleos, etcétera.

Con la *vista,* después del correspondiente aprendizaje, podemos percibir claramente los diferentes colores del aura.

También otros sentidos, como el olfato y el oído, son capaces de detectar manifestaciones sutiles del aura.

EJERCICIOS PARA DETECTAR EL AURA

Con la vista: en un día claro, nos sentamos en un lugar tranquilo o tumbados en el suelo, nos relajamos y miramos al cielo de espaldas al sol; si juntamos los dedos índices de cada mano y los separamos un centímetro, observando vagamente sin enfocar entre ellos pode-

mos ver rápidamente el reflejo luminoso blanco azulado que es la primera capa del aura.

Extendiendo todos los dedos, si los juntamos y los separamos veremos las prolongaciones energéticas de cada uno de ellos, y si movemos las manos de arriba hacia abajo alternativamente vemos cómo siguen unidos cada dedo energético con su correspondiente de la mano contraria, hasta un límite en que se rompe esta unión y se unen a la prolongación del dedo que tiene enfrente.

También podemos observar cómo se estiran y se encogen.

Si efectuamos este ejercicio en una habitación con una luz tenue y una pared blanca de fondo también funciona, aunque se observa con más dificultad que al aire libre.

Si nos frotamos las manos y miramos entre ellas podemos observar cómo pasa la energía de una a otra junto con un flujo de puntitos blancos centelleantes.

Con las manos: en una sesión Reiki colocamos las manos a unos cinco o diez centímetros del cuerpo del receptor y si lo acariciamos a su alrededor percibiremos claramente hasta dónde llega su aura y en cuáles zonas es más intensa.

CAPÍTULO 8

La meditación

Sólo tú te puedes salvar a ti mismo penetrando en tu Yo Interior.

Despierta cada día en todas las cosas que haces.

Busca tu propio camino en la conciencia plena de la realidad presente, sin recordar el pasado ni adelantar el futuro.

La meditación es una actividad funda mental para el desarrollo espiritual individual, la depuración y la conexión con nuestro Yo Superior y con nuestros guías espirituales, produciendo a corto plazo los efectos de aumentar la potencia de nuestras transmisiones Reiki.

Los pensamientos que producimos tienen la virtud de movilizar la energía y cuanto más concentrados sean éstos, más capacidad tendrán para poner en movimiento la Energía Universal.

La meditación nos conduce a reencontrar-nos con la plenitud de nuestra personalidad, a situarnos en paz con nosotros mismos y es la mejor ayuda que nos podemos regalar para nuestra vida cotidiana porque nos devuelve la autoconfianza, la paz y la calma, lo cual nos permite afrontar las situaciones de estrés con serenidad, contemplándolas desde una posición objetiva de espectador, actuando ante ellas con una fuerza interna característica de las personas que están convencidas de lo que hacen por su alto nivel de confianza y seguridad en sí mismas.

La meditación expande y afina nuestra conciencia y hace más profunda nuestra compresión de nosotros mismos, de nuestra realidad personal y de nuestro entorno, conduciéndonos progresivamente a penetrar en la conciencia de la verdad absoluta que es la Unidad Cósmica y Universal, donde todos somos uno y donde tu conciencia individual se expande sin límites, disolviéndose en comunión con la Conciencia Universal donde te sientes Uno con el Todo.

Existen muchas técnicas de meditación; entre las de Oriente las más conocidas son la meditación *Zen* o *Za-zen,* que significa recoger el espíritu; es original de India, desde donde pasó a China y de allí a Japón, donde se originaron dos ramas: Soto, cuyos seguidores meditan vueltos hacia la pared, y Rinzai, que lo hacen de espaldas a la misma. La meditación Zen se centra en vaciar la mente utilizando la respiración y en concentrar la atención en un punto del bajo vientre.

En el *Yoga* se pretende la unión del cuerpo con el alma y del hombre con Dios, y se trabaja con los chakras concentrando nuestra atención entre las pupilas, en la punta de la nariz o sobre la coronilla como sede de la conciencia superior; en el Yoga se empieza por la purificación del cuerpo, luego por el dominio del mismo, después se estimulan las glándulas para liberar las fuerzas escondidas que se elevan a un plano superior de la conciencia hasta llegar al saber supremo.

La meditación *taoísta,* o «sentarse quieto sin hacer nada», tiene como objetivos, en primer lugar, restaurar la esencia (ching o jing), después transmutar la esencia en energía (Chi o Ki), y en tercer lugar convertir la energía en espíritu (Shen), con la finalidad de conseguir un estado puro de desidentificación del ego y de desapego de los deseos que vayan conduciendo al ser humano en su camino de retorno al Vacío original (Wu-Chi) y a la unidad con el Tao.

Una de la técnicas de meditación taoísta es la meditación pasiva, consistente en «sentarse quieto sin hacer nada», vaciando la mente de los incesantes pensamientos discursivos y cerrando el paso a las percepciones sensoriales de «los Cinco Ladrones» (los cinco sentidos) y también diversas técnicas de meditaciones activas, como la sonrisa interior, la órbita microcósmica y macrocósmica, los seis sonidos curativos o la fusión de los cinco elementos que abren determinadas rutas energéticas en nuestro sistema con la finalidad de dirigir primero el Ki hacia los todos los órganos para depurarlos y liberarlos de energías negativas, y después hacia los centros superiores y así facilitar el proceso alquímico interior de transmutación de la energía en espíritu.

La *meditación* y la *oración* ponen en funcionamiento los mecanismos de relajación de nuestro organismo, de forma que cuando nos relajamos, meditamos y oramos un número determinado de veces, contactando con la dimensión espiritual, nuestro cuerpo aprende y responde cada vez con más rapidez e intensidad, diciéndonos una voz interior que «aquí ya he estado antes...» o «esto ya lo conozco», y automáticamente pone en marcha el proceso natural de «la respuesta a la relajación», la cual consiste en la producción de las sustancias químicas y la generación de los impulsos eléctricos necesarios para que nuestras ondas cerebrales disminuyan hasta colocarse en un estado alfa, correspondiente a una frecuencia de entre 8 y 12 ciclos por segundo, y también en desconectar los mecanismos de alerta del organismo que, si son sobreexcitados, producen el estrés que debilitan nuestro sistema inmunológico.

Con el Reiki las frecuencias de las ondas cerebrales del transmisor y del receptor descienden al estado alfa, en el que entramos en sintonía con la vibración cósmica y universal y con el ritmo paciente y pausado de lo divino, el cual nos permite sintonizar plenamente con la frecuencia sanadora del amor y de la Energía Universal.

Así, cuando estamos relajados e inmersos en la meditación y la oración, nuestras glándulas endocrinas equilibran la producción de epinefrina y de las hormonas del estrés, se reduce la presión sanguínea y los ritmos respiratorio y cardiaco, y en este estado comenzamos a segregar las endorfinas que nos llevan a un estado alterado de conciencia.

Este mecanismo es un sistema de defensa con el que el Creador nos ha dotado genéticamente y la herramienta para conectarnos con el mundo espiritual y superar la angustia y la ansiedad que nos produce la duda existencial y el miedo a la muerte.

Se ha comprobado que hay una conexión entre la espiritualidad, la salud y la sanación, y que las personas con creencias religiosas firmes y arraigadas que asisten regularmente a celebraciones religiosas tienen la mitad de riesgo de padecer enfermedades coronarias y sufren menos depresiones y ansiedad que los agnósticos y las personas no practicantes.

Meditamos porque queremos crecer espiritualmente y sentimos un impulso interno de avanzar en nuestro camino de evolución hacia la Luz.

A través de la meditación contactamos con la dimensión espiritual donde no existe el apego al yo ni actúa el ego, allí donde no hay nada a lo que aferrarse.

Todo es comunión y sentimientos de pertenencia, de bienestar, de compartir, de ser uno con Todo y de que el Todo eres tú. En el mundo espiritual todo se interpenetra, todo forma parte de ti y tú eres parte del todo.

Es ilimitado y luminoso.

Es alegre y satisfactorio y nada provoca tensión ni presión.

Todo fluye al ritmo del Universo y del amor. Meditar es entrar fresco en el templo de la Conciencia Única Universal y Cósmica, donde están todos los que son, todo lo que ha sido y todo lo que será; y donde comprendes que no tienes necesidad de comprender, sino sólo de compartir la frecuencia vibratoria del Amor.

Con la meditación asidua vas lavando el templo de tu conciencia de todos los seres grises que están dentro de ella y también de tus miedos que interrumpen el libre flujo de la energía en tus cuerpos físicos y sutiles, y progresivamente te vas desbloqueando y abriéndote al Amor, a la Energía Universal y a la conciencia de Unidad, a la vez que avanzas en el sentimiento de comunión y disolución de tu esencia divina con la Unidad.

LA MEDITACIÓN NOS HACE MÁS FUERTES

Mediante la meditación también nos hacemos más fuertes porque educamos nuestra mente para poder enfrentarnos a cualquier situación que se nos pueda presentar sin perder la paz ni el sosiego frente a las situaciones negativas a las que nos somete la vida.

LA MEDITACIÓN COMO FUENTE DE ALEGRÍA

Debes salir de tu mente y entrar en tu corazón concentrando tu respiración en el cuarto chakra y abriéndote al amor y a la compasión.

Cuando conectes con la elevada vibración del amor, lo notarás porque te invade un sentimiento de satisfacción y de conexión con tu esencia, mientras que si permaneces en las vibraciones más bajas de la mente puede que también tengas satisfacción pero sentirás dudas, preocupaciones y miedos.

La meditación debe ser una fuente de satisfacción y de alegría, porque tenemos el privilegio de poder disfrutar de un espacio de tiempo únicamente para contactar con nuestro interior donde reside nuestro verdadero Yo y podemos tomar consciencia de nuestra dimensión espiritual.

Al elevarte con la meditación superas las dimensiones física y mental para entrar en la dimensión espiritual en la que te sientes parte de la estructura cósmica y de la unidad total, lo que te produce una sensación profunda e íntima de alegría y de conexión con la Conciencia Universal y con el Plan Divino.

FORMA DE MEDITAR

Es preferible meditar por la mañana temprano porque es una hora de paz en la que el mundo todavía no está contaminado de energías negativas y estamos más receptivos.

Si reservas una hora fija para tu meditación diaria, tu espíritu se acostumbrará y cuando no lo alimentes te reprochará el haberle negado esa oportunidad de crecimiento.

La postura es importante; debes comenzar a meditar en una postura que te sea cómoda y en la que no sientas ninguna tensión muscular.

Lo normal es sentarse con las piernas cruzadas y con la espalda recta. Si esta postura te es incómoda puedes sentarte en el suelo con la espalda apoyada en la pared o en una silla con el respaldo recto.

También puedes meditar tumbado, aunque es preferible mantener cierta vigilancia para evitar caer en el sopor o en el sueño.

Con la práctica podrás meditar en cualquier posición e incluso realizando tus actividades cotidianas.

Los ojos pueden estar cerrados o semiabiertos concentrados en un punto.

Comenzarás centrándote en la respiración, realizando una respiración silenciosa.

Al principio da muy buen resultado la técnica de contar tus respiraciones de la forma que prefieras: puedes contar las inspiraciones y las aspiraciones en series de diez y de esta forma la mente se irá serenando y centrando rápidamente.

Hay que sembrar en tu mente la semilla del sosiego y de la paz para que cuando dé frutos puedas pasar directamente de la dimensión mental a la dimensión espiritual donde se encuentra tu Yo Superior.

Cuando acudan ideas o pensamientos extraños déjalos pasar imaginando que tu mente es el cielo azul y que los pensamientos son nubes que aparecen y desaparecen.

También puedes visualizar que tu mente es el mar y que los pensamientos son olas que se forman en la superficie que nacen y mueren pero que no alteran el fondo del mar que es tu mente.

Imagina que tu mente es un lago en calma y que los pensamientos son ondas provocadas por piedras que caen al agua y que originan ondas concéntricas que se extienden y desaparecen.

Debes sembrar en tu mente la semilla del silencio y de la calma.

Cuando tengas vacía tu vasija interna, ábrete como un niño para dejar que Dios penetre en tu interior y recibir los dones del Creador.

Después de cualquier meditación se debe realizar el «automasaje energético» descrito en el capítulo 54, con el que aportarás a todo tu cuerpo parte de las energías espirituales de alta frecuencia con las que has contactado durante la meditación.

Conviene realizar también unas órbitas microcósmicas para distribuir por los siete chakras la energía de alta frecuencia con la que has estado en contacto y evitar que se origine una acumulación excesiva de energía en cualquier lugar de nuestra estructura energética.

La meditación en grupo es muy efectiva, sobre todo si entre los meditadores se encuentra algún meditador experto.

Se crea un efecto sinérgico que genera una energía grupal que facilita la elevación y el contacto con la dimensión espiritual de todos los miembros del grupo.

Debes sentir a los demás como entidades separadas de su cuerpo físico que tenéis el privilegio y la oportunidad de compartir este momento de unión.

Cuando acabéis la meditación podéis abrazaros, sintiendo cómo os disolvéis y os interpenetráis los unos en los otros porque estáis vibrando a frecuencias elevadas.

Para poder llegar a la Luz tienes que atravesar la oscuridad de los túneles.

Sólo puedes encontrar la iluminación en tu propia vida porque la verdad y la Luz ya están en ella.

Mira el pozo vacío e infinito del cielo y, centrado en la respiración, deposita allí tus problemas.

CAPÍTULO 9

La oración

Donde dos o tres se hallen reunidos en mi nombre, allí estaré Yo.

Cuando hubieres de orar, entra en tu aposento y, cerrada la puerta, ora en secreto a tu Padre, y tu Padre, que ve en el secreto, te recompensará.

JESÚS DE NAZARET

Desde la Antigüedad el hombre ha sido consciente de que existe un poder superior y ha practicado la oración como un método para lograr estados alterados de conciencia que le permitieran comunicarse con las dimensiones espirituales para intentar sintonizar con la guía y la sabiduría del universo, con la Mente universal y con la conciencia divina.

Dios, al crearnos, nos dio muchos recursos y uno de ellos es la oración, que es una actividad espiritual que expresa nuestra naturaleza divina al ponernos en contacto directamente con Dios, y por ello la oración no es patrimonio exclusivo de ninguna confesión religiosa.

Todos podemos disfrutar de los beneficios de la oración, incluso los no religiosos, porque la oración es algo espiritual que trasciende lo religioso.

La oración está relacionada con la energía, ya que en nuestro interior somos conscientes de que nuestra conciencia se extiende mas allá del cuerpo físico y de que con nuestros pensamientos y nuestra voluntad podemos influir sobre la Energía Universal.

En nuestro interior sabemos que al orar ponemos en movimiento la energía, y que podemos hacer que se transmita en el tiempo y en el espacio; por ello, inconscientemente apelamos con nuestras oraciones a la Energía Universal divina, porque sabemos que ejerce su efecto a cualquier distancia y que también puede trascender el concepto de tiempo lineal, ya que frecuentemente la enviamos al futuro para conseguir deseos y objetivos.

La oración la realizamos porque nos sentimos desamparados y solos y porque purifica nuestra mente cuando está contaminada por los sentimientos y emociones negativas que nos acosan, tales como el miedo, la ansiedad y la preocupación, pidiéndole al Creador que nos ampare, nos purifique y nos fortalezca.

Con la oración expresamos ideas, sentimientos, deseos y necesidades dirigidas al Creador.

Nuestro Yo Superior que sabe, nos grita interiormente impulsándonos a la oración porque necesitamos el contacto con la dimensión espiritual que está más allá de la realidad material, para recibir los insumos de aportaciones energéticas de elevada frecuencia de los seres espirituales y poder ir depurando y afinando la vibración de nuestro espíritu con la finalidad de acercarnos cada vez más a la vibración del Amor y de la Luz.

La verdad y la Luz ya están en nuestro interior.

Solamente tenemos que realizar el trabajo espiritual que nos permita ir corriendo el velo.

LA MEDITACIÓN Y LA ORACIÓN: DOS CAMINOS COMPLEMENTARIOS

La meditación y la oración son dos caminos complementarios en el camino del Reiki y en nuestro proceso de crecimiento espiritual y de evolución hacia la Unidad con el Creador (o el Tao), de forma que cuando oramos nuestro espíritu asciende hacia Dios y cuando meditamos la Luz de Dios desciende hacia nosotros.

Con la oración nos sentimos entidades separadas del Todo porque percibimos a Dios en un plano superior al nuestro, mientras que con la meditación nos fundimos en un estado de comunión con Dios y con el mundo espiritual, sintiéndonos parte de la Unidad y del Plan divino; por ello la oración aumenta nuestra intimidad con el Creador y la meditación complementa nuestro retorno al origen potenciando la sensación de unidad con Dios.

LA ORACIÓN NOS HACE MÁS LIBRES

La oración es un ejercicio de autenticidad en el que nos desnudamos quitándonos nuestro Yo máscara para mostrarnos ante el Creador en nuestra maravillosa desnudez como los seres auténticos y libres que somos.

Con la oración nos abrimos ante el Padre tal como somos, pidiéndole que nos haga partícipes de su sabiduría divina, que nos guíe y que nos infunda parte de su Luz.

Es una terapia que nos permite liberarnos de las cargas del mundo material que nos hemos creado, vencer la gravedad y despegar volando hacia la dimensión espiritual que nos reconforta y suple las deficiencias de nuestras vidas poniéndonos en contacto con el Amor Cósmico y Universal y con la Luz serena y colmadora del Padre.

La oración realizada sinceramente con atención y conciencia tiene un poder transformador porque nos vuelve seres más auténticos, más puros y más libres de las cadenas que nosotros mismos nos hemos autoimpuesto y porque al desnudarnos ante nosotros mismos nos hace conscientes de nuestras zonas oscuras y de los hitos que debemos ir superando para avanzar en nuestro camino de evolución.

LA ORACIÓN NOS HACE MÁS FUERTES

Con la oración nos acercamos a lo espiritual y vamos construyendo nuestras vidas con unos sólidos cimientos divinos de autenticidad, honestidad y amor, los cuales nos sostendrán firmemente como rocas ante los reveses de la vida.

Cuando nos sintamos caer, el Gran Espíritu nos acogerá en sus alas de Luz.

La oración en grupo tiene un efecto sinérgico, ya que el efecto del conjunto es muy superior a los efectos de cada una de sus partes aisladamente.

Cuando varias personas realizan sus oraciones en común se forma una especie de energía mental colectiva que se amplifica con la concentración y la sincronización de sus componentes.

Si en la tierra dos de vosotros unen sus voces para pedir cualquier cosa, estad seguros de que mi Padre de los cielos os la dará. Pues donde hay dos o tres reunidos en mi nombre, yo estoy allí, en medio de ellos.

(JESÚS DE NAZARET.)

CÓMO ORAR

El mejor método para realizar una oración es el tuyo propio.

La oración es informal, puede realizarse en cualquier sitio y de cualquier forma; sólo es preciso sinceridad, apertura, atención y conciencia.

Se puede orar individualmente o en grupo, pero en grupo tiene un efecto sinérgico, ya que el efecto del conjunto es muy superior a los efectos de cada una de sus partes aisladamente, y cuando varias personas realizan sus oraciones en común se forma una especie de «energía mental colectiva» que se amplifica con la concentración y la sincronización de sus componentes.

El poder de la oración aumenta con la repetición de determinados sonidos y por ello todas las religiones utilizan plegarias que tienen un poder fonético especial y que con su repetición inducen estados alterados de conciencia que conectan con Dios, a los que las realizan; una de las más antiguas es la plegaria OM, que es la realidad superior y la conciencia suprema que ayuda a trascender el cuerpo y entrar en contacto con lo Absoluto y con la Mente Universal.

En yoga a los sonidos de poder se les llama mantras y cuando se repiten muchas veces se denomina *yapa* y sirven para concentrar y aislar la mente en tu interior cuando está alterada e inquieta.

La oración del padrenuestro que Jesús nos enseñó es la plegaria del cristianismo y es una oración especialmente poderosa para trascender el mundo físico y conectarnos con lo divino.

LA ORACIÓN Y EL REIKI

Mediante la oración, en Reiki, además, conseguimos estos efectos:

— Elevamos nuestra frecuencia vibratoria, sintonizándonos mejor con la Energía Universal; nuestras ondas cerebrales pasan del estado normal beta al estado alfa e incluso a zeta y por resonancia cambian también las del receptor, lo cual nos facilita la canalización de la energía.

— Realizamos una petición sincera a nuestros guías, a Dios, a los ángeles y arcángeles y a los guías del receptor para que a través de nuestras manos canalicen la Energía Universal de amor necesaria para su curación, de forma que cuando la fe del transmisor y del receptor se armonizan, los ángeles curativos actúan y se activan las fuerzas sanadoras universales que equilibran la Energía Vital del receptor.

— Convocamos a nuestros guías y a los ángeles para que nos transmitan parte de su energía y de su luz, ya que los seres espirituales no tienen libre albedrío sino que se limitan a transmitir la energía divina entre el cielo y la Tierra; por ello, para poder acudir en nuestra ayuda deben ser invocados e invitados por nosotros a través de un acto de fe como la oración.

— Abrimos los canales a nuestros poderes sanadores.

LA ORACIÓN COMO HERRAMIENTA DE SANACIÓN

La sanación física debe ir precedida de la sanación espiritual, y para conseguirla debemos aprender a depurar nuestros pensamientos negativos.

Esta depuración mental, emocional y espiritual se consigue con la práctica, ejercitando nuestra mente *diariamente* con la meditación y con la oración que van insertando en ella pensamientos sanos e ideas positivas.

La oración purifica nuestra mente cuando el miedo, la ansiedad, la preocupación y el temor bloquean nuestro sistema energético. A través de ella nos vaciamos interiormente para dejar sitio a la pureza y al amor del Creador.

La oración es un poder original del hombre, una herramienta que nos ha dado Dios para comunicarnos con Él, semejante a una llave que nos abre el paso a la curación física emocional, mental y espiritual y que nos proporciona libertad y alegría.

LA ORACIÓN COMO HERRAMIENTA PARA CONFIGURAR EL FUTURO

La oración consiste en un acto consciente, ya que al orar producimos pensamientos que nos ponen en contacto espiritual con Dios, y como los pensamientos son los precursores de la realidad, si alimentamos nuestra mente con pensamientos de paz y de amor, nuestra realidad también estará llena de paz y de amor; por ello, las letanías o plegarias recitadas de forma mecánica sin asociarlas con pensamientos no son efectivas; podemos orar en silencio o en voz alta, pero lo importante es que nuestro pensamiento esté centrado en el verdadero significado de la oración que es hablar con Dios.

La fe en Dios hace que aumente la fe en ti mismo y ésta se logra y se nutre con la oración; por ello la oración desarrolla nuestro amor por nosotros mismos y nuestra autoconfianza, y de esta forma nos dispone y nos prepara para reflejarla sobre los demás.

Si tienes fe, nada te será imposible.
De acuerdo con tu fe así te irá en la vida.
Amarás a Dios como a ti mismo.

(JESÚS DE NAZARET.)

ALGUNAS ORACIONES

La mejor oración es la tuya propia

Comienza a orar y sembrarás las semillas de tus propias oraciones, las cuales irán surgiendo espontáneamente para satisfacer tus necesidades espirituales.

«Yo soy... (di tu nombre); Dios y yo somos amor.»

«Señor, te pido que cuando me sienta desconectado y desarraigado sin poder disfrutar de la maravillosa vida que me has dado me recuerdes estos momentos de... (cita los momentos de oro de tu vida en los que te sientes conectado con Dios)..., y fundiéndome en comunión contigo, transmita este amor de vida a las personas que lo necesiten para que abran sus corazones a tu Luz.»

«Hola, Señor, *Te saludo* ahora que estoy aquí contigo como todos los días, y me coloco transparente y vacío frente a Ti como un niño desamparado que necesita a su Padre, reivindicándome aquí y ahora como hijo tuyo y creación tuya, y como un ser humano con esencia divina, único y universal, que debe avanzar en el camino de evolución hacia tu Luz, con alegría, amor, compasión y generosidad.

Aquí y ahora manifiesto ante Ti que soy merecedor de todo el amor y todo el respeto que pueda recibir y recíprocamente me recuerdo mi obligación de reflejar ese respeto incondicional y ese amor sobre todos los seres que me rodean.

Especialmente visualizo cómo abrazo a... (cita una persona que no te sea simpática o con la que hayas tenido alguna desavenencia últimamente, incluso a tus enemigos)..., comprendiendo que estas relaciones difíciles son exámenes de amor y de aceptación que yo mismo me creo y que debo superar para crecer espiritualmente y avanzar en mi camino de evolución.

Te doy gracias por todo lo que me has dado, por el amor que has manifestado en mi vida, por mi familia, por mis amigos, por mis compañeros, por todas las personas con las que me relaciono.

Te doy gracias por hacerme cada vez más consciente de la realidad espiritual.

Te doy gracias por mi salud, por la inteligencia y sensibilidad, por mi cuerpo y por los bienes materiales que has puesto momentáneamente a mi disposición, por el dinero que fluye a mi vida que me permite manifestarme.

Te pido para que me ayudes a mantener mi salud y la de mis seres queridos. Especialmente te pido que transmitas tu energía sanadora a... (cita el nombre de alguna persona que necesite sanación).

Te pido también por la salud de las personas que lo necesiten y la de mis enemigos. Te pido que mantengas mi energía para realizar mi trabajo con fluidez y satisfacción y para que mantengas la alegría en todas las actividades de mi vida.

Te pido para que me ayudes a conseguir... (cita algún objetivo o meta que desees conseguir).

Te pido para que me ayudes a seguir avanzando en el camino hacia lo espiritual y para que me ayudes a abrirme cada vez más al amor y a la aceptación.

Te pido para que me ayudes a interiorizar el concepto de desapego hacia lo material y lo externo, y hacia mi Yo ego.

Me despido, habiendo disfrutado de la felicidad que me ha producido esta oración.»

CAPÍTULO 10

La mente como herramienta de sanación

*E*l primer paso para cualquier curación es tener claras dos ideas:

1.ª Tú debes querer tu propio bienestar, alegría y felicidad.

2.ª Para conseguirla, debes actuar de acuerdo con esta idea y realizar un ejercicio de voluntad, de forma que tus actos sean coherentes con tu compromiso de evolución, mejora y crecimiento.

Nuestro Yo Superior que pertenece al mundo de lo espiritual y lo divino respeta profundamente nuestro libre albedrío y comienza a hacer realidad cualquier imagen que creamos en nuestra mente, con la finalidad de que cumplamos la misión para la que nos hemos manifestado en el plano físico; de esta manera nosotros mismos estamos continuamente creando nuestra propia realidad y configurando nuestro futuro.

Pero el problema está en que esta ley universal funciona en los dos sentidos, tanto en lo positivo como en lo negativo. Por ello deberemos ser conscientes del poder de las imágenes mentales y de las palabras y tener presente que cada una de ellas son las semillas de una realidad próxima que comenzamos a configurar porque nosotros lo queremos así.

La importancia de seguir los mensajes internos. Cualquier malestar o enfermedad física se manifiesta con anterioridad en los planos energéticos porque nuestro Yo Superior que todo lo sabe nos avisa con anticipación de que algo no marcha bien, y percibimos estos avisos y mensajes internos como señales sutiles e intuitivas que nos intentan comunicar que existe una disfunción energética que está produciendo desarmonía en nuestros cuerpos energéticos y que debemos prestar atención a la causa de esa perturbación.

Pero generalmente estamos demasiado ocupados y no prestamos la suficiente atención a estos mensajes que nos sugieren que debemos moderar el ritmo, cuidar nuestra alimentación, hacer más ejercicio y aumentar nuestro amor hacia nosotros mismos y hacia los demás; y al ignorar estas advertencias seguimos aumentando la desarmonía energética en nuestro ser y acumulamos estrés y bloqueos energéticos, produciéndose así el caldo de cultivo idóneo para la aparición de un miasma que es un estado de desarmonía y desequilibrio energético, propicio para que se desarrolle la enfermedad física o emocional.

Al no hacer caso de nuestras señales internas porque normalmente estamos demasiado ocupados, favorecemos la aparición de estos desequilibrios que son los gérmenes de futuras enfermedades.

Normalmente, estos estados de desarmonía energética comienzan por la disfunción de uno o varios chakras que a su vez afecta a los órganos y glándulas que regula; por ello, si experimentas físicamente estrés en algún área concreta de nuestro cuerpo, generalmente nos indica que el chakra asociado está realizando mal su labor de intercambio y de regulador energético y entonces podemos realizar un tratamiento Reiki con un equilibrado de chakras, insistiendo en el chakra afectado transmitiéndole la Energía Universal suficiente para reactivarlo y devolverlo a normalidad.

La salud es un libre fluir de la Energía Universal y del amor.

La Energía Universal transformada en Energía Vital por nuestros chakras, acompañada de una sensación constante de felicidad y satisfacción vital que nos produce la sintonía con la frecuencia vibratoria del amor que sentimos al dar y recibir cariño, amor, comprensión y compasión, y en este libre fluir de la energía y del amor tiene un papel determinante nuestra voluntad para realizar los cambios necesarios en nuestra vida, dejando atrás las actitudes, comportamientos, hábitos y esquemas de pensamiento y de actuación pasados que nos producían los bloqueos y obstaculizaban el flujo de la Energía Vital y entrando en el espacio del amor, del perdón, de la aceptación y de la armonía, aunque un obstáculo para ello lo constituye el ansia por el trabajo, la ambición, el poder, la avaricia, la codicia y el excesivo apego a las necesidades artificiales que nos vamos creando desoyendo los mensajes de nuestro cuerpo y resistiéndonos al cambio que nos reclama nuestro Yo Superior que sabe.

El estrés daña. El estrés constante a que nos somete la vida cotidiana daña el sistema nervioso y el sistema inmunológico. Sometido a tensión, el hipotálamo activa la glándula pituitaria que comienza a segregar en exceso las hormonas que regulan el sistema endocrino forzando a las glándulas suprarrenales a segregar adrenalina y corticosteroides y si el nivel de cortisol es elevado durante un período de tiempo largo se debilita el sistema inmunológico porque se reducen las células defensoras producidas por el timo y el nivel de interferón que nos defiende contra los virus.

El amor cura. Para penetrar en la vibración del amor lo primero que debemos hacer es amarnos a nosotros mismos: «Amarás a Dios como a ti mismo»; pero nuestro crítico interno está sugiriéndonos constantemente que no somos lo bastante buenos, lo que nos lleva a sentir infelicidad e insatisfacción y disminuye la alegría en nuestros actos cotidianos y en nuestras relaciones con los demás, a los que valoramos de forma tan baja como a nosotros mismos.

Pero en cuanto comenzamos a introducir el amor en nuestra relación con nosotros mismos y con los demás, comienza una mejoría constante en nuestra vida y en nuestra salud y aumentan nuestra alegría de vivir, nuestra felicidad y la satisfacción por todo lo que hacemos.

La necesidad de manifestar tus sentimientos. Cuando manifiestas tus sentimientos abres el paso a la libre circulación energética en tu organismo, y por ello, cada vez que te reprimes a ti mismo, estás cerrando el paso a tu esencia energética y estás muriendo un poco; y muchos pocos hacen un mucho.

Cuando reprimes un sentimiento o no te atreves a manifestar o a pedir algo, o dices sí cuando quieres decir no, en definitiva, cuando no eres sincero con lo que sientes, se produce una desarmonía en el libre fluir de tu Energía Vital que te va «secando» un poco más y te vas volviendo menos real y auténtico.

Pero como la energía no se destruye sino que solamente se transforma, estos sentimientos reprimidos se convierten en energía negativa e impura, y de esta manera vamos creando en nosotros mismos un grano de estrés tras otro que se van convirtiendo en bolas de energía negativa que se anclan en nuestras capas del aura en forma de bloqueos energéticos que se manifestarán más tarde como desajustes emocionales o enfermedades.

Sé auténtico.

Sé tú mismo.

Disfrutarás más y te sentirás más satisfecho y más pleno.

De este modo podrás reflejarlo sobre todos los demás.

CAPÍTULO 11

El despertar mediante la oración, la meditación y el Reiki

Con la meditación, la oración y el Reiki vamos adquiriendo la sensación de que nuestra conciencia se disuelve en lo divino y percibimos cada vez más fácilmente el estado de Unidad, comprendiendo que todo está dentro de nosotros y que ya poseemos todo lo que necesitamos.

Imponer el espíritu sobre el ego. Cuando la mente supera el ego y la individualidad y te conectas con lo divino superando la sensación y las barreras del tiempo y del espacio, cuando estás conectado con la esencia del Todo en el Amor, es cuando has sintonizado y fluyes con el ritmo del Universo, y en esos instantes y momentos de oro has entrado en un despertar o *samadhi* que es una capacidad de maravillarse por todo y de disfrutar y gozar con todo.

Entre estos despertares tuyos y los de los Maestros solamente hay una diferencia, la duración, de forma que cuanto más evolucionado estás, el tiempo deja de limitarte y de angustiarte, pero la intensidad es la misma: conectar con el Amor en una Conciencia que no tiene fin, en la que todo es vivido con plenitud.

Esta capacidad de conectar la perdemos con la educación, la sociedad, los dogmas, la competición, el deseo, la envidia, el deseo material e intelectual, etcétera, de forma que imaginamos paraísos e infiernos fuera de nosotros sin recordar que la esencia divina está dentro de nosotros y que colocar el paraíso fuera del YO es abrir las puertas al sufrimiento y a la insatisfacción.

Por ello, algunas sectas y confesiones religiosas con sus dogmas, especulaciones, prohibiciones y normas impuestas colocan lo divino fuera del hombre para alejarle de su esencia divina, utilizando la culpabilidad, el temor y la obediencia que originan sentimientos de alienamiento y separación, para que todo encaje y poder ejercer el control colmando la sed de conexión del ser humano.

La importancia de tener una conciencia permanente de nuestra esencia divina. Por esta razón la primera meta debe ser tomar conciencia de nuestra esencia divina, interiorizar esa realidad y dejar que esa conciencia invada nuestra vida para acercarnos a la experiencia continua de lo divino, recordando esa capacidad de maravillarnos por todo que vemos en los niños, su confianza absoluta en sí mismos, su apertura al mundo y su energía ilimitada que todavía conservamos en nuestro niño interior.

Lo externo no nos satisface. La fuente mayor de satisfacción está dentro de nosotros y se proyecta cuando salpicamos a los demás con nuestro amor y nuestra alegría.

Por ello, si situamos nuestra fuente de satisfacción en factores externos a nosotros pronto dejaremos de estar satisfechos porque no los podemos controlar.

El deseo de las cosas externas nos produce preocupación porque tenemos la creencia de que el disfrute de esos deseos nos va a satisfacer, pero cuanto más tenemos más deseamos y por ello el deseo continuo de placeres materiales y el ansia de la posesión nos provoca insatisfacción porque son cosas exteriores a nosotros que escapan de nuestro control.

Generalmente, en nuestra vida cotidiana nos olvidamos de quienes somos y concentramos nuestra energía física y mental en los placeres o en las cosas materiales que están fuera de nosotros, olvidándonos de cultivarnos, cuidarnos y mimarnos a nosotros mismos y de darnos las satisfacciones verdaderas que solamente conseguiremos orientándonos hacia nuestro interior.

El Maestro está en nuestro interior. Tenemos que ser conscientes de que el Maestro está en nosotros y que la excesiva devoción hacia un maestro exterior nos hace perder el contacto con nuestro Maestro interior y retroceder en nuestra espiritualidad y en nuestro camino de evolución.

La única misión de un Maestro es mostrarnos un camino abriéndonos su corazón para que podamos llegar al nuestro.

La oración, la meditación y el Reiki nos abren el camino hacia el Amor que es una vibración sanadora, y nos hacen sentirnos seres conectados, completos, plenos, integrados porque estamos abiertos y en contacto permanente con la Energía Universal que fluye libremente a través de nosotros cuando actuamos como canal o transmisor.

También intensifican nuestro sentimiento de Unidad porque nos sentimos íntimamente ligados al receptor, a los guías, al Universo y al Creador y con cada canalización aumenta nuestra sensación de pertenencia como parte estructural de un Todo que necesitamos y que nos necesita, a la vez que mantenemos nuestra individualidad como entidades dadoras y receptoras de amor.

Aquel que en este mundo, antes de librarse del cuerpo,
puede resistir los impulsos del deseo y de la pasión,
alcanza la unión espiritual y vive dichoso.

El hombre que encuentra la satisfacción, el deleite y
también la Luz en su interior, es un yogui
[ser evolucionado] que, unificado con Brahman [Dios],
logra en Él su bienestar supremo.

Bhagavad Gita

CAPÍTULO 12

Los grados Reiki

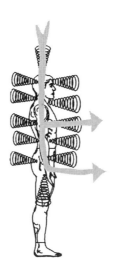

a enseñanza Reiki está dividida en tres grados y la Maestría.

REIKI UNO

Enseña qué es el Reiki, su historia, sus principios y sus reglas, los posibles usos del Reiki, las posiciones de las manos para el tratamiento y para el autotratamiento; asimismo, se realiza la meditación de Reiki Uno, que tiene la finalidad de poner al alumno en contacto con sus guías y finalmente se les practica a dichos alumnos la sintonización de primer grado, realizando después prácticas entre ellos.

Desde el momento que una persona decide avanzar en el camino del Reiki, al recibir la sintonización de primer grado, los maestros ascendidos le asignan uno o varios guías o ángeles que también fueron canales Reiki, cuya misión será conducirles y asistirles en sus sesiones Reiki, guiarles en sus meditaciones y en su camino de evolución hacia la Luz y servir de puente entre ellos y la Energía Universal curativa de amor del Creador.

Efectos de la sintonización de primer grado: la sintonización de Reiki Uno actúa especialmente sobre los chakras superiores cuarto, quinto, sexto y séptimo y sobre los chakras secundarios de las palmas de las manos, liberando de bloqueos el camino de la energía en nuestro organismo que entra por el chakra corona, desciende por el chakra del tercer ojo y el de la garganta hasta el chakra del corazón, desde donde sale por los chakras menores de las palmas de las manos; para ello, con la sintonización del grado primero se realizan los siguientes ajustes vibratorios:

— Armoniza y abre el cuarto chakra del corazón realizando un primer reajuste en él para acercarlo a la frecuencia de vibración más alta del Amor curativo, influenciando también con su nueva vibración en el timo, que es una de las glándulas que regulan la circulación energética en nuestro organismo.

— Sintoniza el chakra de la garganta, que es un centro de comunicación, transmitiendo a nuestro Yo Interior que ha dado comienzo una nueva etapa.

— Actúa también sobre el sexto chakra del tercer ojo reactivando nuestras facultades extrasensoriales, como la clarividencia, la clariaudiencia y la intuición.

— Activa el séptimo chakra o chakra corona para que desde ahora podamos contactar y transmitir la Energía Universal con el simple acto de imponer las manos.

— Finalmente, reactiva los chakras de las palmas de las manos o puntos Lao-gong, que quedan convertidos en los puntos de salida de la energía.

Los que reciben la sintonización de primer grado están permanentemente en contacto directo con la Energía Universal y quedan convertidos para siempre en canales transmisores de esta energía curativa universal, de forma que para transmitirla a los demás lo único que deben hacer es colocar las manos sobre un receptor o sobre sí mismos y la Energía Universal empezará a fluir espontáneamente.

Así, los alumnos que han recibido la sintonización de Reiki Uno quedan convertidos para siempre en terapeutas Reiki.

La sintonización no les ha dado nada nuevo, sino que se ha limitado a alinear o sintonizar la capacidad que todos tenemos de ponernos en contacto con nuestra esencia divina.

En el plano físico se produce una desintoxicación y por ello el alumno debe seguir un período de depuración de tres semanas (veintiún días) en las que llevará una dieta higienista preferiblemente ovolactovegetariana, y también realizará ejercicio físico para ayudar a su cuerpo físico a desintoxicarse y adaptarse a la nueva situación.

Durante este período es frecuente que se produzcan síntomas de la depuración, tales como aumento de la mucosidad nasal, catarros, diarreas, erupciones cutáneas o llagas en la boca, micciones mas frecuentes o salivación y sudor más abundante, que pueden ir acompañados a veces con ligeros mareos o vértigos, cosquilleos, temblores o sensaciones inusuales de calor o de frío. Estos síntomas no indican un malestar físico, sino que nuestro cuerpo se está adaptando al nuevo nivel de energía porque en su campo energético ha entrado más Ki del habitual, el cual ha aumentado su vibración y por ello necesita ciertos cambios para asimilarlo y aceptarlo.

Además de esta depuración física, la sintonización produce una *sanación emocional* y espiritual, ya que elimina los bloqueos energéticos que tuviera el alumno, y el aumento de la frecuencia vibratoria de su campo energético le produce la sensación de estar más cerca de Dios, de forma que el contacto con la Energía Universal amorosa y curativa le proporciona un nuevo nivel de autoconfianza en sí mismo porque sabe que también Dios está más cerca de él, a la vez que se produce una expansión de la conciencia y un avance espiritual, como resultado del contacto con la energía divina.

Con el grado Reiki Uno ya notamos una mayor apertura de nuestra conciencia que aumenta nuestra capacidad de percibir el mundo externo, y una nueva actitud hacia nosotros mismos y hacia los demás; se activan nuestras potencialidades y facultades, y nos volvemos más tolerantes y comprensivos con nuestros semejantes.

Con la sintonización del grado primero, el Maestro inserta los símbolos Reiki correspondientes en el aura del alumno, colocándolo en contacto permanente con la Energía Universal, pero no se revelan ni se enseñan los símbolos ni su utilización hasta el grado segundo.

REIKI DOS

Después de haber experimentado un tiempo con el nivel uno y comprobar los efectos que produce en nosotros el contacto con la Energía Universal, sentimos que necesitamos el segundo grado para seguir avanzando en nuestra senda espiritual.

El segundo nivel, respondiendo a nuestras expectativas de crecimiento, nos hace entrega de *los símbolos Reiki,* que nos permiten interactuar en el nivel mental y emocional y efectuar transmisiones energéticas a distancia y además aumentamos la potencia de nuestras canalizaciones con respecto al nivel uno.

Con Reiki Dos, la transmisión y radiación de energía es mucho más intensa y más concentrada.

Los símbolos son la esencia del Reiki y constituyen la llave para la transmisión de la Energía Universal.

En el curso de segundo grado se nos enseñan tres de los símbolos Reiki que le fueron revelados a Usui en los sutras tibetanos, el Cho-Ku-Rei (símbolo del poder), el Sei-He-Ki (símbolo mental emocional) y el Hon-Sha-Ze-Sho-Nen (el símbolo de la transmisión a distancia), los cuales nos van a permitir:

— Aumentar la rapidez y la potencia en la transmisión de la energía Reiki.
— La curación a distancia.
— Los usos alternativos de los símbolos para emplearlos en situaciones no terapéuticas.
— La transmisión de la Energía Universal

curativa a los niveles mental y emocional del receptor, permitiéndonos incidir en las causas espirituales de la enfermedad física para ayudar al paciente a conectar con su Yo Superior y su chispa divina.
— Nos abre las puertas para el contacto con los Grandes Maestros Reiki y con nuestros Guías Espirituales, y el contacto con otros Guías Reiki.

Después se hace la sintonización, que sitúa los símbolos en el aura del alumno, quedando insertados en ella permanentemente, de forma que el alumno queda ya capacitado para la transmisión de energía a distancia, para intervenir en el plano mental y emocional, para efectuar las numerosas aplicaciones no terapéuticas del Reiki y para comunicarse con los Maestros Reiki y con sus guías espirituales.

Con este grado y utilizando el símbolo mental-emocional, podemos conducir la energía directamente al inconsciente de las personas para actuar sobre las pautas y aspectos negativos psíquicos emocionales, mentales o espirituales que quieran ser mejorados.

REIKI TRES

Con el grado Reiki Tres se enseñan otros dos símbolos más, el símbolo denominado Dai-Ko-Myo tradicional, o símbolo del maestro Usui, y el Dai-Ko-Myo no tradicional, que tienen estos efectos:

— Aumentan la potencia de nuestra cone-

xión con la Energía Universal y con el mundo espiritual.
— Incrementan la potencia de nuestras transmisiones, porque con el grado tres podemos canalizar mayor cantidad de energía y también porque aumenta la frecuencia vibratoria de la energía que transmitimos.
— Nos permiten incidir en el nivel espiritual y de la conciencia.

En el grado tres también se profundiza en las técnicas de acumulación energética preparando al alumno para la Maestría y además:

— Se muestran los diferentes usos terapéuticos y no terapéuticos de los símbolos de Reiki Tres.
— Se enseña el uso de los cristales con el Reiki y otras técnicas complementarias.
— Se practican ejercicios Chi-Kung para almacenar energía.
— Se enseña también a tomar contacto con la línea Hara.
— Se realiza la meditación de tercer grado y por último se practica la sintonización.

LA MAESTRÍA REIKI

El grado de Maestro se imparte normalmente junto con el grado tercero y en él se enseñan:

— Otros dos símbolos nuevos que se utilizan exclusivamente en las sintonizaciones.

— Las variantes de los diferentes símbolos.

— La manera de realizar todas las sintonizaciones.

— La forma de enseñar Reiki en cada uno de sus grados y la materia y los programas de cada uno, que, si bien tienen una base común, varían con cada Maestro.

— Se vuelve a insistir sobre la filosofía Reiki y la actitud del Maestro Reiki.

— Se realiza una meditación y finalmente la sintonización de Maestría.

Con la Maestría todavía se amplifica más nuestra capacidad para transmitir la Energía Universal y además nos permite entrar en contacto con los Grandes Maestros Ascendidos de Reiki.

Este grado nos capacita para enseñar Reiki y convertir a otros en canales de transmisión de la Energía Universal.

CAPÍTULO 13

Fundamento del Reiki

*E*l Reiki nos convierte en canales para la transmisión de la Energía Universal curativa, haciendo posible que fluya libremente a través del transmisor al eliminar los bloqueos con las sintonizaciones, aunque nosotros también debemos contribuir procurando mantener despejados y limpios los canales de circulación energética de nuestro cuerpo denominados meridianos y nadis, intentando seguir en lo posible una dieta higienista, haciendo ejercicio físico habitualmente para mejorar la circulación de la sangre y nuestro tono vital, practicando regularmente la meditación y la oración, y aplicando conscientemente los principios Reiki en nuestra vida cotidiana.

LAS DIFERENCIAS DEL REIKI Y DE LAS OTRAS TÉCNICAS ENERGÉTICAS

El Reiki se diferencia de otros sistemas de sanación por imposición de manos, como la curación energética, la terapia de la polaridad o el tacto etéreo o tacto terapéutico, en varios aspectos:

Que en algunos de éstos se transmite la Energía Vital del sanador, lo que supone un sacrificio para él, al ceder parte de su energía al paciente, mientras que en Reiki se transmite la Energía Universal curativa que existe ilimitadamente en el Universo.

En estos sistemas el transmisor debe protegerse con diferentes métodos, como el desvío de la energía negativa a Tierra, la depuración posterior o la protección del plano espiritual, para no recoger la energía negativa del paciente, mientras que con el Reiki, el transmisor nunca absorbe los síntomas o la energía negativa de sus pacientes, sino que además se beneficia de todas las canalizaciones que realiza, ya que parte de la Energía que ha transmitido a través de sus manos se la queda el mismo transmisor sin que la energía que recibe el paciente se vea disminuida, puesto que la Energía Universal es ilimitada; por ello, después de una sesión Reiki el transmisor frecuentemente siente un bienestar semejante al del paciente.

El tipo de energía que se transmite no siempre es la misma, ya que en las otras terapias se transmite una energía diferente, que a veces es polarizada y tiene un flujo direccional, por lo que hay que seguir determinadas reglas en la imposición de las manos, mientras que la energía Reiki es una energía apolar que fluye indistintamente por ambas manos.

Con el Reiki no intentamos eliminar la energía negativa, sino que nos limitamos a transmitir al Yo Superior del receptor, la Energía Universal, que es una energía curativa y amorosa y que vibra en la misma frecuencia que el amor divino.

La facilidad de uso, ya que no es necesario un largo período de preparación, de estudios o de prácticas, bastando para la transmisión efectiva que el transmisor haya recibido la sintonización correspondiente de un Maestro Reiki.

La práctica de las transmisiones Reiki debe complementarse con un estilo de vida adaptado a los principios Reiki, que son unas directrices generales de ética que están en la base de todas las religiones y que pueden ser interpretados abiertamente a la luz de cualquier tipo de ideología o confesión religiosa e incluso por personas que no profesen ninguna.

Cuando nos sentimos completos, conectados, integrados y plenos es porque estamos abiertos a la fuente de energía, y con el Reiki permanecemos permanentemente en contacto con la Energía Universal que fluye libremente a través de nosotros cuando actuamos como canales.

Una de las finalidades del Reiki es enseñar a contactar con la Energía Universal a través de tu Yo Superior, despertando al discípulo para que tome contacto con la Energía Universal y adquiera la plena consciencia de que es su fuente de sanación cuya finalidad es sanarse primero a sí mismo para después ayudar a sanar a los demás.

CAPÍTULO 14

El equilibrado de los chakras

En su estado óptimo, los chakras deben estar todos activos y equilibrados, de forma que todos se encuentren abiertos y realizando su labor energética a un ritmo semejante.

Si alguno está cerrado o con un exceso o defecto de actividad se producirá un desequilibrio energético, que se reflejará en el cuerpo físico en forma de tensión, malestar o enfermedad.

Para detectar su estado podemos utilizar nuestra percepción y las manos, o usar instrumentos específicos como el péndulo o el biotensor.

Cualquier sesión completa de Reiki debe incluir un chequeo de los chakras principales y un reequilibrado:

— El *chequeo* lo podemos realizar con las manos, colocándolas encima de cada chakra y percibiendo la actividad energética que hay en ellos. A veces se detectan mejor si mantenemos las manos a unos centímetros del cuerpo. Se puede comenzar por el chakra de la raíz e ir subiendo hasta el chakra corona, o también variar este orden según nuestra intuición o preferencias: una vez detectada una irregularidad en alguno de ellos (las diferencias las notamos testeando y comparando con los otros, que podemos percibir en forma de frío, inactividad energética, huecos diferencias de presión o de temperatura), lo abriremos girando las manos sobre él en sentido contrario al del reloj, con un gesto de nuestras manos, o mentalmente, y una vez abierto colocaremos nuestras manos sobre él el tiempo necesario hasta que lo notemos activo.

— Para *equilibrarlos* se pueden utilizar varios métodos:

Comenzaremos con un *reequilibrado previo:* colocando cada mano en un chakra, en diferentes órdenes, que pueden ser: si empezamos por el chakra corona, 7-6, 5-4, 3-2, 2-1; o si empezamos por el chakra de la raíz, 1-2, 3-4, 5-6, 6-7; o si lo hacemos alternativamente, 7-1, 2-6, 5-3, 4-4, o también 6-4, 6-5, 5-2, 1-7. Éstas son solamente unas posibilidades, porque con la práctica cada terapeuta desarrollará su propio método y muchas veces el equilibrado lo realizas siendo consciente de que lo estás haciendo, pero lo haces inconscientemente porque tus manos son dirigidas por los guías.

Acabaremos con un *equilibrado final:* manteniendo nuestras manos a unos diez centímetros del paciente, las situamos encima de la zona del sexto chakra, que normalmente es la zona más energética, debido a la proximidad del tan-tien, y cuando sintamos su actividad, si es correcta le ayudaremos realizando unos giros con ambas manos en el sentido de las agujas del reloj; luego situamos la izquierda en el tercero y la derecha en el segundo haciendo lo mismo; después pasamos al quinto y al cuarto, subimos con la derecha al quinto y con la izquierda al sexto y finalmente colocamos la izquierda en el séptimo

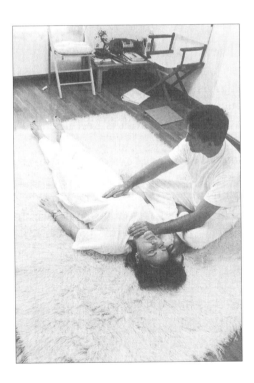

5-3

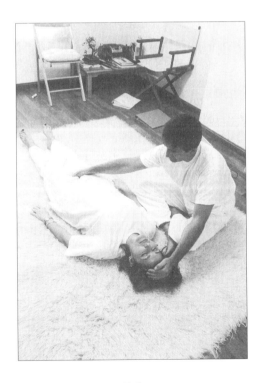

7-1

por encima de la cabeza y la derecha en el primero, entre las piernas y las giramos a la vez en el sentido de las agujas del reloj.

Para finalizar, podemos realizar una breve meditación sobre los chakras guiando al paciente.

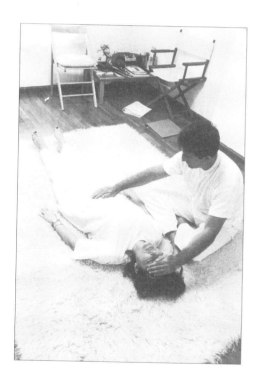

6-2

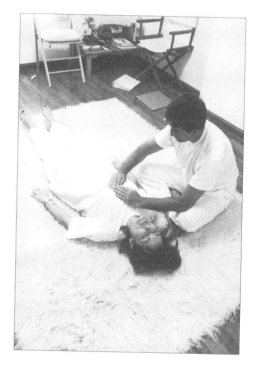

4-4

CAPÍTULO 15

Usos complementarios del Reiki

*T*odo lo creado está formado por átomos que vibran en diferentes frecuencias y cada ser vivo u objeto emite una vibración característica. Por ello, el tratamiento Reiki es eficaz sobre cualquier cosa material ya que la energía transmitida penetra en su campo energético actuando sobre él.

La entropía en una magnitud que mide la tendencia de un sistema al desorden de forma que cuanto más elevada o positiva en la entropía más tiende el sistema al desorden, y cuando la entropía es negativa se tiende al orden.

La energía Reiki actúa disminuyendo la entropía de los sistemas, de forma que al recibirla éstos tienden a aumentar su grado de orden, recomponiendo las moléculas a su estructura óptima en el sistema.

Aplicada sobre el agua, la energía Reiki debilita el enlace de los átomos de hidrógeno y disminuye la tensión superficial.

La energía Reiki aplicada a organismos vivientes activa la velocidad de las reacciones enzimáticas.

Plantas: Los vegetales son también seres energéticos y su aura es fácilmente visible; por ello también se pueden beneficiar de la energía Reiki.

Se ha demostrado que los vegetales son capaces de percibir elementos de su entorno, que son sensibles a la música, que reaccionan aumentando su crecimiento.

Por ello, si transmitimos energía a las semillas, a los tallos o a cualquier planta en conjunto comprobaremos cómo el Reiki favorece su desarrollo.

Alimentos y agua: Existe una costumbre ancestral de bendecir la mesa y realizar una acción de gracias por los alimentos que se van a ingerir.

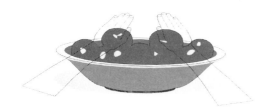

Podemos utilizar el Reiki para energetizar los alimentos antes de cocinarlos y/o antes de ingerirlos, transmitiéndoles energía durante unos minutos, para que sean asimilados y digeridos más fácilmente.

Si los alimentos que vamos a tomar no son frescos, como las conservas, o tienen aditivos, como conservantes y colorantes, estarán desprovistos de las enzimas que nos proporcionan la vitalidad; en estos casos es muy beneficioso el Reiki porque suministra la Energía Vital que les falta.

Al agua la podemos suministrar energía directamente en la jarra o en la botella colocando las manos alrededor; también podemos hacerlo a distancia si queremos energetizar superficies más grandes como una bañera.

Medicamentos: Al suministrar Reiki a las medicinas las hacemos más compatibles con nuestro campo energético; si les damos Reiki unos minutos, resultarán más eficaces y disminuirán sus efectos secundarios

El Reiki está especialmente indicado en los casos de quimioterapia o radioterapia para disminuir sus efectos secundarios altamente nocivos. El Reiki impartido diariamente durante una quimioterapia puede evitar la caída total del cabello y realizar un aporte energético extraordinario a los pacientes que les capacita para desarrollar sus actividades habituales, a la vez que los alegra y eleva su espíritu ante la enfermedad.

Automóviles y cualquier tipo de máquina: las máquinas que utilizamos quedan impregnadas de la vibración energética de quien las maneja y responden a ella como si la reconocieran. Por ello nuestros estados de ánimo pueden transmitir a las máquinas vibraciones positivas o negativas que se reflejarán en su funcionamiento. Todos hemos comprobado cómo nuestro coche funciona mejor si lo tratamos cariñosamente y que las averías se suelen producir en nuestros días malos.

Podemos utilizar el Reiki para transmitir energía a nuestro vehículo cuando creamos que la necesita.

Podremos recargar una batería descargada si le suministramos Reiki durante 20 minutos.

Podemos hacer la prueba y utilizar el Reiki para encontrar aparcamiento más fácilmente.

Viviendas: Cuando sentimos que hay acumulada energía negativa en alguna vivienda o habitación podemos transmitirles Reiki para depurar y purificar las energías negativas que pudieran existir, y para sintonizar con la energía positiva, atraerla y potenciarla para cargar nuestro hogar con vibraciones positivas.

Si queremos realizar una depuración más completa, podemos quemar un poco de salvia o incienso y visualizar cómo el humo depura la negatividad que pudiera existir, contactando con nuestros guías y pidiéndoles que nos ayuden a limpiar la negatividad y que la sustituyan por amor, armonía y bienestar.

CAPÍTULO 16

El timo, la kinesiología y el Reiki

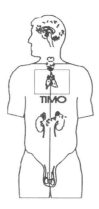

El timo es una glándula que se encuentra en el centro del pecho, por detrás del esternón; hasta hace poco había poca información sobre ella, por lo que se consideraba como una glándula superflua, pero recientemente se descubrió que el timo se encoge en las enfermedades y situaciones de estrés.

El timo es el regulador del flujo energético que recorre nuestro cuerpo, controlando la Energía Vital que asimilamos a través de los chakras. También realiza una función muy importante en nuestro sistema inmunológico, produciendo numerosas hormonas y células T que defienden nuestro cuerpo frente a las infecciones.

Se ha comprobado que el timo puede aumentar o disminuir de tamaño en función de su mayor o menor actividad, de manera que ante estados de estrés mental o de estrés físico causados por una infección o por enfermedades importantes puede reducir su tamaño a la mitad en un solo día.

El timo aumenta su tamaño cuando circula

por él energía positiva y nuestro cuerpo y nuestra mente se encuentran equilibrados y en armonía, y este estado se consigue cuando lo físico y lo espiritual funcionan coordinadamente para alcanzar y mantener un estado óptimo de salud y de bienestar, indicio de una circulación fluida de la Energía Vital.

El timo se ve afectado por dos sentimientos básicos que circulan por el chakra del corazón que son el *amor* y el *odio*, de forma que al sentir odio el timo se muestra débil y ralentiza su actividad encogiendo su tamaño, mientras que el amor, la ternura, la compasión son manifestaciones de la Energía Vital que refuerzan el funcionamiento del timo.

También los pensamientos positivos activan el funcionamiento de nuestro timo y los negativos lo inhiben y cuando decimos, hacemos o sentimos algo que activa nuestra energía vital, nuestro timo se muestra fuerte, mientras que ante situaciones contrarias a la energía vital, el timo se muestra débil.

Basándose en esta predisposición del timo se ha desarrollado una disciplina denominada Kinesiología, en la que se realizan unos tests específicos del funcionamiento del timo y del nivel de apertura de los meridianos de acupuntura a la circulación por nuestro cuerpo de la energía vital, de forma que mediante determinados movimientos musculares que realiza el terapeuta al paciente y comprobando y comparando la resistencia que opone éste se puede llegar a determinar el estado del timo del paciente.

Ante una situación de estrés se produce un descenso de Energía Vital ya que nuestro cuerpo la utiliza para hacer frente a ese estado negativo y el timo se muestra débil en el test y disminuye su tamaño. En cuanto se supera el estrés y retorna un nivel energético óptimo el timo vuelve a mostrarse fuerte y aumenta su tamaño.

Forma de realizar *el test del timo:*

El paciente permanece de pie con el brazo derecho caído y el izquierdo extendido paralelo al suelo.

El terapeuta se coloca frente a él situando su mano izquierda sobre el hombro derecho del paciente y la mano derecha encima del brazo extendido de éste, sujetándolo por la muñeca.

Pidiendo al paciente que trate de resistir el empuje, se realiza una presión rápida y firme hacia abajo observando su resistencia al empuje.

Ahora se le indica al paciente que coloque las puntas de los dedos de la mano derecha en el esternón encima del timo y se vuelve a repetir el test comparando la diferencia en la resistencia que se opone al empuje; si la resistencia ha sido la misma, nos indica que no hay desequilibrios energéticos, pero si mientras se tocaba el timo opuso menos resistencia, nos indica un timo débil y que existe alguna deficiencia de circulación energética, que podemos localizar testeando los meridianos para averiguar en cuál de ellos se localiza el problema y a que órganos afecta.

Este test se puede repetir también diciendo al paciente que piense en alguna situación negativa o en alguna persona a quien odie y después pensando en personas amadas y visualizando situaciones positivas.

Realizando sucesivos tests en los meridianos de acupuntura también comprobaremos que si alguno se muestra débil se activará si estimulamos el timo.

Para *estimular el timo* mentalmente, tendremos constante y conscientemente pensamientos positivos y para estimularlo físicamente, diariamente o cuando sintamos un descenso de energía, nos golpearemos con suavidad 30 veces en el esternón con las puntas de los dedos o con los nudillos con el puño cerrado.

En Reiki podemos aplicar estos conocimientos sobre el timo y cuando una persona se siente baja de energía, tiene una enfermedad infecciosa o necesita reforzar su sistema inmunológico por cualquier otra causa, le reforzaremos la actividad del timo, imponiendo las manos encima del mismo durante el tiempo necesario.

En autotratamiento, si colocamos nuestras manos encima de la glándula timo, con la derecha encima de la izquierda, estimularemos nuestro timo y pronto nos sentiremos más fuertes.

Mientras dormimos también podemos acostumbrarnos a mantener las manos en esta posición, lo cual reforzará y estimulará nuestra glándula timo.

CAPÍTULO 17

El período de depuración

El proceso de evolución del ser humano consiste en ir aumentando progresivamente la frecuencia vibratoria de nuestros campos energéticos.

Cuanto más alta sea nuestra vibración aural, más evolucionados estaremos en todos los aspectos, intelectual, emotivo, espiritual, físico, etcétera. Además, el hombre está programado genéticamente para progresar, mejorar y evolucionar en todo lo que hace, y esta mejora en cualquier campo es simplemente una cuestión energética, que supone el paso a un nivel superior de vibración.

La sintonización Reiki es un proceso que eleva el nivel vibratorio general de nuestro campo energético, de forma que al recibirse la nueva energía dentro de nuestras células, las partículas elementales que las componen aumentan su frecuencia de vibración, removiendo las toxinas que se encuentran en ellas y deshaciendo los bloqueos energéticos, y esta apertura a la Luz y a la energía más fina origina una salida de elementos que ya no necesitamos, la cual puede manifestarse de varias formas, tanto en el plano físico como en el espiritual, mental y emocional.

En el *plano físico,* este proceso depurativo suele durar dos o tres semanas hasta que nuestro cuerpo se adapta al nuevo nivel energético, y de ahí los clásicos 21 días después de la sintonización, durante los cuales se puede manifestar de diversas maneras como un exceso de mucosidades similar a un catarro, diarreas, erupciones, llagas, etcétera.

Durante este período podemos ayudar a nuestro cuerpo a limpiarse, para que se adapte antes a la nueva situación, controlando nuestra alimentación, excluyendo las carnes, las grasas, los alimentos muy condimentados, picantes, bebidas excitantes como café y té negro, bebiendo mucha agua, y alimentándonos principalmente de frutas, verduras, legumbres, ensaladas sazonadas con aceite de oliva y soja, pan integral, y excluyendo los azúcares, las harinas refinadas y sus derivados y por supuesto el alcohol y el tabaco; si estos síntomas se hacen molestos, se pueden disminuir con una sesión de Reiki.

En el *plano mental, emocional y espiritual,* ya desde que recibes la primera sintonización notas y sientes que algo ha cambiado; te encuentras más ligero y más puro, sabes que algo ha quedado atrás y que has dado un paso más en el camino de la Luz, creciendo espiritualmente, y esto se repite en todas las sintonizaciones, ya que con cada una de ellas elevamos paulatinamente la frecuencia vibratoria de nuestro campo energético, y aunque a veces se producen ligeras molestias como mareos, sensación de flotabilidad o desorientación, se pueden corregir con una toma de fundamento, realizando ejercicios que estimulen la actividad del chakra de la raíz o con una sesión de Reiki, insistiendo en la zona del primer chakra.

A pesar de estas lógicas molestias no conozco a nadie ni tengo noticias de que alguien se haya arrepentido después de una sintonización, sino todo lo contrario, ya que es frecuente que muchos practicantes Reiki hayan recibido varias veces las mismas sintonizaciones.

La sintonización aumenta nuestra alegría existencial y nuestra capacidad de transmitir la Energía Universal curativa del amor divino, produciéndonos una expansión de nuestra conciencia y sintiéndonos realmente más cerca de Dios; asimismo, con cada sintonización nos desbloqueamos más y nos abrimos más al paso de la energía, aumentando esa afinidad de conexión, de forma que sentimos que cada vez nos resulta más fácil, más intensa y más rápida la canalización y la transmisión de la Energía Universal.

Al aumentar nuestra frecuencia vibracional nos acercamos más a la alta vibración del amor, de forma que al aproximarnos a él nos es más fácil la conexión y la transmisión.

CAPÍTULO 18

Las posiciones de las manos

*E*n Reiki se toma contacto con el receptor, y debes ser absolutamente consciente de que el tacto transmite; por ello, cuando toques a otra persona para transmitirle el Reiki hazlo con todo el amor de tu corazón para conectar la energía de tu chakra cardiaco con el del receptor y de esta forma los dos os abriréis instantáneamente a la Energía Universal.

— Lavarse las manos antes de cada sesión.

— Colocar las manos suavemente sin hacer ninguna fuerza ni presión sobre el paciente.

— Mantener los dedos de ambas manos en contacto unos con otros.

— No cambiar de posición bruscamente ni con las dos manos a la vez.

— Para no interrumpir el contacto, mover primero una mano y luego la otra.

— No hay que seguir estrictamente el orden de las posiciones; dejarse llevar por la intuición.

— Cada posición debe durar aproximadamente tres minutos, aunque aquí también hay que dejarse guiar.

POSICIONES DE LA CABEZA

Posición 1. Frente-corona: actuamos sobre el chakra del tercer ojo y sobre el chakra corona.

Posición 2. Detrás de la cabeza: girando suavemente la cabeza del paciente, colocamos las manos detrás de su cabeza.

Posición 3. Encima de los ojos.

Posición 4. En las sienes.

Posición 5: Encima de los oídos.

Posición 6: Frente-detrás de la cabeza.

Posiciones de la cabeza

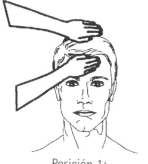

Posición 1:
frente-corona

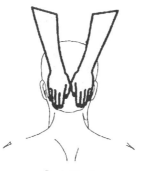

Posición 2:
detrás de la cabeza

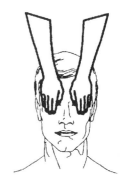

Posición 3:
encima de los ojos

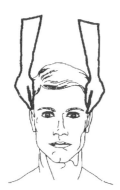

Posición 4:
encima de las sienes

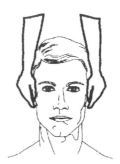

Posición 5:
tapando los oídos

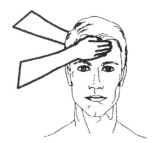

Posición 6:
frente-detrás de la cabeza

POSICIONES DEL TRONCO

Posición 1. Cuello: colocar las manos rodeando el cuello. En esta posición algún paciente puede sentir opresión; entonces se colocarán sin contacto a 3 o 4 centímetros.

Posición 2. Hombros. Esta posición resulta especialmente agradable, tanto para el receptor, que se siente acogido, como para el transmisor.

Posición 3. Timo: colocar las manos en el centro del pecho; esta posición es una de las más importantes por actuar directamente sobre la glándula timo.

Posición 4: Debajo de los pectorales.

Posición 5. A ambos lados del ombligo (posición de Takata). Esta posición es muy potente al actuar directamente sobre el centro de acumulación energética de nuestro organismo, Hara o Tan-tien, que se encuentra detrás del ombligo. Se dice que Takata mantuvo esta posición durante 12 horas y reanimó a una persona que había sufrido un paro cardiaco.

Posición 6. Debajo de la cintura.

Posiciones del tronco

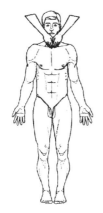

Posición 1: cuello

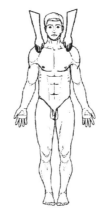

Posición 2: hombros

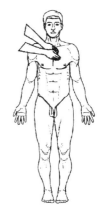

Posición 3: timo

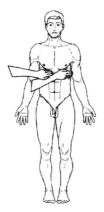

Posición 4: debajo pectorales

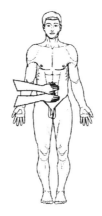

Posición 5: ombligo (posición de Takata)

Posición 6: debajo de la cintura

POSICIONES DEL TRONCO

Equilibrado de chakras 1.   (Primer método)

Posiciones del tronco equilibrado de chakras 1

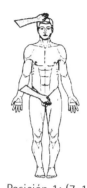 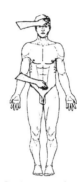 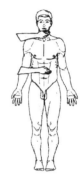

Posición 1: (7-1)   Posición 2: (6-2)   Posición 3 (5-3):
raíz-corona   sexual-tercer ojo   plexo solar-garganta

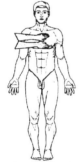 

Posición 4 (4-4):   Posición 4 (4-4):
corazón   corazón

Posición 1. Chakra de la raíz-chakra corona (1-7).

Posición 2. Chakra sexual-chakra del tercer ojo (6-2).

Posición 3. Chakra del plexo solar-chakra de la garganta (5-3).

Posición 4. Chakra del corazón (4-4). Con las manos paralelas o con las manos en cruz.

Equilibrado de chakras 2.   (Segundo método)

Posiciones del tronco equilibrado de chakras 2

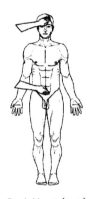   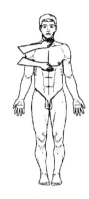   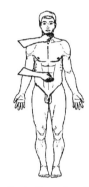

Posición 1 (2-6):   Posición 2 (5-4):   Posición 3 (3-5):
tercer ojo-sexual   garganta-corazón   garganta-plexo solar

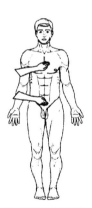   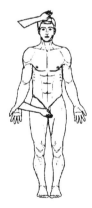

Posición 4 (4-2):   Posición 5 (7-1):
corazón-sexual   raíz-corona

Posición 1. Chakra del tercer ojo-chakra sexual (6-2).

Posición 2. Chakra de la garganta-chakra del corazón (5-4).

Posición 3. Chakra de la garganta-chakra del plexo solar (5-3).

Posición 4. Chakra del corazón-chakra sexual (4-2).

Posición 5. Chakra corona-chakra raíz (7-1).

Equilibrado de chakras 3.   (Tercer método)

Posiciones del tronco equilibrado de chakras 3

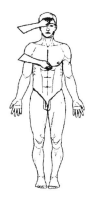

Posición 1 (6-4):
tercer ojo-corazón

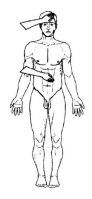

Posición 2 (6-5):
tercer ojo-plexo solar

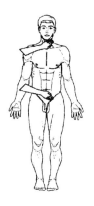

Posición 3 (7-1):
garganta-sexual

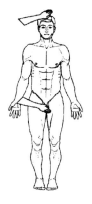

Posición 4 (7-1):
raíz-corona

Posición 1. Chakra del tercer ojo-chakra del corazón (6-4).

Posición 2. Chakra del tercer ojo-chakra del plexo solar (6-3).

Posición 3. Chakra de la garganta-chakra sexual (5-2).

Posición 4. Chakra corona-chakra de la raíz (7-1).

Posiciones de la espalda

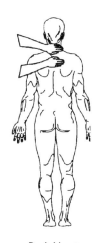

Posición 1:
nuca-cuello

Posición 2:
extremos columna

Posición 3:
riñones

POSICIONES DE LA ESPALDA

Posición 1. Nuca-cuello.
Posición 2. Extremos de la columna vertebral.
Posición 3. Riñones.

POSICIONES DE LAS EXTREMIDADES

Posición 1. Muslos.
Posición 2. Rodillas.

Las rodillas son un centro de paso de la energía muy importante y por ello deben estar desbloqueadas. A veces en ellas se concentran nudos de energía negativa que originan las molestias y dolores articulares; por ello, frecuentemente percibiremos gran actividad en esta zona y debemos insistir en esta posición hasta que la notemos llena de energía.

Posición 3. Tobillos.

Todas las articulaciones son centros de paso de la energía y en ellas se concentran bloqueos o nudos de energía negativa que deben ser liberados manteniendo la posición hasta que sintamos actividad en ellas.

Posición 4. Codos.

Se pueden tratar con una mano en el codo y la otra sobre la articulación del hombro, o bien con una mano encima y la otra debajo del codo, con lo que estará sometido a un flujo energético directo.

Posición 5. Plantas de los pies.

Son nuestra conexión con la Tierra y uno

de los puntos energéticos más importantes de nuestro organismo. En todas las sesiones incluiremos esta posición que la cual podre- mos complementar con un ligero masaje en los puntos Yong-quan en el centro de las plantas.

Posiciones de las extremidades

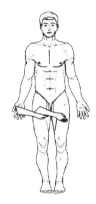

Posición 1: muslos

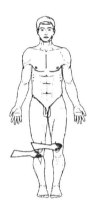

Posición 2: rodillas

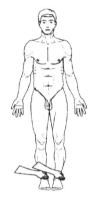

Posición 3: tobillos

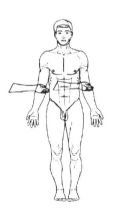

Posición 4: codos

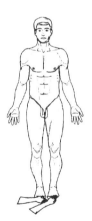

Posición 5: plantas de los pies

Posiciones de la cabeza

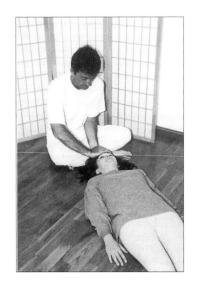

1. Frente-corona

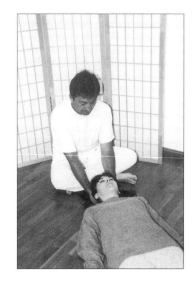

2. Nuca

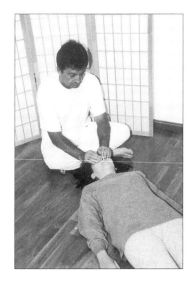

3. Ojos

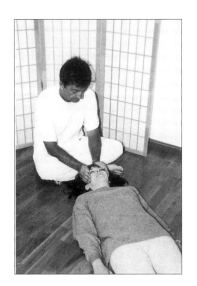

4. Sienes

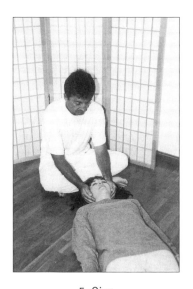

5. Ojos

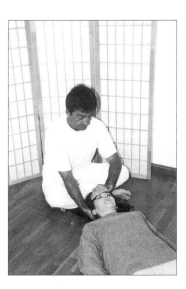

6. Frente-nuca

Posiciones del tronco

1. Cuello

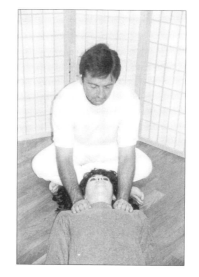

2. Hombros

3. Timo

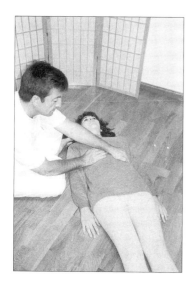

4. Debajo de los pectorales

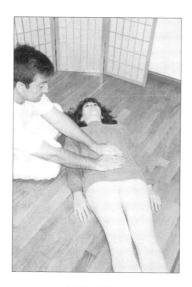

5. Ombligo

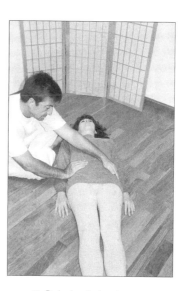

6. Debajo de la cintura

Posiciones de las extremidades

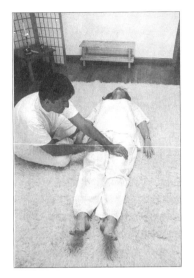

1. Muslos

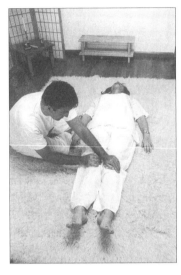

2. Rodillas

3. Codos

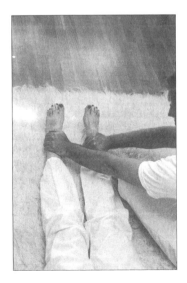

4. Tobillos

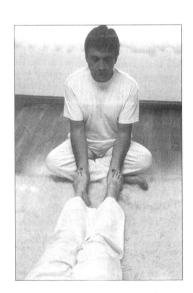

5. Plantas de los pies

Autotratamiento rápido

Posición 1: Frente-corona

Posición 2: Frente-nuca

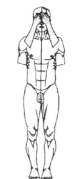

Posición 3: Ojos

Posición 4: Oídos

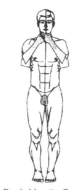

Posición 5: Cuello

Posición 6: Timo

Posición 7: Corona-raíz

Posición 8: Chakra 3

Posición 9: Chakra 2

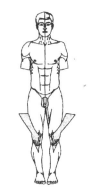

Posición 10: Rodillas

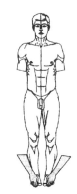

Posición 11: Plantas pies

Posición 12: Nuca por detrás

Posición 13: Cabeza por detrás

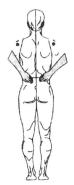

Posición 14: Riñones

Posición 15: Nuca-cóccix

Autotratamiento

Posición 1: Frente-corona

Posición 2: Frente-nuca

Posición 3: Ojos

Posición 4: Oídos

Posición 5: Hombros

Posición 6: Cuello

Posición 7: Timo

Posición 8: Pectorales

Posición 9: Corona-raíz

Posición 10: Chakra 3

Posición 11: Chakra 2

Posición 12: Riñones

Posición 13: Nuca-cóccix

Posición 14: Rodillas

Posición 15: Tobillos

Posición 16: Plantas de los pies

Posiciones de la espalda

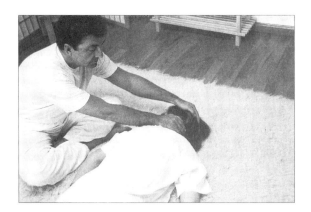

1: Nuca-corona

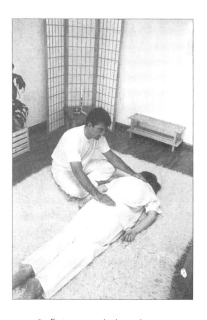

2: Extremos de la columna

3: Riñones

CAPÍTULO 19

El Reiki en grupo. La parrilla Reiki

Cuando diversos practicantes Reiki actúan en equipo se pueden realizar varias posturas simultáneamente; con ello se potencia la transmisión y la duración de la sesión se puede reducir bastante.

Si los integrantes del grupo sintonizan su frecuencia de transmisión, se suele producir un efecto sinérgico de forma que el resultado de la acción conjunta es muy superior al que resultaría de las transmisiones individuales.

Sesión Reiki en grupo: Parrilla Reiki

Con 3 terapeutas   Con 4 terapeutas

Si hay tres terapeutas, se colocará uno para las posiciones de la cabeza, otro para el tronco y otro para las piernas y los pies.

Pueden intervenir tantos terapeutas como puedan trabajar cómodamente alrededor de la camilla.

Se realizaran las posturas de frente y de espaldas.

Con 5 terapeutas

Posición de espaldas
con 3 terapeutas

CAPÍTULO 20

El Reiki y los ejercicios energéticos

El origen de muchas enfermedades es un mal funcionamiento de determinados órganos producido por bloqueos en la circulación energética; por ello, si procuramos mantener limpios y depurados la red de meridianos o canales de circulación de la energía contribuiremos a evitar las disfunciones que causan las enfermedades. Si se produce algún bloqueo u obstrucción en una vía energética el sistema puede hacerle frente a corto plazo con algún método de compensación, pero si no se elimina la causa del bloqueo desembocará en una enfermedad física o mental.

Los antiguos orientales comprobaron que se podía manipular y dirigir la corriente energética de nuestro cuerpo para retrasar el envejecimiento y transmitirla de una persona a otra para sanar y curar muchas enfermedades.

Las artes marciales, el yoga, el Tai-Chi, el Qui-Gong o Chi-Kung son disciplinas que han sistematizado ejercicios y métodos para facilitar la circulación energética a través del cuerpo físico, para mantenerlo sano y ponernos más en contacto con nuestra parte espiritual.

En Reiki se trabaja con la Energía Universal y por ello todas sus técnicas de manipulación de la energía son útiles porque nos ayudan a acumular, canalizar y transmitir la energía.

1. POSTURA DE ABRAZAR EL ÁRBOL

Es una de las más sencillas y sin duda la más potente posición de acumulación energética si se mantiene el tiempo suficiente. De pie con las rodillas dobladas, el tronco recto, la cabeza alineada con la columna vertebral y el mentón retraído para estirar la nuca, colocamos los brazos paralelos al suelo y doblados

Postura de abrazar el árbol

por los codos como si abrazáramos un árbol o sujetáramos una pelota.

Respirar lentamente y permanecer en esta postura todo el tiempo que se pueda. Comenzaremos con 5 minutos e iremos aumentando progresivamente hasta llegar a los 20 minutos. Concentramos nuestra atención en el Tan-tien, punto energético situado 3 centímetros por debajo del ombligo.

2. LA POSICIÓN HUI YIN
O ELEVACIÓN DEL ANO

El punto Hui Yin está situado entre la zona sexual y el ano. Al contraer los músculos del ano cerramos una puerta de salida de la energía y estimulamos el punto Hui Yin que impulsa la energía hacia arriba por la columna vertebral a través del meridiano.

Este movimiento lo podemos potenciar si a la vez realizamos una contracción del bajo vientre.

3. POSICIÓN DE LA LENGUA
EN CONTACTO CON EL PALADAR

Ésta es una postura clásica en varias disciplinas orientales Chi Kung, kundalini yoga y Pranayama yoga.

Al poner la punta de la lengua en contacto con el paladar se comunican dos meridianos: el *du mai*, que es el meridiano o vaso gobernador, por el que circula energía yang, que empieza en el extremo del cóccix y sube por la columna vertebral y parte posterior de la cabeza pasando por el punto Bai Hui, situado en el extremo superior de la cabeza, y acabando en los dos dientes incisivos superiores; y el *ren mai*, el meridiano o vaso de la concepción, por el que circula energía yin, que comienza en el punto Hui Yin y sube por la parte delantera del cuerpo hasta acabar en los incisivos inferiores.

(En India se les llama ida y pingala. Ida es femenino y circula hacia abajo; pingala es masculino y circula hacia arriba entrelazándose ambos alrededor de un eje central llamado sushumna, que es el canal energético principal que va del chakra de la raíz al chakra corona, y coincidente con la columna vertebral en el plano físico, dejando a los chakras en el centro de los bucles.)

Al quedar comunicados los dos meridianos y finalizar la postura Hui Yin se cierra el circuito de circulación energética de la órbita microcósmica dentro de nuestro cuerpo, de forma que al inspirar, la energía yang sube por la columna vertebral hacia la cabeza por el canal du-mai o vaso gobernador que termina en el paladar, a través del puente de la lengua pasa al canal ren-mai o vaso de la concepción, y con la espiración comenzamos el descenso hasta el punto Hui Yin, donde comienza un nuevo ciclo con la siguiente inspiración.

Al principio realizaremos 10 o 12 ciclos lentamente hasta que seamos conscientes de la bola energética que se mueve dentro de nosotros; cuando practiquemos más veces realizaremos unos 20 ciclos.

En Reiki procuraremos realizar unos ciclos antes de cada sesión y de las sintonizaciones y si es posible mantendremos la postura Hui Yin y la lengua en contacto con el paladar durante las sesiones y las sintonizaciones.

Dejar los dedos de las manos sueltos

paciente y dejaremos los codos en suspensión y los dedos sueltos y caídos por la fuerza de la gravedad, notando cómo esta posición favorece el flujo de la energía hacia los dedos y hacia el paciente, porque cada dedo tiene puntos de origen o de terminación de meridianos de los brazos, y la energía pasa del tronco hacia los brazos y los dedos y de éstos al paciente

4. DEJAR LOS DEDOS DE LAS MANOS SUELTOS

A esta postura de las manos se le llama la boca del tigre y produce un espontáneo fluir de la energía hacia las manos y las puntas de los dedos, que percibiremos claramente en forma de cosquilleos y vibraciones.

Al realizar una sesión colocaremos las dos manos unos 15 centímetros por encima del

5. LA ÓRBITA MICROCÓSMICA

Se trata de una combinación de las técnicas anteriores:

De pie o sentados, contraemos el ano, colocamos la lengua contra el paladar, inspiramos y visualizamos cómo la energía sube por la columna vertebral hasta la cabeza, retenemos unos segundos y empezamos a espirar visualizando cómo la energía pasa por la lengua y baja por el pecho hasta el abdomen y el punto

Hui Yin, donde comienza un nuevo ciclo con la inspiración.

Notaremos como un cosquilleo que recorre el camino indicado y después percibiremos una bola luminosa que circula por este circuito siguiendo nuestras órdenes (la energía sigue a la mente).

Con la práctica, la órbita de circulación microcósmica se pondrá en funcionamiento con sólo pensar en ella.

CAPÍTULO 21

Teoría del espejo universal

El Universo es una sustancia inteligente.

Es un espejo que refleja y nos devuelve en el momento oportuno todo lo que le enviamos.

Da y recibirás.

De lo mismo que des, recibirás.

Todo lo que des, lo recibirás con creces.

Si recibes y no das, pronto dejarás de recibir, y además tendrás una deuda con el universo que te será exigida de una forma o de otra.

La alegría de dar es mayor que la de recibir.

Las críticas a los demás son un reflejo de tus propias cualidades.

Cuando insultas, minusvaloras o criticas a alguien, en realidad estás poniendo al descubierto esos mismos aspectos de tu propia personalidad.

Si emites envidia, odio, malos pensamientos, pensamientos negativos, eso mismo es lo que recibirás de vuelta.

Tus opiniones sólo reflejan tus ideas sobre ti mismo.

Tú eres un ser divino y único, dotado de una individualidad que Dios te ha dado porque lo ha querido así y tienes derecho a ser como eres.

Por ello, no hagas caso de los juicios de los demás, ni tampoco juzgues tú a tus semejantes.

No te reproches nada de lo que has hecho; simplemente sé consciente de las implicaciones de cada situación y recuerda esto.

Todas las situaciones son absolutamente necesarias para tu evolución; por ello, atraviésalas con amor, aceptación, desapego consciente y entrégate a ellas; si has de hacerlo, lucha sin dañar ni juzgar a nadie, y sobre todo aprende la enseñanza que cada experiencia lleva consigo, porque en caso contrario se volverán a repetir hasta que interiorices la lección que contienen.

Todas las acciones encadenan a su autor excepto aquellas que se llevan a cabo por sacrificio.

Procura, pues, desempeñar tus actos con dicha intención, esto es, rechazando toda mirada interesada y todo móvil egoísta.

Bhagavad Gita

CAPÍTULO 22

Desarrollo de los principios Reiki

LAS DOS REGLAS PRINCIPALES DEL REIKI

Las dos reglas principales del Reiki derivan de la actitud que debe tener toda persona que desee la curación:

El paciente debe haber interiorizado la idea de que su curación es responsabilidad suya, por lo que ha de tener la conciencia y la voluntad de realización de un cambio que generen en él el deseo profundo del cambio hacia la sanación y que esta actitud le conduzca a tomar parte activa en su propio cambio.

Regla 1.ª *La terapia Reiki debe ser pedida por el paciente.*
Regla 2.ª *Siempre debe existir una contraprestación.*

Para que los beneficios de la transmisión Reiki sean apreciados por el receptor es esencial que tenga lugar un intercambio de energía entre el transmisor y el receptor.

LOS CINCO PRINCIPIOS REIKI

En el apartado de la historia del Reiki hemos visto que Usui enunció *cinco principios* que en realidad son unas pautas de comportamiento universales y generalistas que nos ayudan en nuestro deambular por la vida, orientándonos y acercándonos a la vía de la evolución espiritual.

Cualquier practicante Reiki debe aprenderlos y repetirlos mentalmente hasta conseguir tenerlos objetivamente presentes de forma permanente, sirviéndonos de guía y referencia, y también para poder transmitírselos a nuestros pacientes.

Para conseguir integrarlos como valores

rectores en nuestros esquemas mentales es especialmente útil meditar en ellos durante nuestras sesiones de autoterapia:

Primer principio:
Sólo por hoy no te preocupes

Las tres primeras palabras que Usui antepone a cada principio, «Sólo por hoy», quieren simbolizar la idea del «aquí y ahora», indicándonos que no debemos tener remordimientos por el *pasado*, de forma que si alguna acción nuestra del pasado nos produce inquietud o

sentimientos de culpabilidad debemos comprender que en aquel momento concreto actuamos según nuestros condicionamientos de entonces y que aquello fue el resultado de nuestro grado evolutivo anterior, por lo que actuamos lo mejor posible en ese momento, y que por ello debemos agradecer la lección que aprendimos entonces, la cual nos ha permitido que esa acción no vuelva a repetirse en nuestra vida.

Asimismo, tampoco debemos preocuparnos por el *futuro*, porque nosotros mismos creamos nuestro propio futuro, y las situaciones por las que pasamos son exactamente las que necesitamos en cada momento, ya que cada una encierra una lección que debemos aprender para nuestro proceso de evolución; por ello, debemos agradecer cada situación, sea agradable o no, y seguir nuestro camino con aceptación, paz y amor.

Esta idea del aquí y ahora está presente también en la oración del padrenuestro: *«el pan nuestro de cada día dánosle hoy»* o en versión moderna, *«danos hoy nuestro pan de cada día»*, y en diferentes pasajes de la Biblia.

La *preocupación* normalmente está generada por el miedo a una situación concreta o a un futuro incierto; por ello, para no preocuparnos, debemos asumir la idea de que el miedo es una sensación que nos acompañará en nuestro camino de crecimiento y de evolución, ya que para avanzar deberemos correr riesgos, y este miedo sólo puede ser considerado como un amigo si lo afrontamos desde una actitud de poder que se logra con un trabajo interior de autoestima, de amor y de confianza en nosotros mismos, en los demás y en Dios, el cual nos produzca el convencimiento interior de que con esas herramientas podemos superar cualquier obstáculo que se nos presente en nuestra vida.

La preocupación además influye negativamente en el segundo chakra y produce bloqueos en él que pueden dar lugar a enfermedades; por consiguiente, cuando te sientas preocupado, analiza la razón de tu preocupación observándola desde una perspectiva distante y decide si tiene entidad suficiente para conducirte a la preocupación, y si tú mismo comprendes que le has dado demasiada importancia a la situación concreta que te ha causado la preocupación, ríete de ello y piensa en que tu vida continuamente te está dando oportunidades de manifestar tu alegría y tu amor, sumérgete en estas situaciones y disfruta de ellas con alegría y con gozo; pero si por el contrario existe una poderosa razón para estar preocupado, manifiesta exteriormente tu preocupación para desbloquear lo máximo posible la energía negativa y después sal a la calle y contempla la vida que discurre y fluye sin detenerse pensando que *aquí y ahora* tú formas parte de ella, y que continuamente en tu vida se van a seguir produciendo tanto las situaciones que te alegran como las que te preocupan y te intimidan, cuya misión es enseñarte las lecciones que encierra cada una de ellas. Una vez asimiladas estas enseñanzas, continúa viviendo con alegría y amor.

La preocupación y el miedo provocan en nuestro organismo un conjunto de modificaciones fisiológicas como taquicardia, aumento de la presión sanguínea, respiración superficial jadeante y una sensación de vacío en el estómago, producidas por una descarga de adrenalina en el torrente sanguíneo destinada a preparar nuestro cuerpo para la huida o para la acción; y si esta situación se repite con frecuencia y no gastamos este exceso de adrenalina en una huida o en una lucha con su correspondiente descarga emocional se envenena y contamina nuestro cuerpo y nuestras glándulas suprarrenales se habitúan a segregar un exceso de adrenalina al menor contratiempo, lo que disminuye nuestra capacidad inmunólogica haciéndonos más vulnerables a la enfermedad.

Por ello, hay que educar la mente para adoptar una actitud de neutralidad ante las situaciones de la vida capaces de afectarnos; también debemos esforzarnos en cultivar la alegría, el optimismo y la confianza en nosotros mismos.

Nunca te fastidies a ti mismo por nada, sean cual sean las circunstancias exteriores.

Debes ser consciente de tu realidad: *tú eres un ser espiritual con esencia divina capaz de superar por ti mismo cualquier obstáculo y afrontar cualquier situación.*

Debes confiar ciegamente en tu Yo Superior que todo lo sabe, y esta actitud, una vez interiorizada, te llevará a una vida sin preocupaciones.

Cultiva el optimismo, *adorna tu rostro con una sonrisa perenne* que se reflejará en los que te rodean.

Recuerda la teoría del espejo universal: lo que des al Universo te será devuelto.

Cómo superar la preocupación y el miedo reconciliándonos con las situaciones negativas o desfavorables: Cuando nos enfrentemos a un problema o una situación negativa, una actitud de poder ante ella consiste en pensar que aunque no tiene buen aspecto, sin embargo, no pasa nada.

Soy yo mismo quien juzgo esta situación como mala porque no me va a producir placer, pero en realidad es una situación objetiva de la vida a la que yo le pongo una etiqueta; por ello, me enfrento directamente a ella y no me obsesiono, dejándola fluir como un río y en poco tiempo desaparecerá y cambiará.

Recuerdo que en la vida todo está en continuo cambio y que nada es permanente.

Mi Yo Superior sabe cómo afrontar cualquier situación por complicada que me parezca.

Segundo principio:
Sólo por hoy no te irrites

La irritación es un estado de desarmonía que proviene de diferentes fuentes pero principalmente de sentimientos de *cólera* o de *ira*, que a su vez son generados porque queremos *controlar y dominar* todas las situaciones en que sucesivamente nos vemos inmersos, de forma que cuando vemos la posibilidad de que se nos escape la dirección de los acontecimientos experimentamos sentimientos de enfado, rabia, odio, ira, cólera, etcétera, que nos producen un estado de alienamiento de nuestro Yo Superior y de la conciencia universal del amor divino.

Cuando te sientas furioso o irritado por algo, recuerda este principio; analiza el motivo de tu irritación y contempla lo intranscendente que

es y la poca importancia que tiene, pensando que esta furia te está impidiendo expresar tu amor de forma incondicional, separándote del sentimiento de unión y de formar parte de la conciencia universal.

Ten siempre presente la teoría del espejo universal y la ley del karma, sabiendo que cada situación de tu vida es originada por una *causa* que origina un determinado *efecto* que *es necesario para tu evolución;* por ello, no culpes a los demás ni busques los motivos de tu ira en causas externas a ti.

Recuerda que lo que piensas y sientes de los demás es un reflejo de ti mismo y asume por tu cuenta la responsabilidad y el control de tu propia vida, interiorizando la idea de que las causas de tus irritaciones están dentro de ti y que sólo tú y tu trabajo interior pueden superarlas.

Nuestras reacciones coléricas hacia los demás nos deben servir para descubrir los *puntos débiles* de nuestra personalidad y una vez identificados y siendo plenamente conscientes de su entidad, estaremos en condiciones de asimilar las enseñanzas que encierran, las cuales debemos asimilar para seguir avanzando en nuestro proceso evolutivo.

Tercer principio:
Sólo por hoy sé amable con todos los que te rodean y respeta a todo ser viviente

Todo lo que existe en el universo procede de la misma fuente; todos tenemos un *origen común* que fue *la voluntad original del Creador*

de darnos la vida y de que todo lo que existe en nuestro entorno nos acompañe durante nuestra estancia en la Tierra.

Por ello, todos estamos impregnados de la esencia divina y con la individualidad que Dios nos ha concedido, formamos parte de la Unidad Cósmica y Universal.

Así, cada entidad de la Creación con la que tenemos contacto, ya sea persona, animal, vegetal o mineral, es merecedora de todo nuestro respeto, amabilidad, compasión y amor, y esta actitud de amoroso aprecio hacia *todo lo creado* nos hace recordar que todos procedemos de un mismo origen situándonos en una posición que nos satisface emocionalmente y que colma nuestras expectativas vitales y nuestra duda existencial al experimentarnos a nosotros mismos como parte de la creación, lo que nos hace sentirnos nutridos por una sensación de pertenencia a la Conciencia de la Unidad Cósmica y Universal.

Cuando proyectemos hacia nuestro entorno estos sentimientos compuestos de vibraciones de amor y energía positiva comenzaremos a recibirlos también nosotros.

Por el contrario, cuando proyectamos sobre los demás sentimientos negativos o simplemente de indiferencia nos sentimos alienados y separados de nuestra fuente, ya que es como si despreciáramos o fuéramos indiferentes con nosotros mismos porque todos procedemos de un origen común y tenemos la misma esencia divina en nuestro interior, digna del mayor respeto y del más profundo amor.

El primer paso para realizar este principio es quererte y respetarte a ti mismo, porque si constantemente te criticas, te autodesprecias y tienes una pobre opinión de tu persona, esto es lo que reflejarás sobre los demás y con ello tus cuerpos físicos y sutiles irán acumulando energía negativa y toxinas para ajustarse a la opinión que tienes de ti mismo y de los demás.

Cuando no te aprecias y te amas incondicionalmente a ti mismo, tu crítico interno te está diciendo constantemente que no eres lo bastante bueno y esto te lleva a sentir infelicidad e insatisfacción disminuyendo nuestra alegría en nuestros actos cotidianos y en nuestras rela-

ciones con los demás, a los que valoramos de una forma tan baja como a nosotros mismos. Pero en cuanto comenzamos a introducir el amor en nuestras relaciones notaremos que comienza una mejoría constante en nuestra vida y en nuestra salud aumentando nuestra alegría de vivir y nuestra felicidad y satisfacción por todo lo que hacemos.

Si te es difícil quererte a ti mismo piensa que todo tiene un principio y que al igual que un largo camino se recorre dando pequeños pasos, el principio en Reiki es realizar un acto de amor que deje atrás los pensamientos y las actitudes negativas hacia ti y hacia los demás.

El grado máximo de interiorización y realización de este principio en nuestro proceso evolutivo es avanzar un paso más en nuestras relaciones con los demás y pasar del amor a los que nos aman al nivel crístico *del amor a los que nos odian y a nuestros enemigos,* que conseguiremos al comprender y recordar que dentro de la envoltura física todos estamos constituidos de la misma naturaleza divina.

Al enfrentarte a tus relaciones difíciles recuerda siempre que cada persona física tiene en su interior un ser de luz y acércate a él con respeto y con amor:

La esencia divina que hay en mí saluda a la esencia divina que hay en ti.

El Buda que hay en mí saluda al Buda que hay en ti.

Cuarto principio: Sólo por hoy realiza tu trabajo honradamente

El trabajo que realizas es una parte de ti mismo, de tu Energía Vital, que cedes al mundo y a la colectividad en que vives en forma de actividad física o intelectual.

Primero debes *amar lo que haces.*

Si no te gusta lo que haces, debes *cambiar de actividad* y si no puedes o no quieres cambiar de actividad deberás *cambiar de actitud* respecto a lo que haces, de forma que tus actividades se conviertan en tareas dignas de tu aprecio y tu amor.

No existen unas tareas sustancialmente mejores que otras; lo único que objetivamente existen son las actividades, tareas o trabajos en sí mismos, y lo que les da más o menos valor para ti es lo que tú piensas sobre ellas.

Por ello, modificando tus creencias hacia tu trabajo, puedes pasar de una situación decepcionante para ti a un nuevo estado de satisfacción, alegría y amor hacia lo que haces.

El muy citado proverbio Zen que dice: *«Antes de la iluminación, cortar madera y llevar*

agua; después de la iluminación, cortar madera y llevar agua», encierra perfectamente la enseñanza de que si antes realizamos un trabajo y lo juzgamos con desvalor, debemos realizar un cambio de nuestros pensamientos interiores que nos lleve a considerarlo como algo digno de valor, para poder tener un sentimiento de satisfacción que colme nuestras expectativas vitales como seres valiosos para nosotros mismos y para los demás.

Una de las consecuencias de amar nuestro trabajo es que después lo realizaremos honradamente, lo que supone desarrollarlo de acuerdo con los principios básicos de amor a ti mismo y a los demás, aportando luz y claridad a todas nuestras actividades.

Si somos honrados con nosotros mismos y con los demás, y actuamos asumiendo la responsabilidad de nuestros propios actos, enfrentándonos a la verdad con aceptación y con amor, desarrollaremos una existencia armoniosa y aumentará nuestra autoconfianza y nuestra seguridad en nosotros mismos, transmitiendo entonces esta coherencia y sinceridad a nuestras relaciones con los demás, lo cual hará más plena y gozosa nuestra existencia porque viviremos alineados con el propósito de nuestro Yo Superior.

Quinto principio: Sólo por hoy, agradece todos los dones de tu vida

La gratitud es un mecanismo psicológico utilizado en todas las religiones porque es una herramienta espiritual para seguir recibiendo los dones que nos concede el Universo al grabar en nuestra mente una *sensación de pertenencia a la fuente* de donde provienen todos nuestros dones.

Está relacionada con la abundancia, el éxito y la prosperidad, ya que el Universo nos provee de todo lo que necesitamos para nuestro crecimiento; por ello, al adoptar una actitud de agradecimiento al Creador por todo lo que tenemos, nos sitúa en una posición ventajosa para seguir recibiendo, mientras que si nos centramos en lo que creemos que nos falta, caeremos en la vía de la frustración y la insatisfacción.

Interioriza esta realidad y tenla siempre presente:

Tú eres un ser único, universal y divino, y tienes tanto derecho a la abundancia universal como cualquier otro.

Debes agradecer lo que tienes para poder seguir recibiendo.

La gratitud por todo lo que tenemos, somos y hemos recibido es un estímulo que acaricia nuestro espíritu para seguir avanzando, dándonos las gracias por todo y especialmente por los pequeños pasos que día a día nos permiten avanzar.

La gratitud hacia nosotros mismos nos produce más seguridad en nuestras capacidades para poder superar las continuas dudas, miedos y temores que se nos presentan en nuestra vida.

La gratitud es la semilla de la fe porque con cada acto de gratitud se crea en nuestra mente una actitud de agradecimiento que espera reci-

bir más y con la repetición esta expectativa se convierte en fe.

El mecanismo del espejo universal refleja todo lo que le enviamos, de forma que para conseguir la prosperidad debes dar gracias constantemente como si ya se te hubiesen concedido tus deseos y objetivos, los cuales se inician en el plano del pensamiento naciendo como simples ideas y haciéndose realidad cuanto más piensas en ello, ya que cada vez que te concentras en lo que deseas ver realizado realmente le estás aportando energía manifestadora y puedes incrementar y reforzar este proceso de la manifestación, dando las gracias como si ya lo hubieras recibido.

CAPÍTULO 23

Meditación del amor

Detente ahora mismo.

Párate ya.

Respira lentamente tomando conciencia del aquí y ahora.

Cuenta tus respiraciones en series de diez. Realiza cinco series.

Olvida todo lo demás; únicamente estás centrándote en tu interior para penetrar en tu Yo Superior, donde tienes la semilla del amor divino.

Obsérvala.

Disuélvete en ella.

Para poder dar todo tu amor, primero tienes que *vaciarte*:

Visualízate como un *niño desamparado* en un lugar oscuro con enemigos que te acechan.

Estás completamente solo.

Nadie está contigo.

No puedes recurrir absolutamente a nadie.

Siente tu propio llanto y pide ayuda.

Después de que has llegado al fondo de tus temores, ¿qué encuentras allí?

Solamente encontrarás a tu Yo Superior, tu esencia divina; todo está dentro de ti.

Con amor no tienes nada que temer.

Ahora visualiza *el pensamiento de amor* más puro e incondicional que puedas.

Piensa en lo que más amor te produzca.

¿Es una idea abstracta o quizá una imagen de alguien o de algo?

Si es una imagen concreta, rodéala con todos tus pensamientos y sentimientos de compasión, de gratitud y de amor.

Si tienes un mantra propio, dilo ahora varias veces disolviéndote en él.

Si no lo tienes, invéntalo y haz de él tu anclaje para conectar con tu amor interior.

Utiliza tu mantra de amor para sosegarte cuando las turbulencias te agiten, para suavizarte cuando las asperezas te irriten, para relajarte cuando la velocidad y el estrés te tensen, para ablandarte cuando algo te endurezca, para abrirte ante lo que te cierra, para desapegarte de los deseos que te encadenan y no te dejan ser libre, para alegrarte ante lo que te aflige, para revitalizarte ante lo que te deprime, para energetizarte, para aquietar tu mente y tu espíritu y para conectar con tu Yo Superior, que está más allá de los deseos, del tiempo y del espacio.

Piensa en ti en relación con *la semilla de amor* que tienes en tu interior.

¿Cómo es de potente?

¿La sientes?

¿Qué imagen tienes de ti mismo y de tu amor?

¿Qué es el amor para ti?

Ahora relaciona tu amor con *una persona muy querida* y proyéctale todo el amor que puedas.

Ahora hazlo con *una persona conocida pero a la que no quieras especialmente.*

Ahora piensa en *una persona con la que man-* *tengas discrepancias o con la que tengas una mala relación.*

Ahora relaciona tu amor con *una persona que odies.*

¿Eres capaz de proyectar tu amor sobre ellos?

Piensa que son el resultado de su karma y de su entorno y que no han podido hacer otra cosa con los recursos de que disponen.

En cualquier caso, los sentimientos hacia ti de esa persona que te odia son uno, y los que tienes tú hacia ella son otros, y no tienen por qué ser iguales.

Si te odia, tú no tienes porque odiarla también.

Lánzales chorros de amor rodeándolas con tus alas de luz y fúndete en un abrazo con todos ellos.

De esta forma comienzas a crear karma positivo y a configurar tu futuro en armonía con el universo.

La sintonía con el amor y su práctica te dicen que ya lo eres todo.

Te sacia.

Te colma.

Te alegra.

Te nutre.

Te desapega de tu ego y de los deseos que te encadenan.

Te hace sentirte realizado como entidad que forma parte de la Unidad Cósmica y Universal.

Te hace avanzar en tu camino de evolución hacia la Luz.

CAPÍTULO 24

Meditación Reiki Uno

Relajación: Visualizamos 3 veces el número 3; 3 veces el número 2; 3 veces el número 1.

Estamos relajados, observamos nuestro entorno como un espectador distante.

Nos contemplamos desde arriba, viéndonos desde un plano superior.

Me concentro en mi respiración frenando el aire al inspirar y al espirar: al inspirar siento cómo penetra en mis fosas nasales acariciándome en su recorrido y al espirar freno su salida conscientemente.

Si acuden pensamientos, simplemente los dejo pasar sin realizar ningún juicio sobre ellos.

Mi pantalla mental es de un azul celeste y los pensamientos que cruzan por ella los envuelvo en nubes que pasan dulcemente impulsadas por el viento.

Me siento contento y alegre por poder tener aquí y ahora consciencia del significado espiritual de mi vida.

Me siento satisfecho porque tengo el privilegio de dedicarme un espacio de tiempo a mi Yo Superior y a mi esencia divina.

Aquí y ahora, siguiendo mi respiración, comprendo que estoy viviendo plenamente, dejando atrás el pasado y sin preocuparme por el futuro.

MI CUERPO ESTÁ RELAJADO Y MI MENTE SE VA SERENANDO

Visualizo que estoy en el salón de mi casa, me encuentro completamente solo, he desconectado el teléfono y nadie me va a molestar en este período de tiempo que he reservado exclusivamente para mí.

Estoy sentado apaciblemente en mi sillón

favorito, el día es hermoso y me siento muy bien.

Ahora lentamente me levanto y me dirijo hacia el pasillo.

Abro la puerta de mi casa y veo unas escaleras doradas rodeadas de un cielo azul y que se acercan unas suaves nubes como de algodón que me invitan a sentarme en una de ellas.

Es blanda y cómoda y me acoge cuando me acomodo en ella.

Delicadamente, me va llevando por las escaleras doradas y al fondo distingo una isla:

Es *la Isla de la Sanación,* uno de los hogares de los guías Reiki, que son ángeles de la sanación, y al que solamente son invitados los seres humanos a los que su Yo Interior les ha impulsado a dar este paso para conocer a sus guías y recibir su ayuda.

En este lugar sagrado, donde se reúnen los

guías Reiki, no existen las tensiones, la prisa, la tristeza ni las emociones negativas y el aire nos nutre de armonía, de paz y de luz.

Un poco mas allá observo una maravillosa playa de arenas doradas; el cielo es de un clarísimo azul, el agua es cristalina, se ve el fondo con claridad y distingo que los pececillos de colores se han dado cuenta de mi llegada y me sonríen dándome la bienvenida.

La nube me ha depositado en la arena y estoy sentado notando su calidez y su suavidad.

La brisa del mar tiene un olor sano que me nutre y me oxigena.

Detrás de mí las plantas y las palmeras se mueven rítmicamente en sintonía con las olas y algunas gaviotas vuelan en círculo suavemente participando de esta armonía de la que formo parte en la Isla de la Sanación.

Me encuentro disfrutando de la vista del horizonte cuando distingo un barco blanco con una raya dorada a su alrededor que trae desplegadas sus grandes velas blancas y que se acerca avanzando majestuosamente hacia la playa.

Según se va acercando, voy escuchando una música suave y dulce que llena de paz y armonía todo el ambiente.

En la barandilla de proa del barco distingo a varios seres vestidos con unas túnicas luminosas de colores pastel que sonríen y me miran dulcemente haciéndome señas mientras el barco se acerca.

Al llegar a la playa se detiene y desciende una barca blanca con una raya dorada a su alrededor en la que va uno de estos seres que me parece reconocer, y veo que se dirige directamente hacia mí.

Va de pie e irradia luz, amor y paz.

Al llegar a la orilla desciende de la barca y avanza hacia mí con una rosa blanca en la mano.

Según se acerca, me llama por mi nombre y ahora reconozco sus rasgos nítidamente sintiendo cómo su sonrisa de amor me penetra y me impulsa a levantarme y a esperarlo con los brazos abiertos.

Al llegar frente a mí se detiene y me ofrece la rosa blanca; yo la cojo y nos fundimos en un abrazo etéreo rodeándome con sus brazos y sus alas, sintiéndome protegido y acogido por Él.

Empiezo a vibrar de alegría y de amor y noto cómo una energía pura y limpia fluye a través de mí, sintiéndome inundado de una luz y de un amor puro que penetran mi mente, mi cuerpo y mi espíritu.

Me dice su nombre... y que está aquí para protegerme y ayudarme, que siempre ha estado, pero que yo no era muy consciente de su presencia.

Desde ahora siempre estará conmigo, de forma que nunca más me sentiré desamparado y solo.

Me dice también que su misión es proteger, fortalecer y sanar a los que hemos pedido su ayuda y hemos comenzado a recorrer el camino para recibirla y acoger su energía curativa.

Contactaremos a través de la frecuencia del amor, de forma que si tengo poco amor, el contacto será escaso y que también el miedo, el odio, los celos, la ira y los pensamientos negativos interrumpen el flujo de la energía y de nuestro contacto.

Me dice que estaba esperando este momento y que desde ahora yo soy consciente de esta vinculación que será una semilla para futuras relaciones de otras personas con sus guías y que nuestra misión juntos es tender un puente que nos acerque a Dios.

Porque yo lo he querido así, Él estará conmigo, mientras yo lo invoque con la fe y el amor suficientes, guiándome y ayudándome en mis decisiones y para orientarme y dirigirme en mis sanaciones y en mi camino de evolución hacia la Luz.

Me dice que en mis oraciones hable con Él, que siempre estará a mi lado como consejero y guía cuando lo necesite y que cuando me sienta desconectado, Él será el puente que me acerque de nuevo al Creador conectándome con mi esencia divina.

SEGUNDA PARTE

MANUAL
DE
REIKI DOS

Para que se produzcan los efectos específicos que se mencionan en este manual es preciso haber recibido las enseñanzas y la sintonización de Reiki Dos de un Maestro Reiki.

CAPÍTULO 25

Manual de Reiki Dos. Prólogo

*L*a enfermedad es una señal de advertencia que nos manda nuestro cuerpo, diciéndonos que estamos desequilibrados porque nos hemos olvidado de quiénes somos; pero también nos dice que todo lo que necesitamos saber está dentro de nosotros y que debemos realizar un trabajo interior para recordar y ponernos en contacto con nuestra esencia divina, con la finalidad de saborear la chispa de Dios que existe en cada uno de nuestros átomos y células, y así sintonizaremos con el amor universal que nos devolverá el equilibrio, y con él, la sanación.

El Reiki nos pone en contacto con la energía divina y el amor de Dios desde el primer momento que lo experimentamos.

Nacemos unidos al campo energético universal, y de niños sentimos que formamos parte de él, pero debido al ritmo de la vida moderna, a la educación recibida y a las actitudes a las que nos conduce la rueda de la vida, esta unión se quiebra y este corte nos hace olvidar la sensación de pertenencia y plenitud que teníamos en nuestra niñez, pasando la mayoría de nosotros a experimentar una sensación de separación y de alienamiento de nuestra fuente y nuestro origen energético universal, y todo ello nos produce la frustración de sentirnos seres incompletos.

Pero la chispa divina que hay dentro de todos nosotros nos alerta y nos advierte, produciéndonos una sensación de vacío y de falta de plenitud que nos indica desde nuestro Yo Interior que nuestra vida no funciona como debería hacerlo, lo que nos impulsa a iniciar un camino de introspección que resuelva los conflictos internos que nos causan esa sensación de alienamiento y de separación.

El camino de búsqueda de la paz interior y de la armonía perdidas pasa por la comprensión y el estudio de los sistemas energéticos, para posteriormente comenzar el camino de desidentificación y desapego del «Yo Soy» con el mundo físico y material, superando la dualidad esencial, para llegar al conocimiento de nuestro Yo Interior e integrarnos en la conciencia cósmica y divina de la que formamos parte junto con la Energía Universal.

El Reiki es un sistema energético que nos ayuda en nuestro camino de evolución hacia la Luz.

CAPÍTULO 26

El símbolo Reiki interpretado con Reiki Dos

Nacimos con una semilla divina para poder conectarnos permanentemente con el Creador, y en nuestra vida terrestre cada uno debe encontrar *sus propias conexiones* con el ámbito divino.

Los *símbolos de Reiki Dos* son una herramienta para dar un paso más en nuestro camino espiritual de avance hacia la Luz, puesto que nos permiten interactuar en el área mental-emocional y también en nuestro propio pasado para reestructurarlo y sanar las situaciones o recuerdos dolorosos que dejamos atrás en el tiempo, pero que nos lastran en el presente.

Si en tu vida quedaron situaciones que necesitan curación, podemos volver a ellas para eliminar el odio, el rencor y la rabia, y sustituirlos por perdón, amor y aceptación.

Canalizando nuestro amor y energía con los símbolos de Reiki Dos no podemos cambiar el pasado, pero sí podremos cambiar la forma de verlo, reinterpretarlo y sentirlo en el presente.

El conjunto de los dos triángulos fusionados representa la unión del hombre con Dios, de forma que este reencuentro origina una penetración de lo divino en lo humano y, recíprocamente, del hombre en lo divino.

Los caracteres Rei y Ki del centro y el Do inferior simbolizan que el camino del Reiki es un regalo de Dios que nos permite el milagro de sanar nuestras emociones, las situaciones pasadas y, en cierto modo, planificar el futuro, para que en nuestra vida se cumpla nuestro propósito de evolución espiritual y de avance hacia la divinidad, que en la figura está simbolizada por el triángulo que apunta hacia arriba, y que todo lo que necesitamos para avanzar en este camino de evolución está en nuestro interior, donde reside nuestra esencia divina, representada por la intersección de los dos triángulos.

Todo ello está rodeado por el símbolo del chakra del corazón, una flor de loto de doce pétalos que simboliza la realidad de que el amor es el único equipaje necesario y suficiente para recorrer este camino.

Los dos triángulos forman una estrella de seis puntas que es el símbolo del hombre iluminado; en su interior queda inscrito un hexágono regular que es el símbolo del aire que contiene el Prana o Ki; el triángulo invertido también representa la *energía* (Shiva), y el triángulo con el vértice hacia arriba simboliza la *conciencia* (Shakti); la unión de ambos es la unión de Shiva y Shakti, que representa el estado de evolución en el que el hombre comienza a superar su ego, abandonando la conciencia individual que lo mantiene apegado a lo material y mundano, y comienza a nacer en la conciencia cósmica, universal y trascendental a la que se accede mediante la elevación de nuestra frecuencia vibratoria y con la apertura del séptimo chakra simbolizado por una flor de loto de mil pétalos abiertos hacia el cielo.

CAPÍTULO 27

La transmisión a distancia de la energía

La energía sigue a la mente.

El Ki sigue al Shen.

La transmisión a distancia del Chi, Ki o Qui es una técnica muy antigua que formaba parte de casi todas las enseñanzas de las disciplinas de manipulación energética en las que los maestros, logrando estados alterados de conciencia mediante la concentración, la meditación y la oración, conseguían movilizar la energía y trasladarla de un lugar a otro.

Por ejemplo, para el Chi-Kung todo el universo está hecho de Chi cambiante y fluctuante, a causa de sus dos principios intrínsecos, opuestos y complementarios, el yin y el yang, y este Chi que impregna el universo actúa también de médium universal, de forma que todo lo que forma parte del cosmos está conectado por el Chi, y un maestro de Chi-Kung puede manipular este Chi conector y transmitirlo de un sitio a otro, de manera que el Chi, al ser energía que vibra en una frecuencia muy alta, puede viajar instantáneamente atravesando los obstáculos materiales que se interpongan en su paso (como lo hacen las ondas de radio, pero sin las limitaciones materiales de éstas).

Sabemos que todo lo existente en el universo está compuesto básicamente de partículas elementales que constituyen los átomos que a su vez forman la materia que percibimos con los sentidos, pero en realidad si pudiéramos verlo a nivel del microscopio electrónico no observaríamos discontinuidad entre un cuerpo y otro, sino solamente diferentes concentraciones de átomos con más o menos electrones, protones y neutrones moviéndose a diferentes velocidades en órbitas esféricas o elípticas, partículas que permanecen cohesionadas en los seres vivientes por la vibración originaria y particular de cada uno, que Dios nos asignó con el nacimiento, la cual actúa como la fuerza de gravedad terrestre, manteniéndonos cohesionados frente a nuestros sentidos como realidades independientes y autónomas.

Así, en la dimensión atómica y subatómica no veríamos separación entre nosotros, sino solamente un inmenso campo de energía en el que todos estamos interconectados, y en este mar de energía un maestro de Chi-Kung o de otras disciplinas energéticas puede impulsar este Chi conector con el poder de sus pensamientos y enviarlo a un receptor a cualquier distancia.

En Reiki es mucho más sencillo, ya que con la sintonización de segundo grado recibimos el símbolo de la transmisión de la Energía Universal a distancia, la cual nos devuelve esta capacidad que teníamos olvidada, restituyéndonos el don de la curación a distancia.

Con este símbolo, denominado Hon-Sha-Ze-Sho-Nen, podemos transmitir energía Reiki a través del espacio y a través del tiempo:

A través del espacio: podemos realizar transmisiones de energía a cualquier lugar, sin importar lo lejano que se encuentre, siguiendo las técnicas explicadas en este manual.

A través del tiempo: también podemos enviar energía y nuestro amor con ella a situaciones pasadas que no resolvimos en su momento y que perturban el disfrute en paz de nuestro presente.

Con ello no vamos a cambiar el pasado, pero sí podemos reinterpretarlo representándolo con perdón y amor para que deje de lastrar nuestro presente.

Del mismo modo, podemos imaginar el futuro que deseamos y enviar hacia él nuestro Reiki para que se configure como lo deseamos y se hagan realidad nuestros pensamientos.

CAPÍTULO 28

Los símbolos de Reiki Dos

Mikao Usui

Los símbolos que le fueron revelados a Usui son la esencia del Reiki, y cada uno de ellos tiene el poder de producir unos efectos específicos, además de potenciar la transmisión de la Energía Universal.

En el sistema Usui de Reiki se usan cinco símbolos; los tres primeros en el grado Reiki Dos y el cuarto y el quinto en Reiki Tres.

En la Maestría se dan dos símbolos más que únicamente se utilizan para realizar las sintonizaciones.

Los símbolos se deben memorizar, y también conocer perfectamente *el orden* de trazado de sus líneas; generalmente se usan *trazándolos en el aire con la mano, sellándolos después* en el centro del trazado con un movimiento de empuje, e *invocando su nombre mentalmente tres veces* como un mantra, aunque si los dibujas mentalmente producen casi los mismos efectos.

Los símbolos quedan insertados en el aura del alumno con las sintonizaciones realizadas por un maestro Reiki, y por ello su uso sin la sintonización no sirve de nada.

Además, la colocación de los símbolos en el aura es *permanente,* de forma que con la sintonización, el Maestro Reiki introduce los símbolos en los cuerpos sutiles del alumno y quedan *para siempre* formando parte de su aura.

Los símbolos tienen la virtualidad de abrir el paso para sintonizar con determinadas frecuencias de la Energía Universal que producen efectos específicos en el receptor, y esta apertura únicamente se produce cuando el transmisor ha recibido la sintonización para usar esos símbolos, ya que en este proceso se produce un ajuste en el aura del alumno que queda sintonizada para siempre con la frecuencia de cada símbolo de los que le han sido introducidos en el aura.

El aforo o cantidad de energía que se canalizará aumenta con cada grado recibido, y si con el grado Reiki Uno ya podemos canalizar energía, con el Reiki Dos, además de aumentar la potencia de transmisión, podemos actuar sobre el área mental-emocional y transmitir a distancia en el tiempo y en el espacio; con el Reiki Tres se potencia todavía más la capacidad de transmitir y se nos enseñan nuevas técnicas energéticas.

Hay que tener en cuenta que en la potencia de las transmisiones también influye *el estado de depuración de los canales energéticos del transmisor,* que deben encontrarse libres de bloqueos y depurados; por ello es conveniente que los practicantes Reiki asuman *un cambio en sus hábitos de vida,* incluyendo una alimentación higienista y el abandono de las adicciones como el tabaquismo o el alcohol.

Es fundamental para mantener abiertos los canales de circulación energética la realización diaria de *ejercicios físicos* y energéticos, la *oración* y la *meditación* diaria, la práctica asidua del *autotratamiento* y asumir la aplicación de los *cinco principios Reiki* en nuestra vida cotidiana.

Los símbolos Reiki tienen su propia frecuencia vibratoria y al meditar concentrando nuestra atención en ellos producen el efecto de conectarnos con la Conciencia Universal y la Inteligencia Divina, que nos responden haciendo fluir hacia nosotros la Energía Universal, de forma que el transmisor realmente siente y percibe que a través de sus manos está transmitiendo fuerza pura de amor al paciente, quien la recibe en forma de paz, armonía, relajación y sosiego mental y físico, sintiéndose ambos conectados con algo superior y trascendente a ellos, con una sensación de expansión espiritual que se proyecta en el espacio y en el tiempo, generando un sentimiento de acogida y bienestar como si nos encontráramos en el lugar que realmente nos corresponde por nuestra naturaleza divina.

Producen sus efectos por varias causas, ya que las ideas y los pensamientos adquieren fuerza cuando pasan de ser ideas abstractas a adquirir una forma concreta y definida en nuestra mente. De esta forma podemos visualizarlos haciendo que resulten más reales y puedan ser utilizados para producir sus efectos asociados. Al visualizarlos y otorgarles un nombre los acercamos a la realidad material perceptible por nuestros sentidos y asociamos a ellos sentimientos y energía que van haciendo más reales las situaciones a las que aplicamos los símbolos Reiki.

Los símbolos son figuras que tienen un gran poder energético porque su vibración tiene la virtualidad de concentrar la energía para conseguir sus efectos característicos.

Al trazarlos en el aire con la mano se crea un vacío en el espacio que es llenado por la esencia del símbolo, generándose las frecuencias vibratorias peculiares de cada uno de ellos.

Al visualizarlos mentalmente actúan como concentradores de la energía mental del transmisor, induciendo con sus altas pautas vibratorias la unidireccionalidad de la energía, para producir los efectos asociados a cada uno.

En la Antigüedad, estos efectos fueron sistematizados en las profundas meditaciones de los maestros; posteriormente fueron revelados a Usui en el día 21 de su retiro y hoy pueden ser utilizados por quienes han recibido la sintonización Reiki correspondiente.

Los símbolos son el vehículo que utiliza la conciencia para focalizar la energía, y por ello debe aprenderse su trazado perfectamente y en el orden establecido con la finalidad de poder visualizarlos claramente en nuestra mente.

Si aparecen distracciones, obsérvalas con desapego como un observador imparcial, déjalas pasar y vuelve a la imagen del símbolo manteniéndolo en tu pantalla mental; y si las imágenes intrusas se hacen persistentes, no opongas resistencia, déjalas pasar como nubes en el cielo, pero visualiza los símbolos junto a ellas y desaparecerán paulatinamente.

Al principio puede que sólo visualices su forma, pero si no tienes dificultad, puedes incluir *los colores*.

El color *dorado* es el color de la energía potente y curativa en el plano físico; el *rosa* y los *tonos pastel* son apropiados para situaciones emocionales y sentimentales, y el *violeta* y el *blanco* son los colores de la energía de alta vibración que son apropiados para las situaciones espirituales y para el contacto con tu Yo Superior y con el mundo espiritual.

Normalmente, en mis *meditaciones* visualizo y contacto con mis guías en tonos pastel de la gama de los amarillos y dorados; los seres espirituales los visualizo en un color blanco que deja intuir algunos reflejos de los colores del arco iris y a los guías Reiki los percibo de un color dorado intenso potente, luminoso y radiante.

EL CHO–KU–REI

Es el símbolo del poder, también llamado el interruptor, porque *abre el paso* a la corriente de Energía Universal.

Se usa para preparar y *depurar* de energías negativas el espacio físico que rodea la sesión Reiki y para evitar que se produzcan fugas en el paciente.

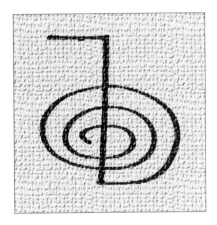

Con el Cho-Ku-Rei *invoco a mis guías*, que forman parte de la inteligencia universal, para que *la energía acuda a mí*, y sea utilizada por el Yo Superior del paciente para *sanar el área que más necesite*.

El trazado espiral de este símbolo concentra la energía, enfocándola en el centro de la espiral.

En el Cho-Ku-Rei tradicional, el giro de la espiral se produce en sentido contrario al de las agujas del reloj, comenzando con una línea horizontal de izquierda a derecha; luego baja verticalmente y se inicia el trazado de una espiral de tres revoluciones en sentido contrario al horario, sellando finalmente el símbolo en el centro con un movimiento de empuje.

El trazo horizontal de izquierda a derecha es una llamada del *hombre* (que está sujeto físicamente en la Tierra dentro de los límites de la línea horizontal y finita del tiempo lineal) a la *energía*; la línea vertical hacia abajo simboliza la Energía Universal descendiendo al hombre, y la espiral de tres revoluciones en sentido contrario al horario contacta con los siete chakras, finalizando en el chakra del corazón (para otros en el punto tan-tien, debajo del ombligo) donde se concentra la Energía.

Después de trazarlo en el aire o de visualizarlo se invoca mentalmente su nombre tres veces (es un mantra que potencia la focalización de la energía) y se realiza su *sellado* con un movimiento de empuje en el centro para que no se escape la energía.

Puede ser imaginado en colores, en relación con el color del chakra que deseemos potenciar (consultar la guía de los chakras y sus relaciones) o también puede ser imaginado con el color sanador general, que es el color dorado.

Si se trata de un proceso emocional se visualizará de color rosa dentro del chakra del corazón, y para las meditaciones y los procesos espirituales se imaginará de color violeta.

En el tratamiento y autotratamiento se usa al principio y al final, y también puede usarse para potenciar un aspecto concreto de una transmisión, dibujándolo con la lengua sobre el paladar y visualizando cómo pasa al paciente.

Cuando en una sesión sintamos que nos desconcentramos o que la energía no se transmite fluidamente, visualizaremos un Cho-Ku-Rei en cada uno de nuestros chakras y uno rojo en el tan-tien, que se funden en uno más potente que transmitimos al paciente a través de nuestras manos.

Como es el *símbolo protector,* puede usarse para proteger cosas, situaciones, personas, animales, plantas, etcétera.

Por ejemplo, puede usarse para proteger tu automóvil, tu casa, a los niños, para evitar enfrentamientos físicos o verbales, y para depurar y energetizar el agua y los alimentos, etcétera (véase usos alternativos del Reiki).

EL SEI-HE-KI

Es el símbolo mental-emocional.

Representa la Unión de Dios con el hombre.

Significa que «Todo lo que está arriba también está abajo».

Mi oración específica para este símbolo es: «Dios y yo somos amor.»

Se usa para la curación de aspectos de la personalidad *mentales o emocionales.*

El Sei-He-Ki actúa sobre el cuerpo emocional y la mente inconsciente, y su efecto energético es de *alineamiento de los chakras superiores.*

El equilibrio y la armonía se producen

cuando el yin y el yang están equilibrados y este símbolo se usa para restablecer este equilibrio; también si el punto central se desplaza hacia uno u otro produciendo distorsiones mentales o emocionales que se pueden manifestar en el plano físico.

El Sei-He-Ki armoniza los hemisferios cerebrales.

Nuestro hemisferio cerebral derecho es la parte de éste responsable de la imaginación, la visualización, los sentimientos, los sueños y la intuición, y funciona de una forma holística manejando la información que contiene de forma paralela o indexada, regulando a la vez la parte izquierda de nuestro cuerpo.

El hemisferio cerebral izquierdo se ocupa del razonamiento lógico, racional y deductivo trabajando de forma analítica y secuencial, paso a paso.

Cada hemisferio realiza una función y ambos se complementan entre sí, de forma que necesitamos a los dos para lograr y mantener una estructura de la personalidad emocionalmente equilibrada.

Las situaciones de la vida son objetivas, siendo lo único que cambia nuestro modo de verlas y de interpretarlas, de forma que es nuestra actitud hacia ellas lo que hace que nos sintamos bien o mal; esta actitud viene determinada por nuestra forma de pensar, que a su vez depende del uso que realicemos de los dos hemisferios cerebrales.

Todo lo que somos y tenemos ha comenzado por una idea en nuestra imaginación que depende del imaginativo hemisferio derecho pero que se ve continuamente fiscalizada por la inspección racional y lógica que realiza el hemisferio izquierdo; de esta forma vamos perdiendo paulatinamente la confianza en nuestra mente intuitiva y la usamos cada vez menos.

Pero podemos volver a reutilizarla borrando su programación y grabando en ella nuevas pautas que potencien la autorrealización de nuestra verdadera personalidad.

Nuestro comportamiento actual está determinado por nuestras creencias actuales, de manera que si no nos satisfacen podemos cambiar nuestras creencias y así variará nuestro comportamiento.

Lo que yo creo que es real se convierte en mi realidad, y mi autoimagen y mi autoestima dependen de mis creencias sobre mí mismo; por ello, si yo mismo me estoy criticando continuamente, me autoproduciré una creencia en mí mismo de desvalor, la cual me creará un sentimiento de inferioridad, mientras que si continuamente me quiero y me acaricio aumentará mi autoestima y mi nivel de satisfacción vital.

El Sei-He-Ki actúa sobre los hemisferios cerebrales izquierdo y derecho equilibrándolos, de forma que nuestra personalidad sea lo más armónica posible dentro de nuestro plan de vida, eliminando o disminuyendo los estados emocionales perturbadores como nerviosismo, miedo, ira, estrés, furia, envidia, etcétera.

Trabajando con el Sei-He-Ki y con *las creencias,* podemos ayudar a vencer las depresiones, la ansiedad y las crisis de angustia que en realidad son desequilibrios de los cuerpos sutiles producidos por bloqueos energéticos que se han incardinado en nuestro aura, y que podemos disolver con la Energía Reiki depurada que se transmite con el Sei-He-Ki.

Cuando en una sesión se deshace un nudo de energía negativa y se produce un desbloqueo de una emoción o un trauma podemos ayudar a disolverlo con el Sei-He-Ki; también si percibimos que el paciente está intentando liberar algún sentimiento o desahogarse pero no lo consigue, podemos ayudarle con este símbolo, trazándolo mentalmente, sobre el paladar o sobre su chakra del corazón, percutiendo a la vez suavemente sobre el timo.

Al invocar el Sei-He-Ki dirigimos la energía hacia los aspectos emocionales de la personalidad del paciente para que la utilice en lo que más la necesite.

Este símbolo puede ser usado para eliminar las *dependencias* o *hábitos no deseados,* como adicción al tabaco, al alcohol, a las drogas, al juego, al exceso de comida, o la actitud de no alimentarse, como la anorexia.

En el autotratamiento, y para cambiar tus hábitos no deseados, puedes materializar tu adicción, escribiéndola en un papel; así la transfieres al hemisferio izquierdo, junto con tu nombre, para que relaciones el hábito con tu persona. Junto a ellos dibuja el Sei-He-Ki y dale una sesión Reiki visualizándote a ti mismo ya curado de la adicción o hábito indeseable. Hazlo varios días seguidos hasta que te liberes, llevando el papel contigo y cuando te sientas impulsado a realizar algo que ya no deseas coge el papel y dale un poco de Reiki.

EL HON-SHA-ZE-SHO-NEN

Es el símbolo de la curación a distancia en el tiempo y en el espacio.

Quiere decir: «*Ni pasado ni presente ni futuro.*»

«*La parte divina que hay en mí saluda a la parte divina que hay en ti.*»

Es un ideograma del japonés que representa un conjunto de imágenes que hacen referencia a maestros iluminados que alcanzaron la conciencia crística y que conocieron y utilizaron la curación a distancia.

La primera parte simboliza la cruz de Jesús con el trazo siguiente que es una jota; a continuación, una especie de caja con una línea dentro representa el sepulcro de Jesús; las dos líneas verticales siguientes representan al hombre sin iluminar y la uve invertida al hombre iluminado, luego otra vez la jota de Jesús y al lado el ojo de Buda.

Además de incrementar la potencia de la transmisión de la energía Reiki, este símbolo sirve para realizar la transmisión de energía en el espacio y en el tiempo:

— En el *espacio* podemos transmitir energía Reiki a personas o situaciones que no están presentes, siguiendo los métodos que se explican en el apartado correspondiente.

— En el *tiempo* podemos transmitir energía Reiki a situaciones pasadas para revivirlas y reinterpretarlas en el presente, y también hacia el futuro para configurarlo según nuestros deseos.

— También se puede influir en el *karma* con este símbolo accediendo al registro akáshico de cada ser humano para actuar sobre traumas o acciones del pasado que nos estén perturbando en el presente, de forma que

transmitiendo a la situación nuestro amor en forma de energía Reiki podremos conseguir que su influencia en nuestra vida actual se minimice.

— Así, al influir sobre acontecimientos pa-

Origen de trazado de los símbolos Reiki Dos

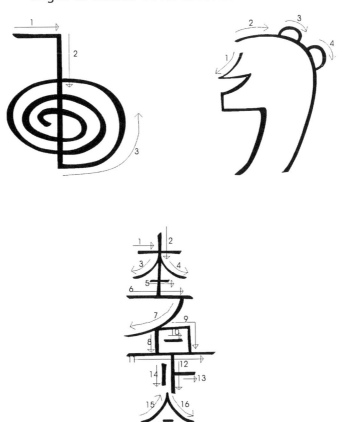

sados mandando Reiki desde el presente, podemos modificar nuestro futuro.

— De la misma forma podemos programar la semilla de actuaciones y de objetivos futuros.

Utilizar el Hon-Sha-Ze-Sho-Nen en combinación con otros símbolos:

El Hon-Sha-Ze-Sho-Nen actúa sobre el cuerpo mental y la mente consciente y se puede utilizar en combinación con el Sei-He-Ki, el cual actúa sobre el cuerpo emocional y la mente inconsciente, y con el Cho-Ku-Rei, que actúa sobre el plano material y el cuerpo físico.

Este símbolo puede ser utilizado también para las transmisiones cuando el paciente está presente y *no es conveniente tocarlo*, o para los animales, a los que no es conveniente acercarnos.

Después de una sesión normal, o cuando no tengamos tiempo para una sesión completa, realizaremos *una transmisión a distancia al aura* en general del receptor, así la energía Reiki entra en la ultima capa del aura distribuyendo el Yo Superior del paciente hacia donde más se necesite.

En estas transmisiones o proyecciones de energía, aunque comencemos transmitiendo hacia todo el aura del paciente, es frecuente que unos instantes después la transmisión se focalice inconscientemente y se dirija a una de sus zonas concretas y entonces se podrá observar perfectamente cómo se estrecha el haz energético y se canaliza, dirigiéndose a un área concreta.

Después de la sesión el mismo paciente te confirmará que ha sentido cómo le entraba la energía por esa zona.

CAPÍTULO 29

Los chakras en Reiki Dos

En el capítulo 5 vimos que los chakras son los centros que procesan la energía y comunican el cuerpo físico con los cuerpos sutiles, unos mecanismos energéticos que transforman la Energía Universal en Energía Vital para nutrir el cuerpo físico y en Energía Psíquica para los cuerpos sutiles.

La red de meridianos y nadis son los canales por donde circulan estas energías, interconectando los diferentes cuerpos físicos y sutiles.

En su estado óptimo los chakras han de estar todos activos y equilibrados, de forma que se encuentren abiertos y realizando su labor energética a un ritmo semejante.

Si alguno está cerrado o con un exceso o defecto de actividad se producirá un desequilibrio energético, el cual se reflejará en el cuerpo físico en forma de tensión, malestar o enfermedad.

Para detectar su estado podemos utilizar las manos y nuestra percepción, o usar instrumentos específicos, como el péndulo o el biotensor.

Por ello, cualquier sesión completa de Reiki debe incluir un *chequeo* de los chakras principales y un *reequilibrado:*

—El *chequeo* lo podemos realizar con las manos, colocándolas encima de cada chakra y percibiendo la actividad energética que hay en ellos.

Normalmente, se detectan mejor si mantenemos las manos a unos centímetros del cuerpo, pudiéndose comenzar por el chakra de la raíz e ir subiendo hasta el chakra corona, o también variar este orden según nuestra intuición o preferencias: una vez detectada una irregularidad en alguno de ellos (notamos las diferencias testando y comparando con los otros, que podemos percibir en forma de frío, inactividad energética, huecos, diferencias de presión o de temperatura) lo abriremos girando las manos sobre él en sentido contrario al del reloj, con un gesto de nuestras manos, o mentalmente, y una vez abierto colocaremos nuestras manos sobre el chakra bloqueado el tiempo necesario hasta que lo notemos activo.

—Para *reequilibrarlos* se pueden utilizar varios métodos:

Comenzaremos con un *reequilibrado previo*, colocando cada mano en un chakra en diferentes órdenes que pueden ser los siguientes:

- Si empezamos por el chakra corona, 7-6, 5-4, 3-2, 2-1.
- Si empezamos por el chakra de la raíz, 1-2, 3-4, 5-6, 6-7.
- Si lo hacemos alternativamente, 7-1, 2-6, 5-3, 4-4.
- También, 6-4, 6-5, 5-2, 1-7.

Éstas son simplemente unas posibilidades, porque con la práctica cada terapeuta desarrollará su propio método y muchas veces el equilibrado lo realizas siendo consciente de que lo estás haciendo, pero sin pensar, porque tus manos son dirigidas por los guías.

Acabaremos con un *equilibrado final:* manteniendo nuestras manos a unos diez centímetros del paciente, las situamos encima de la zona del sexto chakra y cuando sintamos su actividad, si es correcta, le ayudaremos realizando unos giros con ambas manos en el sentido de las agujas del reloj; luego situamos la izquierda en el tercero y la derecha en el segundo haciendo lo mismo; después pasamos al quinto y al cuarto, subimos con la derecha al quinto y con la izquierda al sexto y finalmente colocamos la izquierda en el séptimo por encima de la cabeza y la derecha en el primero, entre las piernas, y las giramos a la vez en el sentido de las agujas del reloj.

Para finalizar, podemos realizar una breve *meditación sobre los chakras* guiando al paciente.

UTILIZACIÓN DE LOS SÍMBOLOS DE REIKI DOS EN EL REEQUILIBRADO DE CHAKRAS

Con la sintonización de Reiki Dos aumenta considerablemente nuestra capacidad para canalizar la energía, y además disponemos de *los símbolos*, que podemos utilizar en el reequilibrado de chakras:

— Para comenzar podemos trazar el Cho-Ku-Rei en todos los chakras del receptor, que actuará como un interruptor para abrir el paso a la energía.

— Si hemos percibido bloqueos en algún chakra, normalmente tendrán una causa emocional, y podemos utilizar el Sei-He-Ki, que enfoca la energía en el subconsciente, afinando la

vibración energética de los chakras superiores, de forma que el paciente pueda reconectar con un dolor o un trauma pasado o presente para reinterpretarlo, procesarlo y desprenderse de él.

También el Sei-He-Ki es eficaz como purificador y protector mental-emocional, para proteger al paciente de emociones o sentimientos negativos.

Al trazar el Sei-He-Ki sobre los chakras superiores (garganta, tercer ojo y corona) del paciente, enfocamos la energía sobre su cuerpo emocional para liberar los bloqueos que pudieran existir en él.

—El Hon-Sha-Ze-Sho-Nen actúa sobre el cuerpo mental y enfoca la energía sobre la mente consciente; con este símbolo podemos acceder a los registros akáshicos para sanar las causas de las deudas kármicas del paciente:

Trazamos el Hon-Sha-Ze-Sho-Nen y dirigimos la energía hacia el Yo Interior del paciente conduciéndolo suavemente hacia atrás en la línea de su vida hasta llegar a las situaciones pasadas que le están afectando en el presente y a las que permanece encadenado mental y emocionalmente. Una vez que las ha revivido le pedimos que se sumerja de nuevo en ellas y que actúe como crea que debió hacerlo entonces enviándoles retroactivamente su amor y su comprensión actuales; si sufrió algún trauma físico le decimos que introduzca los cambios necesarios en el escenario de entonces y que imagine su vida desde ese momento como si el hecho traumático no hubiera ocurrido.

Mientras tanto, podemos enviarle continuamente varios Hon-Sha-Ze-Sho-Nen visualizándolos en nuestra mente en un color dorado intenso; dotados de inteligencia y entidad propia, imaginamos cómo, impulsados por la energía Reiki que le trasmitimos, se dirigen instantáneamente al paciente, insertándose en la zona superior de la cabeza entre el chakra del tercer ojo y el chakra corona.

También podemos visualizar uno o varios Sei-He-Ki en color rosa y de la misma forma transmitírselos al paciente canalizando hacia él energía de amor y sanar su aspecto emocional.

CAPÍTULO 30

Técnicas de transmisión de energía a distancia

El Ki sigue al pensamiento.

La transmisión de energía a distancia ya se realizaba en la Antigüedad. Los practicantes de Chi-Kung comprobaron que se podía enviar el Chi, Ki o Qui a distancia utilizando el poder del pensamiento concentrado, y en todas las religiones existe una manifestación de la transmisión energética a distancia cuando en *las oraciones* realizamos una súplica o petición para la sanación de alguien que está lejos.

Con el grado segundo se nos capacita para realizar transmisiones de energía a distancia usando el símbolo de la distancia.

La clave para realizar una potente transmisión es la visualización y la concentración mental, de forma que nuestros pensamientos estén concentrados en el receptor de la transmisión, y también tomar contacto espiritual con él a través de nuestro chakra del tercer ojo.

Se pueden usar diferentes técnicas:

(Siempre comenzaré como si se tratara de una sesión normal de presencia, realizando una fase previa de contacto con la Energía Universal, con una oración de saludo y de petición a nuestros guías):

Puedo usar un *muñeco* de peluche o una *almohada*, sobre el que realizaré las diferentes posiciones de manos imaginando que es la persona del receptor.

Sentado y realizando las posiciones sobre *mis piernas*, imaginando que son el cuerpo del paciente.

Con *una fotografía* del receptor, trazo los símbolos Reiki o los dibujo por detrás, escri-

biendo su nombre junto a ellos; después coloco la fotografía delante de mí o la sujeto entre mis manos y le mando energía Reiki

Formando una *esfera imaginaria* con mis manos visualizo que el receptor está dentro de ella.

Me concentro y *visualizo al receptor* delante de mí y le realizo un tratamiento como si estuviera realmente presente.

Si no dispongo de una fotografía puedo *escribir su nombre* en un papel, dibujando junto a él los símbolos, y dándole Reiki directamente.

Cuando en nuestras oraciones o meditaciones contactamos con Dios, con nuestros guías o con los ángeles, si les pedimos algo, podemos mandarles lo único que tenemos que les pueda interesar, que es nuestro amor en forma de energía Reiki.

Así podemos contactar con cualquier persona o entidad, el límite es nuestra imaginación: puedes mandar Reiki a las víctimas de una catástrofe, a personajes públicos como actores, políticos, deportistas, religiosos, etcétera, incluso hacia el pasado y hacia el futuro.

En las transmisiones a distancia es fundamental que el paciente haya solicitado el tratamiento o que tú lo realices con su permiso, aunque si esto no es posible, puedes ofrecérselo amorosamente al Yo Superior del receptor, el cual es libre de aceptarlo o de rechazarlo; por ello, si durante una transmisión a distancia notamos cualquier resistencia al flujo de la energía no debemos realizarla.

También se puede utilizar en el *autotratamiento* cuando tenemos dificultad para llegar a imponer nuestras manos en algunas partes de nuestro propio cuerpo, como la espalda o los pies.

En las sesiones normales puedes finalizar con una transmisión a distancia; para ello debes separarte a una distancia de más de dos metros del paciente para salirte de su aura y entonces le envías energía a partes concretas de su cuerpo o de su aura, o bien realizar una emisión genérica, que visualizarás como una envoltura dorada y que frecuentemente él percibirá como si le estuvieran acariciando el aura.

Símbolo del infinito.

CAPÍTULO 31

Potenciando la memoria y las facultades mentales

Con el Reiki podemos mejorar nuestras facultades mentales, potenciar la inteligencia, aumentar la claridad mental y desarrollar la memoria y la creatividad.

La Energía Universal es ilimitada y gratis y podemos utilizarla conscientemente, junto con la concentración y la meditación, para optimizar el funcionamiento de nuestra mente, excitando y afinando nuestras facultades.

Cuando hemos acumulado suficiente Chi, éste se convierte en shen (facultades mentales). En Chi-Kung consideran que la energía que se produce entre las 11 de la noche y la una de la madrugada es la más adecuada para potenciar la mente. Esta energía la podemos absorber y acumular realizando las posturas energéticas explicadas, como la de abrazar el árbol o permanecer sentados con las palmas de las manos hacia arriba, sintiendo y visualizando cómo la energía se acumula en el tan-tien (la zona de debajo del ombligo), pudiendo realizar a continuación el siguiente ejercicio.

EJERCICIO PARA INCREMENTAR LAS FACULTADES MENTALES CON EL REIKI DURANTE EL TRATAMIENTO O EN EL AUTOTRATAMIENTO

— Trazamos el Cho-Ku-Rei y el Sei-He-Ki, y colocamos la mano derecha en el chakra cuarto (corazón) y la izquierda en el chakra segundo (sexual).

— Entonces visualizamos cómo la energía del tan-tien en forma de bola roja y caliente va ascendiendo hasta la zona del chakra corazón, donde cambia su color transformándose (debido al aumento de la frecuencia de su vibración) en un color rosa brillante.

— Subimos la mano izquierda al séptimo chakra (corona) y visualizamos cómo nuestra bola de energía se va transformando en una esfera de luz dorada que se genera en nuestro cerebro potenciándolo y nutriéndolo.

— Subimos unos centímetros la mano izquierda por encima de la cabeza y al notar en ella la energía del chakra corona nos sintonizamos con ella girando la mano en el sentido de las agujas del reloj hasta que la percibamos claramente como un hormigueo en la palma de la mano.

— Colocamos las manos en las sienes mientras visualizamos esta energía inteligente y dorada que inunda nuestro cerebro.

— Finalmente, colocamos una mano en el tercer ojo y la otra en la coronilla sintiendo el flujo que se produce entre ellas.

Ejercicio para potenciar la memoria y las facultades mentales

CAPÍTULO 32

Usos alternativos de Reiki Dos

Sabemos que cualquier ser vivo o cosa material está constituido por energía que se agita en diferentes frecuencias y que emite una vibración característica. Por ello, el tratamiento Reiki es eficaz sobre cualquier cosa material, ya que la energía transmitida penetra en su campo energético aportándole un insumo de energía de alta frecuencia.

La Energía Universal penetra todo lo creado. Con el grado Reiki Dos y sus símbolos aumentan las posibilidades de usar la energía Reiki para usos alternativos por dos razones: porque se potencia nuestra capacidad de canalizar energía y porque podemos actuar hacia el pasado, hacia el futuro y además transmitir a través del espacio.

Plantas: Los vegetales son también seres energéticos y su aura es fácilmente visible; por ello, también se pueden beneficiar de la energía Reiki. Se ha demostrado que los vegetales son capaces de percibir elementos de su entorno, sensibles a la música, los cuales reaccionan ante nuestras emociones y que hablar a las plantas contribuye a su crecimiento. Por consiguiente, si transmitimos energía trazando el Cho-Ku-Rei a las semillas, a los tallos o a cualquier planta comprobaremos cómo el Reiki favorece su desarrollo.

Alimentos y agua: Existe una costumbre ancestral de bendecir la mesa y realizar una acción de gracias por los alimentos que se van a ingerir. Podemos utilizar el Reiki para energetizar los alimentos antes de cocinarlos y/o antes de ingerirlos transmitiéndoles energía durante unos minutos para que sean asimilados y digeridos mas fácilmente.

Si los alimentos que vamos a tomar no son frescos, como las conservas, o tienen aditivos, como conservantes y colorantes, estarán desprovistos de las enzimas que nos proporcionan la vitalidad; en estos casos es muy beneficioso el Reiki porque suministra la Energía Vital que les falta.

Al agua le podemos suministrar energía directamente en la jarra o en la botella colocando las manos alrededor de ellas; también podemos hacerlo a distancia si queremos energetizar superficies más grandes como una bañera.

Para ello utilizaremos el Cho-Ku-Rei y el Sei-He-Ki.

Medicamentos: Al suministrar Reiki a las medicinas las hacemos más compatibles con nuestro campo energético; si les trazamos el Sei-He-Ki para depurarlas y el Cho-Ku-Rei para potenciarlas y les damos Reiki unos minutos, resultarán más eficaces y disminuirán sus efectos secundarios.

El Reiki está especialmente indicado en los casos de quimioterapia o radioterapia para disminuir sus efectos secundarios altamente nocivos.

Automóviles y cualquier tipo de máquina: Las máquinas que utilizamos quedan impregnadas de la vibración energética de quien las maneja y responden a ella como si la reconocieran. Por ello, nuestros estados de ánimo pueden transmitir a las máquinas vibraciones positivas o negativas que se reflejarán en su funcionamiento.

Todos hemos comprobado cómo nuestro coche funciona mejor si lo tratamos cariñosamente y que las averías se suelen producir en nuestros días malos.

Podemos utilizar el Reiki para proteger nuestro coche trazando el Cho-Ku-Rei cuando lo dejemos estacionado o al iniciar un viaje.

Podremos recargar una batería descargada si le suministramos Reiki durante 20 minutos.

Con el Reiki encontraremos aparcamiento fácilmente visualizando el Cho-Ku-Rei.

Viviendas: Cuando sentimos que hay acumulada energía negativa en alguna vivienda o habitación, trazamos primero el Sei-He-Ki en los rincones y en las ventanas para depurar y purificar las energías negativas que pudieran existir, y después trazaremos un Cho-Ku-Rei grande en el centro y luego en cada una de las paredes para sintonizar con la energía positiva, atraerla y potenciarla.

Si queremos realizar una depuración más completa, podemos quemar un poco de salvia o incienso, y visualizar cómo el humo depura la negatividad que pudiera existir contactando con nuestros guías y pidiéndoles que nos ayuden a limpiar la negatividad sustituyéndola por amor, armonía y bienestar.

Adicciones y hábitos negativos: Comenzaremos impartiendo una sesión Reiki al receptor transmitiéndole principalmente el Sei-He-Ki una o más veces para eliminar las pautas negativas que son la causa de las adicciones.

Si continúa con el hábito negativo, le daremos las sesiones Reiki que sean necesarias trabajando fundamentalmente con el Sei-He-Ki.

CAPÍTULO 33

La sintonización Reiki Dos y el período de depuración

El proceso de evolución del ser humano consiste en ir progresivamente aumentando la frecuencia vibratoria de nuestros campos energéticos.

Cuanto más alta sea nuestra vibración aural, más evolucionados estaremos en todos los aspectos, intelectual, emotivo, espiritual, físico, etcétera. Además, el hombre está programado genéticamente para progresar, mejorar y evolucionar en todo lo que hace, y esta mejora en cualquier campo es simplemente una cuestión energética que supone el paso a un nivel superior de vibración.

Con la *sintonización Reiki Uno* se nos puso en contacto con la Energía Universal y nos fue asignado un guía Reiki, el cual nos acompañará en todas nuestras sesiones de terapia y de autoterapia.

La *sintonización Reiki Dos* es un proceso que eleva el nivel vibratorio general de nuestro campo energético respecto al que ya recibimos en Reiki Uno, de forma que al recibirse la nueva energía dentro de nuestras células, las partículas elementales que las componen aumentan un poco más su frecuencia de vibración, removiendo las toxinas que se encuentran en ellas y deshaciendo los bloqueos energéticos; esta apertura a la Luz y a la energía más fina origina una salida de elementos que ya no necesitamos, que puede manifestarse de varias formas, tanto en el plano físico como en el plano espiritual, mental y emocional.

En el plano físico, este proceso depurativo suele durar dos o tres semanas hasta que nuestro cuerpo se adapta al nuevo nivel energético, de ahí los clásicos 21 días después de cada sintonización, y se puede manifestar de diversas maneras, como un exceso de mucosidades similar a un catarro, diarreas, erupciones, llagas, etcétera.

Durante este período podemos ayudar a nuestro cuerpo a limpiarse para que se adapte antes a la nueva situación, controlando nuestra alimentación, excluyendo las carnes, las grasas, los alimentos muy condimentados, picantes, bebidas excitantes como café y té negro, bebiendo mucha agua y alimentándonos principalmente de frutas, verduras, legumbres, ensaladas sazonadas con aceite de oliva y salsa de soja, pan integral, excluyendo los azúcares, las harinas refinadas y sus derivados y por supuesto el alcohol y el tabaco; si estos síntomas se hacen molestos, se pueden disminuir con una sesión de Reiki.

En el plano espiritual, ya desde que recibes la primera sintonización percibes que algo ha cambiado dentro de ti; te sientes más ligero y más puro, sabes que algo ha quedado atrás y que has dado un paso más en el camino de la Luz; has crecido espiritualmente, y esto se repite con la sintonización de Reiki Dos, ya que eleva la frecuencia vibratoria de nuestro campo energético, y aunque a veces se producen ligeras molestias como mareos, sensación de flotabilidad o desorientación, se pueden corregir con una toma de fundamento realizando ejercicios que estimulen la actividad del chakra raíz, o con una sesión de Reiki insistiendo

en la zona del primer chakra y en el chakra del corazón.

A pesar de estas lógicas molestias no conozco a nadie ni tengo noticias de que alguien se haya arrepentido después de una sintonización, sino todo lo contrario, ya que es frecuente que muchos practicantes Reiki hayan recibido varias veces las mismas sintonizaciones.

La sintonización Reiki Dos aumenta nuestra alegría existencial y nuestra capacidad de transmitir la Energía Universal curativa del amor divino, produciéndonos una expansión de nuestra conciencia y realmente sintiéndonos más cerca de Dios. Además, con cada sintonización nos desbloqueamos más, nos abrimos más al paso de la energía y aumentamos esa afinidad de conexión, de forma que sentimos que cada vez nos resulta más fácil, más intensa y más rápida la canalización y la transmisión de la energía cósmica universal.

Al aumentar nuestra frecuencia vibracional nos acercamos más a la alta vibración del amor, de forma que al aproximarnos a él nos es más fácil la conexión y la transmisión.

Con la sintonización Reiki Dos los símbolos quedan insertados en tu aura para siempre y cada vez que los invoques se producirá la focalización de la Energía Universal dirigida por tu mente hacia la finalidad especifica que tú le hayas asignado.

CAPÍTULO 34

Introducción al símbolo Antahkarana

El Antahkarana

La palabra Antahkarana tiene varios significados; en yoga significa la mente individual cuya misión es transmitir a los cuerpos físicos y sutiles del ser humano la consciencia de su existencia actual y de las experiencias pasadas, presentes y futuras.

También es la denominación de un símbolo que ha sido utilizado desde la Antigüedad por diversas civilizaciones para la meditación, cuya función esencial es facilitar la conexión del mundo material con el mundo espiritual.

Sus tres brazos simbolizan las tres facultades de la mente individual: el intelecto, el pensamiento y la memoria que se unen en el centro que representa el ego.

El símbolo en conjunto representa la idea de que estos componentes de la mente individual están interrelaccionados y deben funcionar armónicamente para que, superando nuestro ego y con la ayuda de los seres espirituales, avancemos en nuestro camino de evolución hacia la dimensión de la conciencia de pertenencia a la Unidad cósmica y del amor divino.

Es un dibujo poderoso que genera una vibración energética de alta frecuencia y si nos concentramos en él podemos observar a su alrededor una línea energética luminosa y brillante semejante a la primera capa del aura.

En la meditación se debe observar el símbolo con la vista relajada y vaciando la mente de cualquier pensamiento. El mismo símbolo nos facilita la concentración ya que absorbe nuestra atención y después de unos minutos contemplándolo, comenzamos a sumergirnos en él, pareciendo que aumenta de tamaño y que su forma nos engulle, de manera que penetramos en él y podemos percibir que comienza a girar y nos introducimos en el cubo tridimensional que se acerca hacia nosotros, facilitando la circulación energética de la órbita microcósmica dentro de nuestro cuerpo.

Lo utilizaban los tibetanos y los chamanes americanos como símbolo curativo y protector, para disolver bloqueos energéticos y para deshacer nudos de energía negativa.

Hay varias versiones: el Antahkarana aislado, la Cruz de Antahkaranas y la Parrilla de Antahkaranas en sus dos versiones de 16 y de 49 unidades.

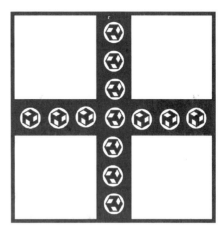

La Cruz Cósmica

LA CRUZ CÓSMICA DE ANTAHKARANAS

La Cruz de Antahkaranas, también denominada cruz cósmica, está formada por dos agrupaciones lineales de siete Antahkaranas que se cruzan formando una cruz, y representa una fusión del símbolo cristiano de la cruz con su contenido bíblico de amor a Dios y al prójimo,

desprendimiento y entrega a los demás, con el simbolismo oriental del Antahkarana, representándose en ella el plano horizontal o material y el plano espiritual o vertical, cada uno de ellos con los siete chakras que se cruzan en el cuarto chakra del corazón o chakra cordial, que es el centro del amor eterno y de la aceptación de nuestro lugar en la creación, los cuales constituyen la esencia de la energía curativa.

LA PARRILLA DE ANTAHKARANAS

La Parrilla de Antahkaranas es un panel con cuarenta y nueve símbolos Antahkaranas (aunque hay otra versión con dieciséis), representando al hombre y a los siete chakras principales que conforman su estructura energética esencial, mediante la cual podemos contactar con los planos espirituales y realizar nuestra

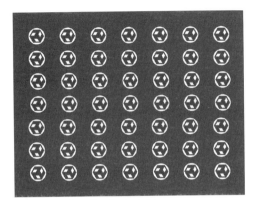

Parrilla de Antahkaranas

de nuestra personalidad, el centro debe estar constituido por amor puro e incondicional y también que el amor tiene comienzo pero no tiene final, ya que es una vibración que se va elevando de frecuencia y en la que debemos ir avanzando como en una espiral sin fin.

En Reiki los símbolos Antahkaranas son complementarios y se pueden usar para facilitar la transmisión de energía, para meditar, en las sintonizaciones y para evitar que los cristales se descarguen colocándolos encima del Antahkarana; también se pueden colocar debajo de la camilla, o simplemente tenerlos a la vista cuando impartes tu sesión Reiki.

misión de evolucionar, haciéndonos cada vez más capaces de dar y de sentir amor avanzando en el camino de la Luz que nos conduce a la comunión con el Creador.

En el centro se cruzan todas las líneas en el cuarto chakra del corazón, del que emerge una espiral que, girando en sentido contrario a las agujas del reloj, pasa por todos los chakras (comienza en el cuarto, pasa por el quinto de la garganta, luego baja al tercero del plexo solar, de éste sube al sexto del tercer ojo, después baja al segundo, el sexual, del segundo sube al séptimo o chakra corona, y del séptimo baja al primero, chakra de la raíz), impregnándolos con la fuerza energética de la vibración cada vez más elevada del amor, subrayando que la sustancia y la esencia del camino de nuestra evolución está formada de amor, y que aunque debemos desarrollar las demás potencialidades

CAPÍTULO 35

Los cristales.
Iniciación a su uso en Reiki

En Reiki utilizo básicamente cristales de cuarzo porque, debido a su composición de silicio y agua, y también a que se han formado sometidos a calor, oscuridad y presión durante miles de años en el seno de la madre Tierra, tienen unas propiedades que les permiten ser programados haciéndolos especialmente aptos para potenciar y facilitar las transmisiones energéticas de una amplia gama de frecuencias; por ello, son elementos de gran ayuda y de uso muy extendido en Reiki para diferentes fines.

Los cristales de roca de cuarzo pertenecen al sistema trigonal o romboédrico, cristalizan en forma hexagonal o prismática, y tienen una dureza de siete en la escala de Mohs (no es rayado por los metales, pero sí por el vidrio y es rayado por el corindón y por el diamante).

Su estructura interna presenta una ordenación y equilibrio perfectos y reaccionan a las energías sutiles de alta vibración emitidas por la mente humana amplificando sus efectos, y por ello se utilizan para concentrar y enfocar la energía.

Debido a sus propiedades energéticas pueden influir sobre determinadas estructuras del organismo humano que se comportan como los cristales líquidos, como son las membranas celulares, la fascia, la linfa y otros humores corporales.

En cuanto a la forma, se utilizan las barras uniterminadas en punta o biterminadas, las puntas, las drusas y agregados (roca con un conjunto de cristales), las geodas (son formaciones esféricas con el interior hueco, en cuyas paredes han crecido cristales), pirámides, esferas, huevos, obeliscos, etcétera.

Hay varias clases de puntas.

Cada color diferente tiene una longitud de onda y una frecuencia determinada y al influirnos de forma distinta pueden ser utilizados como herramientas adicionales del Reiki para programar los cristales y transmitir en el tiempo y en el espacio las propiedades de cada uno de ellos.

Para *cargar o programar* un cristal con un color determinado lo podemos realizar de diferentes formas, tapándolo con una tela de color, transmitiéndole luz de color o simplemente con la mente visualizando el color elegido y transmitiéndolo al cristal; con cualquiera de estos métodos se consigue que el cristal ajuste su vibración sintonizándola con la del color que hemos cargado, y a su vez puede transmitir esa vibración.

Como norma general, utilizo *los cristales de cuarzo incoloros y transparentes* por ser los mejores amplificadores de energía, y los cristales de colores en combinación con el color de cada chakra y los colores del aura.

Antes de utilizar un cristal hay que *limpiarlo* y después *cargarlo o programarlo*.

La limpieza a fondo la efectuaremos cuando se encuentra en nuestro poder por primera vez sumergiéndolo en agua pura (si queremos, podemos utilizar agua con sal o agua de mar, pero el cristal puede perder el brillo y parte de sus cualidades); después lo secaremos y lo introducimos en un recipiente con arroz integral durante tres horas como mínimo, o también lo podemos enterrar en un recipiente con sal marina, arena, tierra o arcilla.

También se puede lavar en un recipiente con agua y sal marina aunque este procedimiento puede disminuir su brillo.

Posteriormente, lo limpiaremos cada vez que se use.

Para regenerarlo después de la limpieza lo mantendremos expuesto al sol otras tres horas como mínimo. Después lo lavaremos con agua y jabón suave y lo secaremos totalmente; para guardarlo los podemos envolver en terciopelo negro con el fin de mantenerlo aislado de las influencias externas.

Así, el cristal ya estará depurado y lo podremos cargar o programar para una acción específica.

Comenzaremos con una meditación conectando con nuestros guías Reiki con el cristal entre las manos, si es posible, manteniéndolo junto a nuestro chakra del corazón; después lo sujetamos en una mano y con la otra trazaremos los símbolos Reiki, los visualizaremos de color dorado o violeta e imaginaremos cómo penetran en el interior del cristal y quedan fijados en su estructura interna; a continuación pediremos en una oración a nuestros guías Reiki para que nos ayuden a sintonizar el cristal con nuestra frecuencia vibratoria, de forma que cuando lo usemos actúe como un foco que potencie nuestras transmisiones Reiki.

Terminaremos de cargarlo transmitiéndole amor y Energía Universal con el Reiki durante quince minutos.

Para la curación a distancia puede programarse un cristal visualizando a la persona enferma; de esta forma, con la energía mental concentrada del terapeuta se transmite parte de la Energía Universal al cristal que la condensa, la amplifica y la retiene, quedando cargado con ella hasta que entra en contacto con el paciente para descargar en él su aporte energético en ausencia del terapeuta.

Se cree que algunos fluidos, tejidos y estructuras del cuerpo físico, tales como las sales, los glóbulos blancos, el tejido graso, la linfa y ciertas membranas poseen las propiedades de los cristales y entran en resonancia con ellos y con cualquier aportación energética de elevada frecuencia, lo que explica los efectos de las técnicas sanadoras de transmisión energética (como el Reiki) y de los diferentes remedios vibracionales, como la cromoterapia, la sonoterapia, las flores de Bach, los elixires de gemas, la homeopatía, etcétera.

Los cristales serán utilizados de la forma que creas oportuno en las sesiones Reiki, pudiéndose colocar un cristal de cuarzo en cada mano del paciente y realizar tú la sesión con un pequeño cuarzo en la mano derecha, de forma que al atravesarlo se amplifican las energías sutiles emitidas por los puntos Lao-gong de las palmas de las manos.

También se pueden utilizar para el reequilibrado de chakras colocándolos directamente sobre ellos; preferiblemente, debe corresponder el color del cristal con el del chakra correspondiente, así, en el chakra de la raíz colocarás un cristal o una piedra de color rojizo, en el segundo chakra uno de color anaranjado, en el tercero uno de color amarillo, en el chakra del corazón uno de color verde o un cuarzo rosa, en el de la garganta una piedra o cristal azul, en el chakra del tercer ojo una amatista de color violeta, y en el chakra corona un cuarzo blanco.

Para reforzar y cargar los chakras según la técnica descrita en estas páginas, el terapeuta puede utilizar un cristal maestro de cuarzo para realizar los giros.

CAPÍTULO 36

La sesión terapéutica con Reiki Dos

Para realizar una sesión terapéutica puedes utilizar una cama o simplemente tender al paciente en una manta en el suelo, aunque es mucho más apropiado utilizar una camilla porque si no deberemos permanecer aproximadamente una hora con la espalda doblada.

Si es posible, debes tener espacio alrededor para situarte en la cabeza y en los pies del paciente, con objeto de realizar estas posiciones con comodidad.

Es conveniente aislarse para no ser molestado ni interrumpido durante la sesión (desconectar el teléfono, el timbre de la puerta, etcétera).

La habitación y el ambiente deben inducir a la relajación; para ello disminuirás la luz, encenderás una vela, pudiendo quemar un incienso, y poner música suave (especialmente apropiada es la música Reiki).

También puedes tener una planta y las fotografías de los maestros, el símbolo Antahkarana o tu propio símbolo si lo tienes.

El paciente y el terapeuta se quitarán todos los objetos metálicos (los relojes de cuarzo pueden estropearse en una sesión Reiki).

No es necesario que el paciente se quite la ropa, lo importante es que tanto el paciente como el terapeuta se sientan cómodos.

Puedes utilizar unas gotas de *esencias* si conoces sus efectos y lo crees oportuno, ya que si se administran con un ligero masaje encima de los chakras facilitan la recepción de la energía.

Realizarás una oración a tus guías Reiki y a los del paciente, pidiéndoles para que la transmisión sea recibida por el Yo Superior del paciente y utilizada en aquello que más necesite.

Después, ya puedes comenzar la sesión usando los símbolos que has recibido en el segundo grado.

Yo encuentro más cómodo colocarse en el lado derecho del paciente y empezar la imposición de manos por este lado, aunque cada uno debe actuar de la forma más fácil para él.

Si lo crees oportuno, puedes *descalzarte* para tener una mejor conexión con la tierra y que la energía circule mejor.

Si vas a utilizar *cristales* en la sesión colócalos antes de empezar, asegurándote que los has limpiado y cargado.

Trazas el Cho-Ku-Rei y el Sei-He-Ki con la mano sobre el paciente.

Después de trazar los símbolos se invocan mentalmente tres veces.

Durante la sesión puedes trazar mentalmente los símbolos tantas veces como quieras y enviárselos al paciente en el color que creas oportuno.

También se pueden dibujar con la lengua en el paladar.

Para facilitar la canalización de energía es conveniente realizar unos ejercicios energéticos, como la postura de abrazar el árbol, y unas respiraciones completas, sintiendo la bola energética entre tus brazos.

También la postura Hui Yin y unas órbitas microcósmicas facilitan la transmisión de la energía.

Durante la sesión procuraremos permanecer concentrados en la transmisión y es preferible no hablar con el paciente, aunque se le pueden dar explicaciones suavemente.

Las transmisiones Reiki son experiencias espirituales de comunión y de proyección de amor, y a veces se producen en el paciente situaciones de *liberación emocional*; en estos casos, el terapeuta debe actuar acompañando al paciente, sin juzgar en ningún caso, ni emitir opiniones, ni juicios de valor subjetivos si éste le comenta alguna cuestión personal.

Para facilitar la liberación de bloqueos emocionales usaremos el Sei-He-Ki, y si el bloqueo es por un trauma del pasado usaremos también el Hon-Sha-Ze-Sho-Nen para transmitir energía Reiki a la situación que produjo el trauma y sanarla en lo posible. Frecuentemente, durante las sesiones las manos actúan inconscientemente, de forma que son colocadas en los lugares oportunos durante el tiempo oportuno, impulsadas por los guías tuyos o del paciente.

En las sesiones completas es conveniente realizar un análisis y un equilibrado de chakras.

Antes de finalizar la sesión también se puede efectuar una transmisión de energía desde fuera del aura del paciente; para ello nos separamos unos dos metros de él, trazamos el Hon-Sha-Ze-Sho-Nen y realizamos una transmisión a distancia visualizando al paciente dentro de una esfera dorada que reforzamos con la energía que le canalizamos, así quedará su aura mas cargada. Esto es percibido claramente por la mayoría de los pacientes, quienes nos comentan después las diferentes sensaciones que perciben.

Para finalizar, trazamos el Cho-Ku-Rei, realizaremos una oración de gracias a Dios a nuestros guías y a los del paciente, y si lo creemos conveniente le pedimos dulcemente al paciente que también realice su propia oración de agradecimiento.

Lavarse las manos antes de cada sesión.

Colocar las manos suavemente sin hacer ninguna fuerza ni presión sobre el paciente.

Mantener los dedos de ambas manos en contacto unos con otros.

No cambiar de posición bruscamente, ni con las dos manos a la vez; para no interrumpir el contacto, mover primero una mano y luego la otra.

Las posiciones básicas son las mismas que las explicadas en Reiki Uno.

No hay que seguir estrictamente el orden de las posiciones, pudiendo dejarse llevar por la intuición.

Cada posición debe durar aproximadamente tres minutos, aunque aquí también hay que dejarse guiar.

CAPÍTULO 37

Autotratamiento en Reiki Dos

Las posiciones de las manos son las mismas que las aprendidas en Reiki Uno, pero ahora disponemos de los símbolos de Reiki Dos, pudiendo usarlos en el autotramiento para influir en nuestro cuerpo, en nuestras emociones y en nuestro espíritu.

Comenzaremos el autotratamiento trazándonos un Cho-Ku-Rei con la mano vuelta hacia nosotros; también podemos trazarnos uno sobre cada chakra.

Ahora nos trazamos el Sei-He-Ki de la misma manera y finalmente el Hon-Sha-Ze-Sho-Nen.

Trazar los símbolos al revés como si fueran el reflejo de un espejo; además, es un ejercicio para coordinar los dos hemisferios cerebrales derecho e izquierdo.

CAPÍTULO 38

Los canales de circulación de la energía

Nuestro sistema energético está compuesto por *los chakras,* cuya misión es captar y transformar la energía, *por las capas del aura* o cuerpos sutiles que actúan como depósitos o acumuladores de la energía, y por la red de *meridianos y nadis,* que son los canales por los que circula la energía, también denominada Prana, Chi o Ki.

Los yoguis les llaman nadis, que quiere decir caña hueca, y son interdimensionales, de forma que a través de los chakras conducen la energía entre las diferentes capas del aura o cuerpos sutiles. Hay 72.000 nadis, de los cuales 72 son relevantes, 10 son más importantes, y entre éstos destacan 3, el *sushumna,* el *ida* y el *pingala.*

En el sexto chakra (tercer ojo o Ajna) se juntan los tres nadis principales, sushumna, ida y pingala, y desde el entrecejo sushumna sube solo hasta el séptimo chakra (Sahasrara).

Los chinos los llaman meridianos (mai) y están relacionados con el sistema nervioso y con los órganos y sistemas del cuerpo físico.

Hay dos tipos de meridianos: los meridianos o canales (jing), y las ramificaciones colaterales (luo).

A su vez, los meridianos o canales se dividen en meridianos primarios, que pasan por los órganos internos, y meridianos secundarios, que no pasan por los órganos internos.

Hay 12 meridianos primarios:

Meridiano del pulmón.
Meridiano del intestino grueso.
Meridiano del estómago.
Meridiano del bazo.
Meridiano del corazón.
Meridiano del intestino delgado.
Meridiano de la vejiga.

Meridiano del riñón.
Meridiano del pericardio.
Meridiano del triple calentador.
Meridiano de la vesícula biliar.
Meridiano del hígado.

Cada meridiano tiene un sentido de circulación energética, un punto inicial y un punto final que está conectado con el punto inicial del meridiano siguiente; por ello, todos los meridianos están interconectados y entre ellos se forma un circuito continuo por el que fluye la energía.

Los desequilibrios físicos, emocionales-mentales o espirituales producen bloqueos que obstaculizan el libre paso de la energía a través del sistema energético, y con el tiempo estos bloqueos se acumulan y surge la enfermedad en el área del cuerpo físico cuyas frecuencias de energía están bloqueadas.

Normalmente, la causa de un problema en un órgano o parte de nuestro cuerpo estará en el meridiano correspondiente, aunque a veces puede ser el reflejo de un bloqueo en el meridiano anterior o en el posterior.

La energía transmitida por el Reiki es apolar, pero la energía que circula por los meridianos tiene componentes yin y yang:

Yang es la parte masculina, mental, espiritual, expansiva, positiva y activa del Ki, mientras que Yin es la parte femenina, pasiva, contractiva y receptiva. Las fuerzas yin y yang nunca son estáticas y cambian constantemente, son opuestas y complementarias y de su libre interacción sin bloqueos y en equilibrio depende el estado de salud o de enfermedad.

De los meridianos secundarios los más importantes son el *ren-mai* o vaso de la concepción, y el *du-mai* o vaso gobernador, que también son los dos meridianos principales de la circulación energética. Por el meridiano ren-mai circula energía yin y por el meridiano du-mai circula energía yang.

El meridiano *ren* (concepción) es el origen de la Energía Vital y comienza en el punto Hui Yin, entre el ano y los genitales, ascendiendo por la parte delantera del cuerpo hasta la punta de la lengua.

El meridiano *du* (gobernador) controla el flujo de la Energía Vital y nace en el sacro, junto al punto Hui Yin, sube por la parte posterior a lo largo de la columna vertebral, pasa por detrás de la cabeza, rodeándola, continúa por la frente y la nariz y termina en el labio superior que está conectado con la parte superior del paladar.

El punto *tan-tien*, que los japoneses llaman *hara*, está situado unos dos centímetros por debajo del ombligo, y es donde se concentra la máxima energía del cuerpo; es como la batería de los coches, donde se almacena la energía concentrada. Se visualiza como una bola de unos 10 centímetros de diámetro, de un color rojo intenso, que emite calor al concentrar la energía.

La Energía Vital está compuesta de energía yang y energía yin; la energía yang es absorbida de los cielos y la energía yin de la tierra.

También la inhalación es yang y la exhalación es yin.

La energía yin de la tierra, o energía telúrica, la captamos por unos puntos situados en las plantas de los pies, denominados *Yongquan,* que también sirven para descargar la energía sobrante a la tierra.

La energía yang celeste la captamos por un punto situado en la cima de la cabeza, denominado *Bai Hui*.

Al inhalar absorbemos el Chi celeste, que es energía yang, por el punto Bai Hui, que se corresponde con el chakra corona, y el Chi terrestre, que es energía yin de la tierra, por los puntos Yong-quan de las plantas de los pies y al exhalar expulsamos la energía impura que es absorbida por la tierra para depurarla.

En Reiki la energía la captamos por el punto Bai Hui, entra por el séptimo chakra, desciende hasta el cuarto chakra (el del corazón), y desde éste sale por los puntos *Lao-gong* de las palmas de las manos.

Con el Reiki podemos actuar sobre los meridianos de dos formas:

1.ª Detectando las deficiencias o irregularidades energéticas para determinar dónde existe un bloqueo; para ello colocamos una mano en un extremo del meridiano y realizamos el recorrido con la otra, poniendo atención a las sensaciones de inactividad en alguna zona concreta.

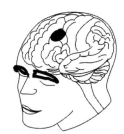

Puntos Bai Hui

Puntos Lao-gong

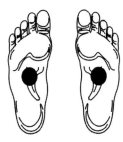

Puntos Yong-quan

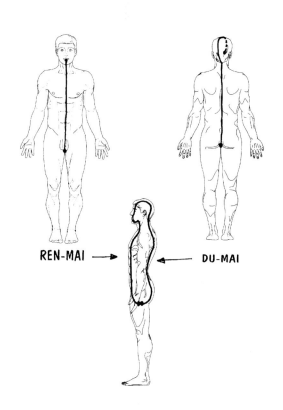

REN-MAI →   ← DU-MAI

2.ª Transmitiendo energía al meridiano desequilibrado, y al sistema de meridianos en su conjunto; una vez detectado un bloqueo, seguiremos con las dos manos el recorrido del meridiano correspondiente y después trataremos el meridiano anterior y el posterior en el orden mencionado; también podemos finalizar realizando un ciclo completo de los 12 meridianos.

Meridianos principales

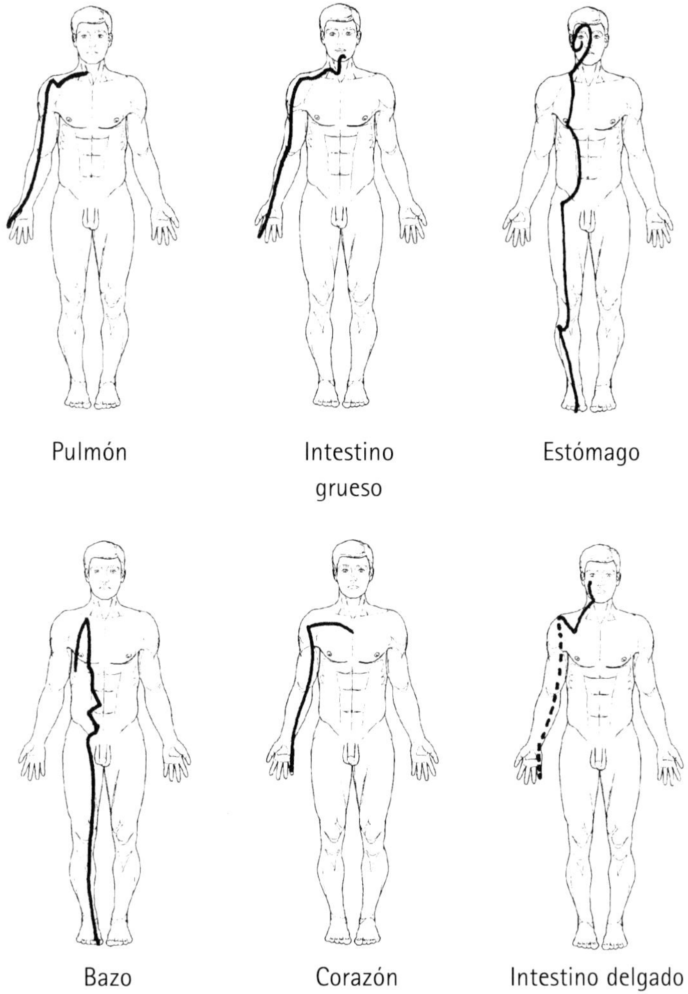

Pulmón

Intestino
grueso

Estómago

Bazo

Corazón

Intestino delgado

Aunque la energía Reiki fluye con el simple acto de imponer las manos por un iniciado en Reiki podemos mejorar nuestras transmisiones de energía si nuestros canales energéticos permanecen limpios; esto lo conseguiremos realizando asiduamente estos ejercicios energéticos, con los que aumentaremos la circulación del Ki en nuestro cuerpo y nuestro Reiki será más potente:

1.º Realizar la órbita de circulación microcósmica en los meridianos ren-mai y du-mai (descrita en el manual de Reiki Uno).

2.º Realizar la meditación de los chakras (descrita en el manual de Reiki Dos).

3.º Realizar ejercicios de acumulación energética, especialmente la postura de abrazar el árbol (descrita en el manual de Reiki Uno)

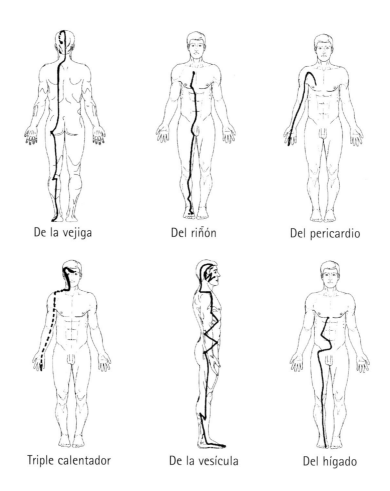

De la vejiga   Del riñón   Del pericardio

Triple calentador   De la vesícula   Del hígado

CAPÍTULO 39

El Reiki y los ejercicios energéticos en Reiki Dos

El origen de muchas enfermedades es un mal funcionamiento de determinados órganos producido por bloqueos en la circulación energética; por ello, si procuramos mantener limpios y depurados la red de meridianos o canales de circulación de la energía, contribuiremos a evitar las disfunciones que causan las enfermedades. Si se produce algún bloqueo u obstrucción en una vía energética, el sistema puede hacerle frente a corto plazo con algún método de compensación, pero si no se elimina la causa del bloqueo desembocará en una enfermedad física o mental.

Los antiguos orientales comprobaron que se podía manipular y dirigir la corriente energética de nuestro cuerpo para retrasar el envejecimiento y transmitirla de una persona a otra para sanar y curar muchas enfermedades.

Las artes marciales, el yoga, el Tai-Chi, el Qui-Gong o Chi-Kung son disciplinas que han sistematizado ejercicios y métodos para facilitar la circulación energética a través del cuerpo físico, para mantenerlo sano y ponernos más en contacto con nuestra parte espiritual.

«Yii Yi Yiin Chi» quiere decir usa tu mente para dirigir tu Chi o Ki.

Allí donde está concentrada nuestra mente y nuestro pensamiento está nuestro Ki.

En Reiki se trabaja con la Energía Universal y gracias a ello todas las técnicas de manipulación de la energía son útiles en Reiki porque nos ayudan a acumular, canalizar y transmitir la energía.

A lo largo de nuestra vida tiene lugar un proceso gradual y constante de desgaste de la Energía Vital y cuando llega a un nivel crítico deviene la muerte. Por ello, debemos esforzarnos en recargar nuestra batería energética interna (tan-tien), de forma que su nivel de energía vital permanezca constante y para conseguirlo debemos aportar y acumular más energía de la que gastamos.

Con el Reiki y los ejercicios energéticos podemos mantener nuestros depósitos bioenergéticos a plena carga para que nuestros cuerpos físicos y sutiles puedan tener un funcionamiento óptimo.

1. POSTURA DE ABRAZAR EL ÁRBOL

Es una de las más sencillas y sin duda la más potente posición de acumulación energética si se mantiene el tiempo suficiente. De pie

Postura de abrazar el árbol

con las rodillas dobladas, el tronco recto, la cabeza alineada con la columna vertebral y el mentón retraído para estirar la nuca, colocamos los brazos paralelos al suelo y doblados por los codos como si abrazáramos un árbol o sujetáramos una pelota.

Respirar lentamente y permanecer en esta postura todo el tiempo que se pueda. Comenzaremos con 5 minutos e iremos aumentando progresivamente hasta llegar a los 20 minutos. Concentramos nuestra atención en el tan-tien, punto energético situado tres centímetros por debajo del ombligo.

Durante esta postura mantendremos continuamente los labios cerrados y la lengua en contacto con el paladar que conecta los dos meridianos du-mai y ren-mai y cierra el circuito de la órbita microcósmica. Además, la lengua en esta posición favorece la secreción de saliva que contiene Energía Vital, y en vez de tragarla frecuentemente la dejaremos que se acumule en la boca y la ingeriremos periódicamente imaginando que es una bola de energía nutritiva que se acumula en el tantien.

En esta posición *trazaremos con la lengua en el paladar los tres símbolos* que se nos dan en Reiki Dos: el Cho-Ku-Rei, para potenciar la entrada de la energía en nuestro cuerpo físico; el Sei-He-Ki, para enviar la energía al área mental-emocional, y el Hon-Sha-Ze-Sho-Nen, para conectar y canalizar energía a nuestro cuerpo mental.

Posteriormente, visualizaremos los tres símbolos en color violeta como están anclados en nuestra mente para poder utilizarlos con nosotros mismos o con nuestros semejantes cuando los necesitemos.

Por el meridiano du-mai se transmite la energía yang al cerebro y por el meridiano ren se transmite la energía yin.

Al inhalar y elevar el ano sube a través de los pies y las piernas la energía yin telúrica, que se mezcla con la energía yang celeste, ascendiendo por el meridiano du-mai situado en la espalda, y en la exhalación la energía inicia el descenso por el meridiano ren-mai en la parte anterior del cuerpo. Con la inhalación siguiente se repite este ciclo hasta que la circulación de la energía se realiza con continuidad en circuito cerrado.

Lo notaremos porque sentimos cosquilleos y hormigueos en los lugares por donde pasa la energía; primero percibiremos un cosquilleo en la nuca y alrededor de la cabeza y luego lo notaremos en el estómago cerca del punto tantien. Con la práctica percibiremos claramente las sensaciones físicas asociadas al paso de la energía.

Al llegar a la altura de las vértebras cervicales, la energía que sube también se desvía por las axilas hacia los brazos y los dedos, volviendo a la cabeza, bajando a los pies y subiendo de nuevo por el tronco hasta los brazos, recorriendo el circuito formado por los 12 meridianos principales.

La postura de abrazar el árbol refuerza la circulación de la energía por el sistema de meridianos, y la concentración y el almacenamiento de la misma en el tan-tien, produciendo efectos en el orden físico como más resistencia, más vigor y más inteligencia y en el orden espiritual eleva la frecuencia vibratoria de nuestro campo energético, aumentando nuestra potencia transmisora de energía en las sesiones Reiki.

2. LA POSICIÓN HUI YIN O ELEVACIÓN DEL ANO

El punto Hui Yin está situado entre la zona sexual y el ano.

Al contraer los músculos del ano cerramos una puerta de salida de la energía y estimulamos el punto Hui Yin, que impulsa la energía hacia arriba por la columna vertebral a través del meridiano du-mai, para después concentrarla y almacenarla en el tan-tien.

Este movimiento lo podemos potenciar si a la vez realizamos una contracción del bajo vientre que empuja a la energía hacia arriba obligándola a circular por los meridianos siguiendo a nuestro pensamiento.

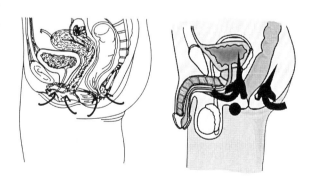

Posición Hui Yin

3. POSICIÓN DE LA LENGUA EN CONTACTO CON EL PALADAR

Ésta es una postura clásica en varias disciplinas orientales Chi-Kung, kundalini yoga y Pranayama yoga

Al poner la punta de la lengua en contacto con el paladar se comunican dos meridianos, el du mai, que es el meridiano o vaso goberna-

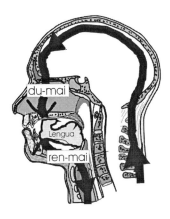

dor, por el que circula energía yang, que empieza en el extremo del cóccix y sube por la columna vertebral y por la parte posterior de la cabeza pasa por el punto Bai Hui, situado en el extremo superior de la cabeza, acabando en los dos dientes incisivos superiores, y el ren mai o meridiano de la concepción, por el que circula energía yin, que comienza en el punto Hui Yin y sube por la parte delantera del cuerpo hasta acabar en los incisivos inferiores.

(En India se les llama ida y pingala; ida es femenino y circula hacia abajo; pingala es masculino y circula hacia arriba y ambos se entrelazan alrededor de un eje central llamado sushumna, que es el canal energético principal que va del chakra de la raíz al chakra corona, y coincide con la columna vertebral en el plano físico, dejando a los chakras en el centro de los bucles.)

Al quedar comunicados los dos meridianos y cerrar la postura Hui Yin se clausura el circuito de circulación energética microcósmica dentro de nuestro cuerpo, de forma que al inhalar la energía sube por la columna vertebral al cerebro, y al exhalar por el puente que realizamos con la lengua comienza la bajada hasta el punto Hui Yin, desde el que se repite un nuevo ciclo con la siguiente inspiración.

Al principio realizaremos 10 o 12 ciclos lentamente hasta que seamos conscientes de la bola energética que se mueve dentro de nosotros, subiendo por la columna vertebral hasta la cabeza, rodeándola y bajando por el pecho; cuando practiquemos más veces, realizaremos unos 20 ciclos.

En Reiki procuraremos realizar unos ciclos de circulación microcósmica antes de cada sesión y también antes de los alineamientos, y si es posible mantendremos la postura Hui Yin y la lengua en contacto con el paladar varias veces durante las sesiones.

4. LA ÓRBITA MICROCÓSMICA

Es una combinación de las técnicas anteriores: de pie o sentados, contraemos el ano y el

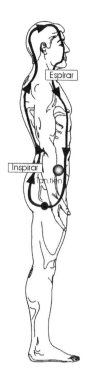

Órbita de circulación
microcósmica
de la energía

Con la práctica, la órbita de circulación microcósmica se pondrá en funcionamiento con sólo pensar en ella.

5. DEJAR LOS DEDOS DE LAS MANOS SUELTOS

A esta postura de la mano se le llama la boca del tigre y produce un espontáneo fluir de la energía hacia las manos y las puntas de los dedos, que percibiremos claramente en forma de cosquilleos y vibraciones.

vientre, colocamos la lengua contra el paladar, inspiramos y visualizamos cómo la energía sube por la columna vertebral hasta la cabeza, retenemos unos segundos y empezamos a espirar visualizando cómo la energía pasa por la lengua y baja por el pecho hasta el abdomen y el ano, donde comienza un nuevo ciclo con la inspiración. Notaremos un ligero cosquilleo que recorre el camino indicado y después percibiremos una bola luminosa que circula por este circuito siguiendo nuestras órdenes.

Después de realizar unos 20 ciclos notaremos cómo se calienta el tan-tien, el cual visualizamos como una bola roja por debajo del ombligo.

Al realizar una sesión colocaremos las dos manos unos 15 centímetros por encima del paciente y dejaremos los codos en suspensión y los dedos sueltos y caídos por la fuerza de la gravedad, notando cómo esta posición favorece el flujo de la energía hacia los dedos y hacia el paciente porque cada dedo tiene puntos de origen o de terminación de los meridianos, pasando la energía del tronco hacia los brazos y los dedos, y de éstos al paciente.

6. SENTADOS CON LAS PALMAS DE LAS MANOS HACIA ARRIBA

Sentados en la posición de meditación o en una silla con la espalda recta colocamos las manos sobre las rodillas con las palmas hacia arriba, la lengua en contacto con el paladar y la posición Hui Yin; comenzamos trazando los tres símbolos con la lengua en el paladar, realizamos unas órbitas de circulación microcósmica y visualizamos los tres símbolos Reiki primero de color dorado; a la vez dirigimos nuestra atención a los puntos Lao-gong situados en el centro de las palmas de las manos y rápidamente notaremos cosquilleos, hormigueos y calor en las manos, los cuales nos indican que la Energía Universal está penetrando por ellas.

Mentalmente dirigimos esta energía al punto tan-tien, situado por debajo del ombligo, y la vamos acumulando allí sintiendo cómo se calienta esta zona y visualizando la bola roja de energía que se va formando.

CAPÍTULO 40

El Reiki y el ejercicio físico

*E*l flujo de circulación energética en nuestro organismo dependerá de lo depurados que se encuentren los canales de transmisión de la energía que deben estar libres de bloqueos para que ésta pueda moverse libremente.

Para mantener un óptimo flujo de energía en nuestro organismo debemos incluir en nuestros hábitos cotidianos la meditación, la oración, una alimentación predominantemente vegetariana y el ejercicio físico.

EFECTOS ENERGÉTICOS DEL EJERCICIO FÍSICO EN GENERAL

Podemos realizar dos tipos de ejercicios físicos: aeróbicos o anaeróbicos.

Tanto unos como otros someten a nuestro cuerpo a movimientos que producen tensiones, presiones y extensiones sobre las distintas partes de nuestro organismo.

Con cualquier ejercicio movemos los músculos, tendones y huesos, transformándose con esta actividad la energía bloqueada y almacenada en el cuerpo en Ki circulante y activo.

Con la actividad física suficiente también eliminamos la grasa, que es la esencia de los alimentos no consumida por nuestro organismo acumulada en nuestros tejidos como reserva; después las células sanguíneas la trasladan a todas las partes del cuerpo, y la circulación de la sangre se hace más lenta al ser ésta más espesa. La grasa tiene una conductividad eléctrica y energética baja y dificulta la libre circulación de la energía; por ello, cuanta más grasa tengamos, más débil será nuestra energía y nuestra circulación sanguínea, y más baja nuestra capacidad de transmitir el Ki.

Para evitar estos efectos es conveniente hacer ejercicio y realizar una dieta alimenticia equilibrada, con la finalidad de eliminar el exceso de grasa, mejorando nuestra capacidad de acumular y transmitir energía y con ello nuestro Reiki.

Con los ejercicios que someten a presión las articulaciones y los huesos, como las pesas, activamos la circulación energética en nuestro esqueleto y con ello lo fortalecemos y retrasamos su deterioro y envejecimiento.

Debajo de la parte blanda están los huesos, que son piezoeléctricos, y cuando se les somete a una presión, la energía mecánica que apli-

camos sobre ellos se convierte en energía eléctrica. Esta electricidad se pone en circulación por todo el cuerpo energetizando todas nuestras células y facilitando la circulación del Ki; por ello, después de una sesión de pesas nos sentimos más vitales que al principio.

Al realizar ejercicios con pesas también segregamos hormonas, como la hormona del crecimiento y las endorfinas.

En general, con el ejercicio también masajeamos nuestros órganos internos y aumentamos el flujo de Ki hacia ellos, con lo cual estarán más fuertes y más sanos.

CAPÍTULO 41

El perdón

El perdón nos libera de las cadenas emocionales que nosotros mismos u otras personas nos han impuesto.

Es un acto que nos devuelve la libertad y la inocencia.

Está asociado con la aceptación y la comprensión.

«Cuando liberes a los demás te liberas a ti mismo de tus cadenas.»

El perdón nos devuelve el estado de inocencia, liberándonos en todos los planos, físico, mental y espiritual.

Con cada pensamiento, emoción o acción humana se produce una descarga de energía desde nuestro campo energético personal hacia el universo.

Los problemas y conflictos humanos se producen por bloqueos y contracciones que incapacitan a nuestro sistema energético para irradiar energía fluidamente.

Cuando no aceptamos una situación que nos ha causado dolor y no perdonamos se crea en nuestro cuerpo mental-emocional una acumulación o depósito de energía negativa de una frecuencia insana que se adhiere en nuestro aura y que con el tiempo se manifestará en nuestro cuerpo físico en forma de enfermedad física o disfunción emocional, como resentimiento, dolor, ira, etcétera, la cual, al bloquear el libre intercambio de energía con el campo universal, nos impide expresar libremente nuestras emociones interiores y experimentar nuestra vida como seres completos únicos y universales.

Las acciones y situaciones no perdonadas las sentimos como una garra interior que nos estuviera continuamente escarbando a la altura del chakra del corazón.

Al perdonarlas, los bloques de energía negativa se disuelven, liberándose el núcleo de energía distorsionada que se había anclado en nuestro sistema energético e instantáneamente dejan de afectarnos; entonces sentimos una liberación que nos permite reencontrarnos a nosotros mismos como los seres únicos y universales que somos, volviendo a experimentar la independencia y la inocencia para expresarnos con plenitud como individuos completos.

Los efectos sanadores del perdón los encontramos en la Biblia:

Cuando Pedro le pregunta a Jesús: «¿Señor, cuántas veces debo perdonar las ofensas de mi hermano? ¿Siete veces?», y Jesús le responde: «*No siete veces sino setenta veces siete*». (Mateo, 19-11).

Y perdónanos nuestras deudas, así como nosotros perdonamos a nuestros deudores.

Está claro que si vosotros perdonáis las ofensas de los hombres, también el Padre celestial os perdonará a vosotros.

CAPÍTULO 42

Teoría del espejo universal en Reiki Dos

El Universo es una sustancia inteligente. Es un espejo que refleja y nos devuelve en el momento oportuno todo lo que le enviamos.

Cada acción consciente tuya determina a su vez una reacción o respuesta equivalente del Universo.

Da y recibirás.

Todo lo que des lo recibirás con creces.

Si recibes y no das, pronto dejarás de recibir; y además tendrás una deuda con el universo, deuda que te será exigida de una forma o de otra.

La alegría de dar es mayor que la alegría de recibir.

Las críticas a los demás son un reflejo de tus propios defectos.

Cuando insultas, minusvaloras o criticas a alguien, en realidad estás poniendo al descubierto esos mismos aspectos de tu propia personalidad.

Si emites envidia, odio, malos pensamientos, pensamientos negativos, eso mismo es lo que recibirás de vuelta.

Tus opiniones sólo reflejan tus ideas sobre ti mismo.

Tú eres un ser divino y único, dotado de una individualidad que Dios te ha dado por-que lo ha querido así y tienes derecho a ser como eres.

Por ello, no hagas caso de los juicios de los demás, ni tampoco juzgues tú a ninguno de tus semejantes.

CAPÍTULO 43

Meditación de depuración

CÓMO ELIMINAR LAS CAUSAS DE NUESTRAS PREOCUPACIONES Y MIEDOS

En nuestro interior existen semillas plantadas a lo largo de nuestra vida con potencialidad suficiente para despertar cuando son excitadas por acontecimientos externos, capaces de generar sentimientos de miedo y ansiedad.

En esta meditación vamos a trabajar en el sentido de eliminar o transformar esas semillas o patrones de energía negativa que se han enquistado en nuestro campo energético, porque si no los reeducamos pueden manifestarse en cuanto se les presenta la ocasión, escapando a nuestro control.

Examina tu interior y poco a poco ve identificando las preocupaciones o temores que guardas y cuando *hayas pescado uno, invítale con amor a manifestarse.*

Concentra tu atención en las sensaciones y sentimientos que genera en ti.

Identifícalo con algo material que te sea fácil de manejar mentalmente (como si fuera hielo, fuego, polvo o suciedad) y ahora visualiza tu fuente de Energía Universal y realiza una transmisión Reiki utilizando el Sei-He-Ki y el Hon-Sha-Ze-Sho-Nen.

Visualizo cómo con mis manos energéticas recojo y ablando las adherencias de esos bloques de energía negativa que generan las preocupaciones, el miedo, la ansiedad y la angustia. Comprendo que son simples creaciones de mi mente producidas en una etapa anterior y que son incapaces de afectarme porque no tienen la suficiente entidad ni potencia para ello.

Ahora visualizo que tal como se pegaron las voy despegando de mi aura utilizando mis dedos luminosos y el disolvente del amor, el perdón y la comprensión.

Veo claramente cómo las voy *ablandando* y se van desincrustando las raíces y los hilos energéticos que las mantenían adheridas a mi aura y cómo al transmitirles Amor y Energía Universal con el Reiki se van separando de mi cuerpo.

Ahora las recojo con mis manos energéticas y dulcemente *las despido con un soplo de cariño y de comprensión hacia la Luz,* donde cada una de ellas se desparrama y se disuelve desintegrándose como los fuegos artificiales.

Ahora *me visualizo libre de estas energías negativas* y me veo más transparente; ya no tengo que preocuparme porque sé que con los recursos de mi naturaleza divina puedo afrontar y superar cualquier problema que se me presente por complicado que sea.

Me siento un ser más liviano, más completo y más amoroso y puedo elevarme y saltar fácilmente por encima de los problemas.

Contemplo el fluir de la vida, que aparece con diversos problemas y situaciones a las que me tengo que enfrentar y cómo en cada una de ellas se encierra una lección que debo aprender, no juzgándolos con resentimiento ni con ira, sino con gratitud y alegría, porque son necesarios para mi evolución; comprendo, asimismo, que seguirán presentándose de diferentes formas hasta que yo aprenda y asimile las lecciones que llevan dentro.

Por ello, en el continuo devenir y fluir de mi vida me veo como un ser alegre que a veces se ríe de sí mismo, me quiero incondicionalmente y tengo presente que yo mismo voy creando mi propia realidad y con ella los problemas que conlleva, porque son necesarios para mi aprendizaje.

Aun así, yo soy un ser de luz con naturaleza divina y cada vez destapo más mi capacidad innata para enfrentarme a mis problemas con confianza, amor y alegría.

CAPÍTULO 44

Meditación activadora de los chakras

Siéntate relajado, concéntrate en tu respiración y piensa que vas a realizar una meditación sobre tu estructura energética y el estado energético óptimo de tus chakras; pensando en ello, visualizo primeramente su forma como torbellinos de energía en forma de embudo con la parte estrecha en contacto con mi cuerpo, que giran en el sentido de las agujas del reloj, y cuya misión es procesar las energías de vibraciones elevadas reduciéndolas de frecuencia para adaptarlas al estado evolutivo actual de cada uno, absorberlas y traducirlas en impulsos eléctricos y nerviosos que actúan sobre los diferentes órganos de nuestro cuerpo, sobre las glándulas endocrinas y sobre el plexo nervioso asociado a cada chakra, convirtiéndolos en la Energía Vital que nos impulsa y nos anima.

También soy consciente de que los chakras desempeñan un papel esencial en la regulación de mi mente, de mis emociones y de mi estado espiritual, conectándome con mis cuerpos sutiles y con el universo multidimensional.

Me centro en mi respiración saboreando cada inspiración, realizo la respiración silenciosa y lenta percibiendo el cosquilleo del aire al entrar por mis orificios nasales, sintiendo cómo me nutre cada partícula del Ki o prana que contiene el aire; al espirar, lo hago controlando y frenando la salida del aire tan suavemente que no percibo su flujo de salida.

Realizo una cuenta atrás desde el 10, 9, 8, 7, 6, 5, 4, 3, 2, 1, 0, visualizando cada número en mi pantalla frontal.

Comienzo observándome a mí mismo de frente, sintiendo cómo me voy elevando lentamente, hasta un punto en que me estabilizo y me contemplo desde arriba.

Ahora visualizo cómo gira el *primer chakra o chakra de la raíz* de un color rojo intenso en el sentido de las agujas del reloj; imagino cómo desde mis pies surgen unas raíces que se van extendiendo hacia el centro de la Tierra, pongo la atención en la respiración y al inspirar siento absorber energía de la Tierra a través de mis pies, y al exhalar siento cómo la energía negativa que pueda tener en mí mismo desciende por mis piernas, pasando por las plantas de mis pies hacia el centro de la Tierra, donde se depura y se recicla.

Continúo depurándome y acumulando energía nutritiva de la madre Tierra en mi chakra de la raíz, donde se va almacenando en forma de una bola roja y cálida que gira, y con cada giro se va haciendo más y más densa.

Esta energía densa y de baja frecuencia es la energía que me permite desarrollarme como un ser creativo, manifestándolo en la procreación y la creación artística.

Visualizo que desde este punto Hui Yin surge el meridiano du-mai o vaso gobernador y sube por la espalda, coincidiendo con la columna vertebral, asciende por ella, pasa por la nuca, sube por la periferia de la cabeza y, rodeándola, baja por la frente, entrecejo, nariz, labio superior y acaba en el paladar.

También visualizo ahora el meridiano ren-mai o vaso de la concepción, que asciende por la parte delantera de mi cuerpo (órganos sexuales, ombligo, plexo solar, zona del corazón, garganta, mentón y acaba en la lengua). Ahora conecto estos dos canales energéticos con mi lengua colocándola suavemente en contacto con el paladar, formando un circuito energético que se denomina órbita microcósmica, y visualizo cómo al inspirar la bola roja de energía

del primer chakra comienza a ascender por la espalda, notándola pasar por la nuca como un cosquilleo y al llegar a la boca comienzo la espiración sintiendo cómo la bola roja desciende por la parte anterior de mi cuerpo hasta llegar a la zona del primer chakra, donde comienza un nuevo ciclo, inspirando sube por la espalda y espirando baja por el pecho.

¿Qué relación tengo con la naturaleza y con la Tierra?

¿Me siento seguro en este mundo?

En el aspecto material, ¿tengo suficiente para vivir o estoy constantemente preocupado porque creo que no tengo suficiente dinero para cubrir mis necesidades?

¿Mis necesidades son reales o ficticias?

¿Me están produciendo estrés?

¿Qué relación he tenido con mi madre?

Me repito a mí mismo que:

Me siento seguro en mi entorno.

Tengo lo suficiente para vivir y siempre lo tendré.

Amo a mi madre, pero no soy el responsable de su felicidad y me perdono a mí mismo y a ella por todas las ocasiones en que me sentí desatendido o herido por ella.

Ahora paso al *segundo chakra* y lo visualizo como un torbellino de color naranja que gira en el sentido de las agujas del reloj.

Es el chakra sexual, el cual me permite disfrutar de los placeres físicos libremente y de la belleza de las cosas materiales.

Es la zona de donde nace mi creatividad innata y mi entusiasmo por toda la Creación.

Desde aquí reflexiono sobre mi parte masculina o yang y mi parte femenina o yin, calibrándolas y experimentando mi masculinidad o mi feminidad.

Recuerdo las ocasiones en que por diversas circunstancias he visto frustrados mis deseos sensuales y cómo esto ha provocado algún bloqueo en mi segundo chakra.

¿Me satisface mi vida sexual?

¿Tengo algún sentimiento negativo respecto al sexo?

¿Me siento atractivo y deseable como amante?

¿Soy libre en mis relaciones sexuales y me manifiesto siguiendo mi instinto, mis deseos y mis preferencias?

¿Cómo me siento cuando me preocupo solamente por mí mismo y gasto mi tiempo y mi dinero en satisfacer mi cuerpo y mis sentidos?

Soy consciente de estas realidades:

Soy libre para expresar mi sexualidad y mi sensualidad.

Lo paso muy bien conmigo mismo sin remordimientos ni resentimientos, porque yo tengo todo el derecho a disfrutar de mí mismo.

Me siento vital cuando me dedico a mí mismo.

He aprendido y he enseñado a mis parejas.

Como todas las personas, me merezco lo mejor que pueda ofrecerme a mí mismo.

Ahora siento cómo la zona comprendida entre el pubis y el ombligo se llena de un color naranja intenso.

Realizo unas respiraciones visualizando la bola de energía que ha pasado al color naranja cómo se va haciendo más densa y más plena.

A la vez sigo viendo girar el séptimo chakra, y ahora los observo a los dos juntos.

Recuerdo que este chakra tiene su correspondiente en la parte posterior y lo visualizo asociado al principal de la parte delantera.

Sigo ascendiendo y llego al *tercer chakra*, el chakra del plexo solar, al que veo como un embudo amarillo intenso que gira alegremente en el sentido de las agujas del reloj.

En el plano físico, la energía que procesa este chakra alimenta los órganos responsables de la digestión y la depuración: estómago, bazo, páncreas, hígado y vesícula biliar.

Éste es el chakra responsable de mi poder personal y de los aspectos relacionales de mi personalidad, como mi relación con mi entorno y mi capacidad de conectar y de integrarme con mi pareja, con mis amigos, con mi familia, en mi trabajo, en mi ciudad, en mi país y finalmente en el Universo.

Esta energía sustenta el compromiso y la confianza como valores que debo cultivar y dejar fluir libremente si deseo tener relaciones sanas y estables.

Recuerdo la sensación de seguridad de pertenecer a algo, de una buena relación, de sentirme querido y aceptado.

Noto cómo este color amarillo alimenta mi voluntad y mi poder personal para conseguir todo lo que me propongo; recuerdo las ocasiones en que he conseguido una meta y la sensación de euforia y conexión con la fuerza universal que me invadían, y veo cómo ese sentimiento de autoconfianza y autoestima son de color amarillo y que están dentro de mí mismo y no en el exterior.

¿Cómo me veo a mí mismo en relación con los demás?

¿Soy dueño de mi propia vida o me someto a los caprichos y opiniones de los demás?

¿Soy el piloto de mi propia nave o me siento arrastrado por la corriente de la vida sin que pueda controlar mi propio rumbo?

¿Digo no cuando quiero decirlo o me reprimo sujetándome a una actitud de agradar?

¿Me siento tan importante como cualquier otra persona o en ocasiones me siento inferior?

Me repito a mí mismo que:

En cualquier ocasión, yo, y solamente yo, tengo la capacidad de elegir y un poder innato para vivir como más me gusta.

Soy un ser libre y nadie tiene poder manipulador sobre mí.

Cuando realizo algo que no deseo hacer lo hago conscientemente, sabiendo que tengo la capacidad para hacer lo que más me gusta.

Si hay alguna relación que deseo potenciar, la rememoro ahora y visualizo cómo comienza a crecer la bola de energía de color amarillo dentro de mi zona del plexo solar y, alimentada por mi pureza de sentimientos hacia las personas implicadas en esa relación, sigue creciendo hasta que estalla y la proyecto fuera de mi cuerpo envolviendo a las personas queridas.

Me imagino mi vida tal y como desearía que fuera en el aspecto material y en el plano mental emocional y espiritual. Me observo a mí mismo rebosante de felicidad y satisfacción y la contrasto con mi vida actual, tomando aquí y ahora la decisión de introducir los cambios necesarios en mi vida para mejorar.

Recuerdo cómo los otros chakras siguen girando en rojo y naranja y veo a los tres a la vez: rojo, naranja y amarillo.

Sigo ascendiendo y llego al *cuarto chakra* del corazón visualizándolo como un torbellino verde en el centro de mi pecho que expande por toda esta zona su energía purificadora y sanadora conectándome con mis sentimientos de amor, de ternura, de compasión.

¿Me quiero a mí mismo lo suficiente como para poder irradiar este amor hacia los demás? ¿Estoy satisfecho con mi capacidad de expresar el amor que llevo dentro?

Reflexiono sobre las manifestaciones del amor en mi vida, recordando el amor hacia mis padres, mis hermanos, mi mujer o marido, mis hijos, el cariño que siento hacia mis conocidos y amigos, la caridad que tengo con el prójimo. ¿Les doy habitualmente el suficiente cariño, afecto y amor, o por el contrario soy escaso en estas manifestaciones?

Rememoro la vida de Jesucristo y de los grandes Maestros y analizo las enseñanzas que nos legaron, interiorizando la idea de que para crecer debo avanzar en el camino del amor al prójimo sin condiciones para llegar al máximo nivel de amor que es el amor a los que nos odian.

Recuerdo aquella ocasión especial en que me sentí lleno de compasión y de paz y revivo esa sensación de conexión con otros seres que me hizo sentirme como parte de la unidad de la creación conectado con todos los demás por los hilos del amor.

Analizo los períodos de mi vida en los que me he encontrado triste o deprimido y veo que se debían a un bloqueo de la corriente energética a través del chakra del corazón, porque no manifestaba mi amor hacia mí mismo o hacia los demás.

Desde este chakra puedo enviar energía amorosa hacia otras personas, y me visualizo proyectando un chorro de energía de color rosa que sale de mi chakra del corazón, el cual se divide en unos hilos amorosos que me unen con los chakras de las personas con las que tenga una deuda afectiva, con todas las personas de mi entorno y con todos los seres de la creación.

El chakra cardiaco también es un puente entre los tres chakras inferiores, que representan el plano físico, y los tres chakras superiores, que representan los planos superiores de la existencia; es también un punto de unión entre la tierra y el cielo, y entre lo material y lo espiritual, que nos dice que para avanzar en nuestro camino de evolución debemos abrir el chakra del corazón al amor en todas sus manifestaciones, ya que mientras mi chakra del corazón está cerrado los demás chakras permanecerán desequilibrados; a nivel del primer chakra no me sentiré seguro, mis relaciones sexuales faltas de amor se desarrollarán de forma insatisfactoria y frustrante, mi poder y mi autoestima disminuirán y trataré de suplir esta falta con el apego a las cosas materiales, la espontaneidad y la naturalidad en mi comunicación y la forma de expresarme será sustituida por la artificialidad y el miedo a las críticas y la opinión de los demás, sintiéndome desconectado y alienado de la realidad del mundo espiritual.

Veo ahora estos cuatro chakras conjuntamente girando con fuerza, rojo, naranja, amarillo y verde.

En mi camino ascendente llego a la garganta y visualizo el *quinto chakra* girando en el centro de mi cuello; es de un color azul celeste

En el plano físico está relacionado con la glándula tiroides y paratiroides que regulan el metabolismo del calcio y la actividad metabólica, y con los órganos de la zona del cuello, garganta, boca, cuerdas vocales y tráquea.

Si al visualizar este chakra noto que quiero expresarme en la zona del cuello y emitir algún sonido lo hago si lo necesito.

Recuerdo mi niñez, cuando actuaba espontáneamente y me comunicaba con los demás con alegría y amor, sin temor al ridículo ni ningún miedo que me impidiera hablar.

Comprendo que esta capacidad y este poder de comunicación siguen estando dentro de mí, y en mi interior sé que una comunicación sincera con mis semejantes me proporciona felicidad y conexión con la esencia universal.

Reafirmo la realidad de que tengo el derecho natural a ser feliz en mi comunicación con los demás y expresar mis sentimientos sin miedos infundados al ridículo o al rechazo.

La espontaneidad amorosa es la esencia de una comunicación que si es limpia, potencia nuestra autoestima y nuestra autoconfianza, haciéndonos sentir como seres integrantes de una humanidad interconectada con una esencia universal común.

El quinto chakra también está relacionado con mi creatividad y la energía que asimilo a través de él me ayuda a expresar lo que llevo dentro y me hace ser espontáneo, sincero y auténtico.

La vida es un eterno fluir, un cambio constante, y yo debo avanzar en ella.

¿Me siento atrapado por la rutina?

¿Siento que me está presionando mi creatividad para expresar algo y no le doy salida?

¿Qué me impide realizar los cambios necesarios para desbloquearme?

¿Tengo la sensación de que no soy lo bastante auténtico?

Recuerdo las ocasiones en que he expresado mi creatividad y lo satisfecho y pleno que eso me ha hecho sentirme.

Cuando dejo fluir a mi energía interior me siento realizado y libre.

Creo en mí mismo y en mi fuerza interior.

Tengo todo el derecho y también la obligación conmigo mismo de ser como soy y de vivir mi vida como deseo.

Visualizo los cinco primeros chakras con sus colores correspondientes girando y abiertos.

A continuación paso al *sexto chakra*, el del tercer ojo, y lo visualizo como un cono giratorio entre mis cejas de color violeta, que tiene su simétrico por detrás de la cabeza.

En el ámbito físico está relacionado con la glándula pineal y con la pituitaria, de forma que cuando está activo se da un flujo constante entre ambas.

Este chakra es la sede de la intuición, y recuerdo algunas manifestaciones de ella en mi vida, como aquella ocasión en que pensé en una persona y un instante después nos encontramos, y las situaciones en las que mi intuición me ha guiado.

Mi intuición es la voz de mi Yo Superior y de mi sabiduría interior, que está en contacto con mi inconsciente y se manifiesta en ideas y estímulos que nacen en el lado derecho del cerebro.

Mi intuición siempre sabe lo que me conviene y por ello debo seguir sus indicaciones.

Antes de pasar al último chakra observo cómo los seis chakras están girando activamente en el sentido de las agujas del reloj, con sus colores rojo el séptimo, que está orientado hacia el suelo; y orientados hacia el frente, naranja el sexto, amarillo el quinto, verde el cuarto, azul el quinto y violeta el sexto, que tienen sus simétricos en la parte posterior un poco mas pequeños y de los mismos colores, orientados hacia atrás.

Por fin llegamos al último, el *séptimo chakra* o chakra corona, que visualizo como un cono giratorio de color blanco situado encima de mi cabeza orientado hacia el cielo, y siento que es el punto que me conecta con el mundo espiritual y con Dios.

Este chakra es el que me impulsa a crecer interiormente y me orienta en mi búsqueda espiritual.

Ahora veo a todos los chakras girando conjuntamente, me concentro en mi respiración y veo cómo con cada inspiración se vuelven más activos y más brillantes al absorber la Energía Universal, y cómo con cada exhalación, la energía negativa pasa a la Tierra para ser depurada.

Después de unas respiraciones veo cómo surgen de mis pies unas raíces profundas que me conectan con el centro de la Tierra y cómo de mi séptimo chakra salen hacia arriba unos rayos luminosos que me conectan con todos mis semejantes, con las estrellas, con los astros y con todo el universo.

Visualizo cómo mis raíces y los rayos energéticos que salen de mi cabeza comienzan a fusionarse por fuera de mi cuerpo como una gran ducha energética de color dorado que me envuelve y fluye de arriba hacia abajo y de abajo hacia arriba, formando una esfera que me sustenta.

Ahora inserto dentro de esa esfera en su parte superior encima de mí, primeramente el Cho-Ku-Rei de color dorado, el Sei-He-Ki de color rosa y el Hon-Sha-Ze-Sho-Nen de color violeta.

Observo cómo la esfera dorada con los símbolos y conmigo dentro se eleva ingrávida hacia el firmamento viendo cómo se hace más pequeña la tierra y sin darme cuenta llego a una inmensa estructura donde se encuentran miles de esferas doradas de seres que han sido canales Reiki, siendo consciente de mi individualidad y de la individualidad de cada una de ellas; siento que sin perder nuestra individualidad, todas nos fusionamos en una gran esfera que se expande sin límites, con una conciencia

común de pertenencia a la Unidad Cósmica y Universal.

Visualizo en mi pantalla mental las frases:
«Yo soy... (decir tu nombre).»
«Dios y Yo somos Amor.»
Y repitiéndolas mentalmente sin esfuerzo alguno, como un dulce y suave mantra que me transporta, disfruto de esta comunión con el Creador.

CAPÍTULO 45

Meditación de los símbolos de Reiki Dos

Siéntate en la posición de meditación con la espalda recta, enciende un incienso y si lo deseas pon música Reiki. Traza lentamente los tres símbolos de Reiki Dos con la mano abierta en el aire y repite tres veces el nombre de cada uno.

Condensa la suficiente energía y crea con ella una esfera de luz dorada encima de tu cabeza.

Ahora ves cómo se acerca un ser de Luz que reconoces como tu guía, quien te saluda amorosamente y, colocado frente a ti, rodea la esfera dorada con sus brazos y con sus alas de amor.

Ahora visualiza el Cho-Ku-Rei en un color dorado hasta que llene totalmente tu mente y repite mentalmente su nombre como un mantra hasta que la imagen mental y la repetición verbal se fundan en el símbolo.

Proyéctalo fuera de tu mente y visualízalo frente a ti; cuando tengas fija su imagen, condúcelo a una esfera de luz dorada que has creado encima de tu cabeza y deposítalo en ella, observando cómo tu guía te ayuda a colocar el símbolo conduciendo tu mano con la suya.

Visualiza ahora el Sei-He-Ki de un color

rosa brillante; primero, en tu mente, repitiendo su nombre como un mantra hasta que lo fijes y se confundan la imagen y la energía verbal; luego lo conduces frente a ti y después con la ayuda de tu guía lo depositas en la esfera dorada junto al Cho-Ku-Rei, observando nítidamente a los dos juntos.

Visualiza también el Hon-Sha-Ze-Sho-Nen de color violeta; primero, cómo se crea en tu mente, mientras recitas su nombre las veces necesarias para que se fundan las palabras con el símbolo; luego lo desplazas enfrente de ti observándolo nítidamente y después, con la ayuda de tu guía que coloca las manos abiertas debajo de las tuyas, lo conduces a la esfera dorada de encima de tu cabeza donde queda depositado junto con los otros dos símbolos.

Observa los tres a la vez dentro de la esfera dorada.

Ahora tu guía que te sonríe amorosamente y, colocado frente a ti, abre sus brazos de luz y rodeándoos a ti y a tu esfera de energía con los símbolos dentro se funde en un largo y dulce abrazo en el que te sientes acogido; en ese instante experimentas cómo la esfera dorada va penetrando suavemente por tu chakra corona y se va disolviendo en cada uno de tus chakras.

Ahora puedes añadir la meditación de los chakras reflexionando en la idea de que tú eres en realidad tu Yo Superior, que es una esencia espiritual divina que no pertenece al mundo físico, la cual permanece en tu interior como un observador silencioso que está en contacto permanente con la Energía Universal que te guía y te nutre, energía que desde ahora puedes utilizar con el Reiki, que te ha sido dado para sanarte y amarte primero a ti mismo y después a los demás.

Interioriza en lo más profundo de tu corazón que tu Yo Superior trabaja en colaboración con tus guías para ayudarte a cumplir tu propósito en la vida que es evolucionar avanzando en la vibración del amor para acercarte más a la Luz y disfrutar de ella en comunión con todos los seres espirituales que han existido y que existirán.

TERCERA PARTE

MANUAL
DE
REIKI TRES

Para que se produzcan los efectos específicos que se mencionan en este manual es preciso haber recibido las enseñanzas y la sintonización de Reiki Tres de un Maestro Reiki.

CAPÍTULO 46

Manual de Reiki Tres

Con el grado Reiki Tres se reciben dos símbolos más que van a potenciar nuestras transmisiones Reiki, permitiéndonos actuar en el plano espiritual.

Se profundiza en el uso de los cristales en Reiki.

Se enseñan nuevos ejercicios energéticos, de forma que con su práctica nos preparamos para la Maestría, disolviendo bloqueos energéticos y abriéndonos al flujo de la energía.

CAPÍTULO 47

El símbolo Reiki en Reiki Tres

Todo el símbolo quiere decir que el individuo en su camino de evolución ya ha comenzado a desindentificarse de su cuerpo físico y de su ego, y paralelamente también ha comenzado a penetrar en las elevadas vibraciones del amor desarrollando una superconsciencia de su individualidad y del mundo que le rodea.

La flor de doce pétalos del cuarto chakra es la puerta de entrada a los chakras superiores, que simbolizan el comienzo del despertar o samadhi.

El individuo comienza a abrirse a la vida con aceptación y con amor, considera al Universo como su hogar y, aceptando todas sus experiencias vitales, ha trascendido la dualidad y la mente para avanzar en su camino de evolución espiritual hacia el estado de conciencia cósmica de la Unidad.

El triángulo invertido representa a la conciencia (Shiva), y el triángulo con el vértice hacia arriba simboliza a la energía (Shakti); su fusión quiere decir que el hombre muere para la conciencia material o mundana y comienza a nacer para la conciencia cósmica y universal, lo que se denomina de diferentes formas: Iluminación, Samadhi, Nirvana, etcétera.

Desde el punto de vista de la respiración, el triángulo hacia arriba también simboliza la inspiración, en la que la Energía Universal o Chi celeste, que procede del infinito, baja al encuentro con lo finito (el cuerpo).

El triángulo hacia arriba representa la espiración (puraka), por medio de la cual la energía individual fluye hacia el encuentro con la energía cósmica, al igual que en nuestro camino de evolución la conciencia individual vuelve y retorna hacia su fuente, el Yo Interior, que existe en la dimensión de la Conciencia cósmica y divina.

El *perímetro* de la intersección de los dos triángulos es un hexágono regular que simboliza la retención del aliento con los pulmones vacíos (Bahir kumbhaka) en la que la conciencia individual se funde con la Conciencia Universal y el *área* del hexágono de la intersección simboliza la retención del aliento con los pulmones llenos (Antar kumbhaka), en la que la Energía Universal se funde con la energía individual, momento en el que se produce una gran retención y acumulación del Ki, lo cual contribuye a aumentar la potencia de nuestro Reiki.

En conjunto, simboliza la idea y la esencia del Reiki en el que *la Energía es dirigida con la mente utilizando la intención y la respiración*, y también que la respiración dirigida por la mente potencia e intensifica la transmisión del Ki o Energía Universal.

Controlando la mente, verificamos el Ki y así mejoramos nuestro Reiki.

CAPÍTULO 48

El tercer grado de Reiki

El grado tercero eleva la vibración de nuestro campo energético y nos ayuda a depurar las energías negativas que bloqueaban nuestros sistemas mental y emocional.

El Reiki Tres también facilita las experiencias espirituales y el contacto con nuestros guías:

Para comunicar con nuestros guías debemos estar en una frecuencia más elevada que la nuestra habitual, porque tanto los guías como los ángeles y las entidades espirituales existen en una escala vibratoria más elevada que la de lo material en la que existimos nosotros, y están siempre a nuestra disposición para cuando queramos acercarnos a ellos.

Estos seres carecen de libre albedrío en el sentido que lo entendemos nosotros; por ello, para poder acudir en nuestra ayuda deben ser invocados e invitados por los seres humanos mediante actos sinceros de fe, como la oración y la meditación.

Estas comunicaciones resultan mucho mas fáciles y fluidas si nuestros canales energéticos están depurados y mantenemos la vibración de nuestro aura lo más alta posible. Y este estado «de contacto» se facilita con las técnicas que nos permiten llevar la frecuencia de nuestras ondas cerebrales al nivel alfa penetrando en la banda de los doce o diez ciclos por segundo hacia abajo, margen en el que entramos en estados alterados de conciencia, los cuales nos facilitan el contacto con el mundo espiritual.

Estas técnicas son numerosas, pero las básicas son la dieta, la meditación, la oración y los ejercicios energéticos, como el yoga, el Chi-Kung, el Tai-Chi o las artes marciales.

El ejercicio físico aeróbico, especialmente correr, también es una manera sencilla y efectiva de entrar en el estado alfa.

El Reiki es una transmisión energética de la frecuencia vibratoria del Amor, que nos ayuda a liberarnos de los bloqueos aumentando la vibración de nuestro campo energético.

Las sesiones Reiki constituyen experiencias espirituales en las que normalmente ya hemos sentido la presencia de nuestros guías, como también en nuestras meditaciones Reiki nosotros habremos contactado con ellos.

Después de haber introducido el Reiki en tu vida y de una temporada practicándolo y aplicando sus principios en tus actividades cotidianas, empezarás a notar que tu vida transcurre mejor y más fluidamente.

Tus asuntos se resuelven mejor, te sientes más feliz y más liviano, aprecias mejor los pequeños detalles de la vida y quieres más a todas las personas, sintiéndote menos tenso y menos ansioso, aceptas más, perdonas más y estás más en paz contigo mismo.

CAPÍTULO 49

Los símbolos de Reiki Tres

*E*n Reiki Tres se nos dan dos nuevos símbolos:

EL DAI–KO–MYO TRADICIONAL O SÍMBOLO DEL MAESTRO USUI

Este símbolo eleva la frecuencia de nuestro campo energético y nos abre las puertas al mundo espiritual.

El primer tramo representa al hombre en su proceso de superación de la dualidad y de desapego del mundo material y de los deseos.

El segundo tramo muestra al hombre en el proceso de alcanzar la iluminación, señalando los dos caminos por los que puede optar en uso de su libre albedrío: el cuadrado de la izquierda que le conduce a un universo limitado y el de la de derecha que le lleva a un universo ilimitado.

Este símbolo se usa para reforzar la acción de los demás símbolos y como una toma de contacto con el mundo espiritual y con tus guías.

Se usa también para purificar, cargar y programar tus cristales y en las sintonizaciones de todos los grados.

EL DAI-KO-MYO NO TRADICIONAL

Es una espiral de tres revoluciones en el sentido de las agujas del reloj, que contiene el símbolo del rayo dentro de su parte superior.

La espiral en este sentido es un símbolo que aparece en muchas disciplinas y se le atribuye el poder de concentrar la energía en su centro.

Origen de trazado de los símbolos de Reiki Tres

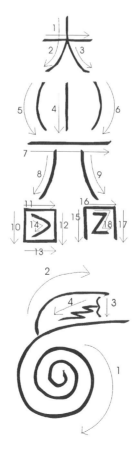

CAPÍTULO 50

El Reiki como camino de evolución espiritual

¿QUÉ ME PUEDE APORTAR EL REIKI?

El Reiki me pone en contacto con mi Yo Interior, con mis sentimientos y actitudes negativas, con mi miedo, con mi dolor, con mis aflicciones y también con los sentimientos y el espíritu de mis semejantes.

¿Para qué me sirve este contacto?

En principio, estas percepciones contactuales me son útiles porque me ayudan a perfeccionarme en el amor, elevando la vibración de mis cuerpos sutiles para aproximarla cada vez más a la frecuencia del amor, en el que siempre hay una etapa más a la que llegar.

Me sirve para comprender que somos seres humanos con esencia divina, que estamos diseñados para gozar manifestando nuestra individualidad en continuo e imparable avance hacia la fusión con la unidad universal, y por ello

en nuestro camino de crecimiento espiritual nos movemos hacia la comunión con la esencia cósmica del amor divino.

En nuestro proceso evolutivo siempre nos movemos hacia el amor, vamos creciendo en el amor. Al refinar y depurar nuestro espíritu se produce una expansión hacia el amor.

De niño sentía mi individualidad contemplándome en el mundo como un ser único merecedor de todo lo bueno, y a la vez, como integrante de una realidad única y universal, sintiendo que formaba parte del todo y que era importante por ello.

El Reiki nos ayuda a conocernos mejor y a descubrir dónde están las ambigüedades de nuestra vida; con ello disponemos en nuestro avance de más discernimiento para poder usar nuestro libre albedrío, de forma que nos oriente hacia la fusión, hacia lo que nos llena y nos nutre, que es aumentar nuestro amor, hasta recordar lo que ya sabíamos de niños: que nuestra esencia divina siempre estará dentro de nosotros esperando pacientemente que retornemos a ella.

El tercer grado Reiki es una potente herramienta para nuestra evolución, porque podemos actuar simultánea y holísticamente sobre los tres planos de nuestra existencia, el físico, el mental-emocional y el espiritual.

Retomamos antiguas situaciones que habíamos archivado sin solucionar y las reinterpretamos a la luz de la nueva energía, aportándoles amor, comprensión y aceptación. Se mejora la fusión de nuestro cuerpo con nuestra mente y con nuestro espíritu, y también la comprensión y la coordinación entre nuestro consciente, subconsciente e inconsciente.

Dios nos ha creado como seres individuales y únicos, nos ha dado diferentes temperamentos y cualidades y nos ha colocado en distintos entornos en la vida, pero con un objetivo común, que es depurar nuestro espíritu hacia las frecuencias de vibración superiores, en la banda del amor y de la unidad cósmica, enseñándonos que se avanza en ese camino conectando con la esencia divina que hay en cada uno de nosotros.

Conocer nuestra personalidad es un trampolín hacia una conciencia mayor, ya que conociéndonos podemos dejar nuestra personalidad a un lado y alzarnos hacia una conciencia superior.

La mayor parte del sufrimiento en nuestras relaciones con los demás es porque estamos ciegos ante sus puntos de vista.

Tu propósito debe ser descubrir y conocer tu tipo de personalidad, para construir una relación con tu Yo Interior que te permita desarrollarte y disminuir tu sufrimiento.

Jesucristo y todos los maestros nos han mostrado continuamente las líneas directrices para orientarnos en nuestro camino de evolución espiritual; primero amarte a ti mismo para poder amar a Dios y a los demás, y después nos dijo que amar a nuestros enemigos es el objetivo al que debemos llegar para seguir avanzando en nuestra evolución y fundirnos en la comunión fraternal con todos los seres humanos, descubriendo nuestro lugar en la Conciencia Universal, de la que salimos y hacia la que nos dirigimos.

Esta Conciencia Crística es parte de la esencia de la Energía Universal, que da un poder nutricio energético a todo lo creado. Por ello, al avanzar en esta dirección, vamos viendo progresivamente a Dios en todo; según avanzamos, la imagen divina lo impregna todo y quien se mueve por este camino va asimilando cada vez más conciencia y percepción de esta plenitud sencilla y colmadora.

Nuestro Yo espiritual va asimilando frecuencias energéticas cada vez más elevadas, las cuales nos penetran depurando nuestros cuerpos sutiles y nos preparan evolutivamente para ocupar el lugar primigenio que nos corresponde por nuestra naturaleza divina en la Inteligencia Universal junto al Supremo.

Al penetrar en el nuevo espacio del amor a los que te odian adquieres una posición más elevada de poder espiritual que te hace menos vulnerable a las fuerzas negativas que te perturban, como el odio, el rencor, la envidia, el resentimiento, etcétera.

El Creador nos ha dado el libre albedrío para que en nuestro proceso evolutivo, a través de nuestras cambiantes decisiones, lleguemos hacia la vibración del amor que es la esencia de Dios, «*Dios es amor*», y con esta esencia permanezcamos junto a Él, en el lugar que nos corresponde, que es formar parte de la Inteligencia Universal.

El Reiki nos pone en contacto con la Energía Universal, que procede de Dios, y desde las primeras sesiones puedes sentir cómo realmente estás transmitiendo el amor en forma de energía y la energía en forma de amor.

Sientes que Dios te está utilizando como canal de transmisión de su amor, y sientes fluir la Energía Universal a través de tu cuerpo y de tu espíritu.

Lo maravilloso del Reiki es que esta experiencia de amor y de formar parte de todo la puedes repetir cuando lo desees, porque Dios te ha dado este regalo al hacer llegar el Reiki hasta ti, y tú puedes utilizarlo para ayudar a los demás y para tu propia evolución espiritual.

El Reiki es una experiencia espiritual de transmisión de amor que te llena, satisface tu duda existencial y te nutre el alma, haciéndote sentir parte de la Inteligencia Divina al ser penetrado por la frecuencia energética del amor puro y fraternal que te funde en comunión con tu hermano y con toda la creación.

El Reiki es un don divino que te lleva hacia la compasión cósmica hacia ti mismo y te acerca hacia todo lo creado, conduciéndote directamente a la contemplación y haciéndote sentir que ése es tu estado perfecto, del que vienes y al que vas.

En los momentos difíciles y en las crisis espirituales el Reiki nos ayuda porque siempre lo tenemos disponible como una herramienta de contacto y de acercamiento con Dios y con la Energía Universal a través del amor.

El Reiki nunca se agota sino que nos acompaña en nuestro viaje, haciéndonos partícipes del aumento de las frecuencias de nuestro cuerpo energético y de nuestra progresiva sintonización con la vibración del amor, haciéndonos sentir que estamos en el buen camino, que es el que nos conduce hacia Dios.

El objetivo es descubrir tu Yo Interior y conocer los recursos del Yo máscara, para equilibrarlos mutuamente y que coexistan en armonía ayudados por el Reiki.

CAPÍTULO 51

La circulación energética en el organismo

IDEAS TAOÍSTAS SOBRE LA CIRCULACIÓN ENERGÉTICA EN EL SER HUMANO

El taoísmo surgió hacia el siglo IV a.C., fundado en las enseñanzas del maestro Lao Tsé (anciano Maestro) y en los aforismos contenidos en el Tao te King. Es una filosofía que enseña una manera de vivir en armonía con las leyes de la naturaleza y con la atención dirigida a tu interior para mantener la salud, la felicidad, la alegría, la armonía y la paz.

Sus enseñanzas son simples:

— Debemos acercar nuestro comportamiento al de la naturaleza, siguiendo el Tao (la vía o camino).

— Aceptar lo que se nos presente sin pretender cambiar las situaciones.

— Disolverte en el orden natural y trabajar con él y no contra él, porque ello produce resistencia y tensión.

— Tratar a todos los hombres por igual, independientemente de su comportamiento.

— Actuar fluidamente en todas las ocasiones con atención y consciencia pero despegándonos de los resultados.

El Tao no puede ser definido

El Tao es la Unidad Suprema y el principio responsable de todas las cosas; el Tao Te King dice que el Tao engendró al Uno, el Uno engendró al Dos (yin y yang), el Dos engendró al Tres y el Tres engendró todas las cosas.

EL ORIGEN DE TODO: EL WU-KI

En el principio no existía nada, sólo el vacío total, que se denominó Wu-Ki, que es el no-ser y representa el vacío absoluto o au-

El Wu-Ki

sencia de todo, en contraposición al Yu, que es el ser.

Todo procede del ser (Yu) y éste viene del no-ser (Wu).

Todo procede de la nada, del Wu o Tao.

Para practicar el Tao se debe seguir el Wu Wei o la no acción, de forma que nuestra conducta sea natural y espontánea, optando por una actitud de no acción.

EL YIN Y EL YANG

Por un primer impulso del Creador en el Wu-Ki se originaron las dos fuerzas primigenias, el yin y el yang, que están en continua interacción.

YIN	YANG
Emocional	Creativo
Pasivo	Activo
Agua	Fuego
Cerebral	Impulsivo
Frío	Caliente
Oscuro	Luminoso
Interior	Exterior
Reposo	Movimiento
Tierra	Cielo
Contracción	Expansión
Sube	Baja
Mujer	Hombre
Inspiración	Espiración
Hacia dentro	Hacia fuera
Órganos macizos: corazón, bazo, pulmones, hígado, pulmones, riñones.	Órganos huecos: estómago, intestino delgado y grueso, vejiga.
Alcalino	Ácido
Sangre	Energía
Invierno y otoño	Primavera y otoño
Húmedo	Seco
Pies	Cabeza
Pecho	Espalda
Flexibilidad	Rigidez

Esta interacción y movimiento continuo se representan gráficamente en el símbolo del yin y del yang.

El yin y el yang son dos polaridades que coexisten en el Ki o Energía Universal y están en continua interacción, de forma que el yang se transforma en yin y el yin se transforma en yang, tendiendo siempre al equilibrio.

Nada es completamente yin ni completamente yang; todo tiene su parte yin y su parte yang.

EL SÍMBOLO DEL KI

El Ki (Chi) es la Energía Universal presente en todo el universo.

La parte superior del símbolo representa el vapor o el aire que es yang y que sube hacia el cielo como la manifestación más sutil de la energía.

La parte interior representa una gavilla de cereales que es una manifestación de la energía de la tierra que es el aspecto yin, la energía convertida en materia.

Juntos representan la interacción y el movimiento continuo de las dos fuerzas yin y yang en continua interacción: el vapor que se eleva (que es energía yang), procedente del cereal que se cuece (energía materializada yin).

CLASES DE ENERGÍA O KI

El Ki celeste, o energía celeste procedente de las estrellas, los planetas, los astros y las galaxias, es una energía caliente, expansivo y yang, y la absorbemos por el punto Bai Hui del chakra corona.

El Ki terrestre o energía telúrica, que es fría y yin, asciende desde el centro de la tierra y la recibimos por los puntos Yong-quan de las plantas de los pies.

El Ki prenatal o heredado, o jing Ki, es la energía original que recibimos de nuestros padres en la concepción. Se aloja en los riñones almacenado en forma de esencia, y va disminuyendo a lo largo de la vida.

Para mantener plena nuestra estructura energética y ser un buen transmisor Reiki debemos procurar administrar nuestra energía sexual mediante el control de la eyaculación practicando en nuestras relaciones sexuales el orgasmo sin eyaculación conjuntamente con las diversas técnicas de alquimia interna taoísta de transmutación de la energía sexual en shen o energía espiritual que podemos utilizar para impulsamos en nuestro camino de evolución y para mejorar nuestro Reiki.

El Ki postnatal, que procede de los alimentos y del aire respirado.

El Ki mental es la energía mental y espiritual o shen Ki, que se alberga en el corazón.

La energía vital de cada persona está formada por una mezcla equilibrada de todas estas energías y circula por los meridianos y canales nutriendo todo nuestro organismo a nivel físico, mental y espiritual.

La sangre también es una forma de energía más densa. El Ki mueve la sangre y la sangre mueve el Ki.

Cuando la energía se mueve, la sangre también se mueve, y si la energía se estanca la sangre no fluye con libertad y aparece la enfermedad.

Todos estos tipos de energía o Ki que recorren los meridianos y los vasos son variantes de una misma energía, la Energía Universal (Ki), que es la transmitida con el Reiki.

EL JING, EL SHEN Y LA SANGRE

El jing es la «esencia» energética y se encuentra en los riñones. El jing produce la médula que forma el cerebro y la médula de los huesos. Es el responsable del crecimiento, de la reproducción y de la fortaleza de nuestra constitución física y mental.

El shen es la mente o el espíritu. Su sede es el corazón.

El shen dirige al Ki.

El Ki sigue al shen.

La sangre es una manifestación del Ki. Nutre e hidrata el cuerpo y ayuda a la mente o shen. Está interrelacionada con el Ki, de forma que el Ki produce sangre y la sangre nutre el Ki.

El Ki es yang y la sangre es yin. El bazo extrae el Ki de los alimentos y lo envía hacia arriba, donde se transforma en sangre. El jing de los riñones produce médula que a su vez produce sangre.

LOS MERIDIANOS O CANALES

En el cuerpo hay doce canales de circulación energética, denominados meridianos (Ching), que actúan como ríos que transportan el Ki a todo el organismo y estos doce canales primarios se ramifican a su vez en miles de canales secundarios (Lou), que transportan el Ki a la piel, a la médula y al cerebro.

Los meridianos pueden ser yin o yang:

Los meridianos o canales yin (bazo, hígado, riñón, pulmón, corazón y pericardio) fluyen por la parte delantera del cuerpo hacia arriba, y por el interior de las extremidades, desde los pies hasta el pecho y la punta de los dedos, estando relacionados con los órganos yin o sólidos del cuerpo, cuya función es la transformación, almacenamiento y distribución de la sangre y del Ki.

Los meridianos o canales yang (estómago, intestino delgado, intestino grueso, vejiga, vesícula biliar y triple calentador) fluyen hacia abajo, por detrás del cuerpo y por la cara externa de las extremidades, desde las manos a la cabeza y luego bajan hasta los pies, correspondiéndose con los órganos yang del cuerpo que son huecos y están relacionados con el procesamiento de los alimentos y la función de eliminación de residuos.

Estos doce canales principales conectan los órganos entre sí y con las extremidades, y fluyen cerca de la superficie de la piel.

El interior de las extremidades es yin y por él fluyen los canales yin; el exterior de las extremidades es yang y por él fluyen los canales yang.

Meridiano	Horas de actividad máxima
Pulmón	3 a 5
Intestino grueso	5 a 7
Estómago	7 a 9
Bazo	9 a 11
Corazón	11 a 13
Intestino delgado	13 a 15
Vejiga	15 17
Riñón	17 a 19
Pericardio	19 a 21
Triple calentador	21 a 23
Vesícula	23 a 1
Hígado	1 a 3

El Ki fluye desde el pecho hacia las manos pasando por los tres canales yin del brazo (pulmón, pericardio y corazón); allí conectan con sus tres canales yang asociados (intestino grueso, triple calentador e intestino delgado) y ascienden hacia la cabeza, donde enlazan con los tres canales yang de las piernas (estómago, vesícula y vejiga); desde la cabeza bajan hasta los pies, donde conectan con los canales yin de la pierna asociados (bazo, hígado y riñón) y por último vuelven hacia el pecho, completando el ciclo.

En los meridianos la circulación de energía cambia de uno a otro cada dos horas, completando un ciclo cada 24 horas.

LOS VASOS O DEPÓSITOS

También hay ocho vasos de Ki (Mei), que actúan como depósitos de energía y que regulan los doce canales primarios, los cuales circulan a un nivel más profundo.

Los dos únicos vasos que tienen puntos energéticos son a la vez los más importantes:

El vaso de la concepción o ren-mai, que transcurre por la parte anterior del cuerpo, desde el punto Hui Yin hasta la punta de la lengua es yin y regula los cinco órganos yin (riñones, pulmones, corazón, bazo e hígado) que son densos y los seis canales o meridianos yin (bazo, hígado, riñón, pulmón, corazón y pericardio). Regula todos los canales yin y se puede utilizar para aumentar la energía yin del cuerpo.

El vaso gobernador o du-mai, que transcurre por la parte posterior del cuerpo desde el punto Hui Yin hasta el paladar, es yang, y regula los cinco órganos yang que son huecos (estómago, intestino delgado, intestino grueso, vejiga y vesícula biliar) y los seis canales o meridianos yang (estómago, intestino delgado, intestino grueso, vejiga, vesícula biliar y triple calentador). Gobierna todos los canales yang y se puede utilizar para aumentar la energía yang del organismo.

Du-mai y *ren-mai* forman el circuito de la *órbita microcósmica*, hacen de depósitos de Ki y regulan la circulación energética en los doce canales primarios o meridianos.

En estos dos vasos, el flujo principal de Ki se produce ascendiendo por la espalda y descendiendo por el pecho, completando un ciclo cada 24 horas.

LA RED DE CIRCULACIÓN ENERGÉTICA

Los doce canales primarios o meridianos (Ching), junto con los miles de canales secundarios (Lou) y con los ocho vasos o depósitos (Mei) forman la red de circulación del Ki dentro de nuestro organismo, de forma que mientras el Ki sea suficiente y su circulación sea fluida, el cuerpo estará en buen estado de salud física y mental.

PRODUCCIÓN, DIRECCIÓN Y ALMACENAMIENTO DEL KI

Existen técnicas y métodos para producir más Ki, dirigiéndole donde nos interese y para almacenarlo en nuestro cuerpo. La zona de almacenamiento principal de nuestro organismo es la zona abdominal denominada *tan-tien* (inferior) o *hara,* situada debajo y detrás del ombligo y conectada con el ren-mai y con el du-mai.

Una primera fase va dirigida a la eliminación de los bloqueos energéticos de nuestros cuerpos físicos y sutiles para abrir la ruta de la Circulación menor u órbita microcósmica, que es el primer objetivo de los ejercicios bioenergéticos para llenar los dos vasos principales, ren-mai y du-mai de Ki consiguiéndose practicando la órbita microcósmica.

Posteriormente, la Circulación mayor u órbita macrocósmica consiste en enviar y circular el Ki por los doce canales primarios hasta las plantas de los pies, eliminando los bloqueos que pudieran existir en ellos y en los órganos asociados para conseguir una circulación fluida del Ki en todo el organismo.

FUNCIÓN ENERGÉTICA DE LOS ÓRGANOS PRINCIPALES

Los meridianos y sus órganos asociados se relacionan por parejas que realizan trabajos complementarios.

1-1. *Los pulmones:* absorben el aire y transforman el Ki del aire en Ki vital, lo distribuyen por toda la piel, ponen en circulación el Ki por los canales y envían el Ki sobrante a los riñones, donde se almacena. Regulan el flujo de los fluidos corporales, controlando la piel y las glándulas sudoríparas. Su emoción asociada es el sufrimiento.

1-2. El intestino grueso: recibe del intestino delgado lo sobrante de los alimentos procesados, absorbe el Ki que queda en ellos y excreta los residuos.

2-1. El estómago: recibe los alimentos y extrae de ellos el Ki alimenticio, enviándolo hacia abajo (al bazo y al intestino delgado).

2-2. El bazo: transforma el Ki alimenticio en Ki humano y transporta el Ki nutriente a los pulmones, corazón, músculos y extremidades. Controla el flujo de la sangre. Eleva el Ki. Envía Ki al cerebro para dar mayor claridad al shen.

3-1. El corazón: regula y mueve la sangre. Transporta el Ki alimenticio a todo el organismo. Aloja la mente (shen). Controla el sudor. La alegría es su emoción asociada.

3-2. El intestino delgado: recibe los alimentos procesados por el estómago, absorbe el Ki alimenticio y pasa los residuos sólidos al intestino grueso y los residuos líquidos a la vejiga.

4-1. La vejiga: transforma los residuos líquidos en orina.

4-2. Los riñones: son el depósito del Ki prenatal o heredado y del jing o esencia de la vida. Envían Ki al bazo y a los pulmones para ayudarles en su función de transformación. Producen médula para el cerebro, la médula ósea y la médula espinal. Mantienen la vitalidad nutriendo el Mingmen. Regulan el equilibrio de fluidos del cuerpo enviando los fluidos residuales a la vejiga. Retienen y almacenan el Ki procedente de los pulmones. Controlan la emoción del miedo. Albergan la voluntad de triunfo y el poder personal.

5-1. El pericardio: su misión es proteger al corazón absorbiendo el calor para protegerlo de la fiebre excesiva. Está relacionado con la alegría y los placeres.

5-2. El triple calentador: no tiene un equivalente físico. Transforma y regula los fluidos del cuerpo y ayuda a los riñones. Contribuye a extraer el Ki del aire, ayudando a los pulmones. Lleva el Ki a los doce canales cuando se debilitan en caso de estrés o enfermedad. Regula la temperatura del cuerpo.

6-1. La vesícula: secreta y almacena la bilis que se añade a la digestión. Ayuda al hígado. Está relacionada con la capacidad de decisión y con la emisión de juicios de valor.

6-2. El hígado: almacena la sangre y distribuye el Ki para todas las actividades del organismo. Regula la cantidad de sangre en circulación en función de la actividad física realizada. Regula el flujo uniforme de Ki por todo el organismo. Está relacionado con el equilibrio emocional.

RELACIONES ENERGÉTICAS DE LAS EMOCIONES CON LOS ÓRGANOS INTERNOS

Las siete emociones principales se relacionan con los órganos internos:

— *La ira.* Produce el bloqueo del Ki en el hígado.

— *La alegría*. Esta relacionada con el corazón y el pericardio.

— *La tristeza y el sufrimiento*. Está relacionada con los pulmones que regulan el llanto. Si se reprime, se puede estancar el Ki en los pulmones.

— *La preocupación*. Está relacionada con el bazo. Puede ser debida a un sobreesfuerzo mental o intelectual.

— *El miedo y el temor*. Está relacionado con los riñones. Proviene de la sensación de no poder controlar las situaciones de la vida. Produce un gasto anormal de Ki y un agotamiento del jing de los riñones.

Cualquier enfermedad comienza por un desequilibrio energético en nuestros cuerpos sutiles, que, si no se corrige, se traslada al cuerpo físico y aparece la enfermedad.

Cuando estamos enfermos se produce el correspondiente bloqueo energético y la circulación de Ki estará estancada en la zona o el órgano enfermo; por ello, al impartirle Reiki, realizamos una aportación energética extra que puede disolver el bloqueo y restaurar la salud.

Aunque el Reiki es una energía inteligente, ya que es recibida por el Yo Superior del paciente que la dirige hacia donde sea necesaria, si el terapeuta conoce los puntos energéticos más importantes y el sistema de circulación de la energía en el organismo puede facilitar la recepción de la energía curativa realizando las imposiciones de manos en los lugares adecuados.

Emoción	Órgano yin asociado	Órgano yang asociado
Ira	Hígado	Vesícula
Alegría	Corazón	Intestino delgado
Tristeza y sufrimiento	Pulmones	Intestino grueso
Preocupación	Bazo	Estómago
Miedo y temor	Riñones	Vejiga

CAPÍTULO 52

Puntos energéticos importantes

os canales energéticos o meridianos son como ríos de energía y en ellos existen determinados puntos de inflexión o remolinos donde se puede contactar con la corriente de energía o Ki.

Por los puntos energéticos, el Ki puede salir o entrar en la corriente de energía que circula por los canales; éstos son puntos de acceso directo al flujo de Ki del organismo que puede ser manipulado a través de ellos mediante la presión (acupresión) o la estimulación energética de estos puntos (Reiki, acupuntura).

Estos puntos tienen una menor resistencia al paso de la corriente eléctrica y a veces pueden estar bloqueados por la tensión, lo que obstaculiza el libre fluir de la energía.

Conociendo la ubicación de estos vértices energéticos podemos aplicar el Reiki de forma que incida directamente sobre ellos para realizar un aporte energético directo que penetra en los meridianos conduciendo la energía a los órganos donde se necesite.

A lo largo de los canales y vasos hay más de 300 puntos energéticos destacados; entre ellos, los más importantes son:

Punto de acceso a la corriente energética

Piel

Meridiano

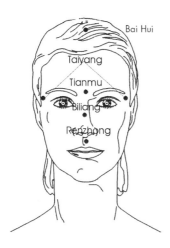

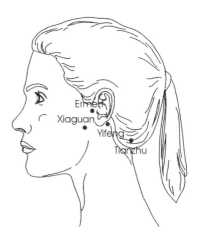

1) Cabeza

Bai Hui. Situado en el extremo superior de la cabeza, pertenece al meridiano du-mai o vaso gobernador que asciende por la parte posterior de la espalda. Por aquí captamos el Ki celeste. Los meridianos yang tienen ramificaciones que se unen en el Bai Hui. Ayuda a la concentración, a mejorar la memoria y a potenciar el intelecto. Es calmante de la ansiedad, tensiones, depresiones. Sirve para aliviar los dolores de cabeza y es la sede del shen en los seres iluminados.

Tianmu. Tercer ojo. Está situado entre las cejas y separa los dos lóbulos del cerebro. Nos permite estimular el centro mental y calmar la mente. Es la sede del shen en la segunda etapa de la evolución.

Taiyang. Situados en las sienes. Sirven cuando tienes el cerebro cansado por un exceso de actividad intelectual o por las preocupaciones.

Yifeng. Viento protector. Situados detrás y debajo de las orejas. Desbloquea el flujo sanguíneo y energético al cerebro.

Ermen. Puerta del oído. Situado delante de la oreja. Guía el Ki y la sangre hacia la coronilla.

Xiaguan. Bisagra inferior. Situado en la articulación de la mandíbula.

Tianzhu. Pilar del cielo. Situados en las nuca, detrás de la cabeza. Se llaman también puntos de la tranquilidad.

Biliang. Situado en el puente de la nariz debajo del tercer ojo. Está conectado con los senos frontales y aumenta la claridad mental.

Renzhong. Situado debajo de la nariz. Está relacionado con el intercambio yin-yang dentro de la boca. Su estimulación eleva el espíritu y la vitalidad. Se puede combinar con la estimulación del tercer ojo para conducir al paciente a un estado alfa de meditación. Desbloquea el Ki que va a la cabeza y por ello sirve para despertar a la gente después de un desmayo.

2) Espalda

Jianjing. Pozo del hombro. Situados en los

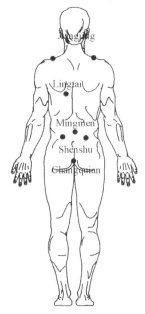

hombros. Producen una sensación de acogida, confianza y placer.

Lingtai. Plataforma del espíritu. Situado en la espalda detrás del corazón. Sirve para relajar el corazón excitado.

Mingmen. Puerta de la vida. Situado entre los riñones, es la sede del Ki prenatal.

Shenshu. Situados a los lados del Mingmen, detrás de los riñones.

Changquian. Larga resistencia. Situado en el cóccix. Este punto de energía se va cerrando con la edad, lo que dificulta la circulación del Ki por los canales y vasos y órganos, causando el envejecimiento.

3) Piernas y pies

Hui Yin. Puerta de la vida y de la muerte. Situado entre los genitales y el ano. Es el punto de unión de los vasos du-mai y ren-mai. Significa reunión de los yin. Por este punto también captamos el Ki terrestre. Es la sede del jing o esencia.

Weichung. Detrás de las rodillas. Para pasar el Ki a los pies. Aquí se deposita el shen sobrante.

Yong-quan. Manantial burbujeante.

Están situados en las plantas de los pies y realizan dos funciones: captar la energía telúrica terrestre (yin) y descargar la energía consumida impura o agotada del nuestro organismo, dirigiéndola hacia la tierra, donde se depura. Este tránsito de energías lo sentimos como un cosquilleo en las plantas de los pies.

La gran encrucijada. Situados encima del pie en el hueco entre los tendones del primer y segundo dedo. Sirve para aumentar la imaginación, la intuición y la comunicación con los demás.

Fuente del agua. Situados en la parte interior del hueso de los talones. Sirve para aumentar la voluntad y disminuir el miedo, el desinterés y la apatía.

4) Brazos y manos

Lao-gong. Palacio del trabajo. Situados en las palmas de las manos. En ellos confluyen los tres meridianos que descienden por el brazo, pulmón y corazón. Es la principal puerta de salida del Ki del corazón.

Puerta del espíritu. Situados sobre el pliegue de los puños junto a un huesecillo redondo. Sirven para disminuir la angustia y la depresión. Aumenta la alegría de vivir.

5) Pecho y abdomen

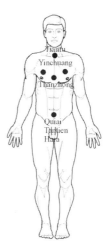

Tiantu. Prominencia del cielo. Situado en el hueco de la base de la garganta.

Qihu. Hogar del Ki. Situados a los lados del Tiantu. Sirven para extender el Ki desde el pecho hacia los brazos y descongestionar el pecho.

Yinchuang. Ventana del pecho. Situados encima de los pezones y sirven para descargar el pecho de Ki excesivo.

Thanzhong. Olor penetrante. Situado entre los pezones. Sirve también para liberar la zona pectoral de tensiones por una excesiva acumulación de Ki. Es la sede del shen en la primera etapa de la evolución.

Qihai. Corresponde al tan-tien. Los japoneses lo llaman *hara*. Es la zona donde se concentra y se almacena la energía y constituye la sede del Ki.

CAPÍTULO 53

Ejercicios energéticos en Reiki Tres

*L*os ejercicios energéticos de Reiki Tres van encaminados a prepararnos para la Maestría, con la finalidad de aumentar nuestra capacidad de acumular y transmitir energía, y después de que en el grado segundo hemos experimentado ampliamente que la energía puede ser dirigida y acumulada con el poder de la mente.

Los ejercicios son algunas técnicas comunes en yoga y chi-kung, además de las variantes de los conocidos «ejercicios tibetanos para conservar la salud».

Los movimientos de flexión y de reunión de extremidades distienden y relajan los meridianos, produciendo el efecto de introducir la energía en nuestro organismo.

Los movimientos de extensión tensan los meridianos, centrifugando, expulsando y apartando la energía del cuerpo.

Todas las articulaciones son puntos energéticos notables en las que se concentra principalmente la energía.

Por ello, en nuestra sesión de ejercicios energéticos debemos realizar una combinación de flexiones, extensiones y posturas estáticas para conseguir un masaje integral de todos los meridianos y de los órganos internos que facilite a la vez la carga de energía nueva, la descarga de la energía contaminada y gastada y la liberación de los bloqueos energéticos.

Los movimientos energéticos se deben realizar lentamente y combinarlos con la respiración silenciosa.

La respiración controlada, lenta y silenciosa nos permite saborear la consciencia de los movimientos energéticos en nuestro organismo. Con ella percibimos claramente dos de las principales fuerzas que mueven la energía; en primer lugar, la entrada y la absorción de energía en nuestro cuerpo con la inspiración (prana), y en segundo lugar, la eliminación de los residuos energéticos con la espiración (apana).

Prana y apana son interdependientes y complementarias. Prana está localizada entre la garganta y el diafragma y se mueve hacia arriba, mientras que apana opera en la zona pélvica entre el ombligo y el perineo moviéndose hacia abajo. Son fuerzas complementarias que podemos manipular consciente y voluntariamente con técnicas respiratorias, como la retención del aliento (kumbhaka), la regulación del ritmo respiratorio (Pranayama) y las llaves energéticas o bandhas, y también con las visualizaciones, ya que la energía sigue a la mente.

Con estas técnicas energéticas conseguiremos llevar la energía a la zona del ombligo (quinto chakra, tan-tien o hara), que es el depósito de energía de nuestros cuerpos físicos y sutiles.

Continuamente estamos sometidos a un carrusel de estímulos de todo tipo que no cesa y, como consecuencia de ello, nuestros cuerpos experimentan una tensión continua y nuestra mente siempre está en actividad sin tener un momento de reposo.

Estas continuas tensiones físicas, mentales y emocionales se van acumulando, saturando nuestra capacidad de aguante y acaban produciéndonos estrés y bloqueos energéticos que desembocan en la enfermedad como resultado del debilitamiento de nuestros órganos internos y de nuestro sistema inmunitario a causa de las tensiones soportadas por los incesantes estímulos externos.

Por ello, necesitamos relajarnos y cesar la actividad tanto física como mental para recu-

perar la armonía de nuestros sistemas y nuestra tranquilidad original.

El ejercicio físico aeróbico (correr, nadar, ciclismo, etcétera) desarrolla nuestro sistema cardiovascular y pulmonar y el ejercicio anaeróbico fortalece los músculos, los tendones y refuerza el esqueleto, pero no actúa con profundidad en nuestro sistema mental y emocional, ya que su acción sobre la parte no física se limita a inducir en nuestra mente un estado de relajación y bienestar que percibimos después de realizar los ejercicios físicos, debido a la segregación de endorfinas, pero este estado placentero dura un determinado período de tiempo y después la tensión vuelve a afectarnos.

Por ello hay que combinarlos con ejercicios que actúen también sobre nuestra mente y nuestro espíritu, como el yoga, el Chi-Kung, el Tai-Chi y las artes marciales, y con otras técnicas que actúan exclusivamente sobre la parte mental, como la meditación y la oración.

PRINCIPALES EJERCICIOS ENERGÉTICOS

1. La postura de abrazar el árbol: explicada en Reiki Dos, es la más sencilla, efectiva y potente postura de captación, acumulación y circulación energética, favoreciendo también nuestro crecimiento interno, ya que aunque permanezcas inmóvil estás aumentando en tu interior.

En Reiki Tres la combinamos con la posición Hui Yin, y con la lengua en contacto con el paladar para cerrar el circuito energético principal del du-mai y el ren-mai.

También la combinamos con la respiración completa (abdominal-pulmonar-clavicular) y con la órbita microcósmica, visualizando el tantien, como una bola roja y caliente, manteniendo esta postura durante 15 minutos como mínimo.

Es un ejercicio que en vez de consumir energía la genera, ya que captamos el Ki terrestre y el Ki celeste, convirtiéndolos en Energía Vital y la acumulamos en nuestro organismo.

2. La posición Hui Yin con retención del aliento: incrementa el flujo sanguíneo en el área perineal de la base de la columna acumulándose la energía o Ki en esa área y excitando la actividad del primer chakra; a la vez concentra y dirige la energía hacia arriba por la columna vertebral (nadi sushumna o vaso gobernador).

Al combinarla con la retención voluntaria del aliento con los pulmones llenos tiene lugar una gran acumulación de Ki o Energía Universal, que una vez asimilada por los chakras se convierte en nuestra Energía Vital individual.

A la vez, también se mezclan las dos corrientes energéticas de la inspiración y de la espiración (prana y apana), originándose con estas fusiones un incremento de nuestro nivel energético que hace aumentar la actividad de todos los chakras y que potencia nuestra capacidad de transmitir el Ki, mejorando nuestro Reiki.

A un nivel más profundo, durante la retención del aliento la energía es conducida y acumulada en el vaso gobernador o du-mai y comienza a excitar a la concentración de energía que permanece dormida alrededor de Hui Yin, denominada energía kundalini, que, con la suficiente práctica dirigida a activarla (ejercicios de kundalini yoga), empieza a despertar y a ascender por el sushumna a través de los chakras en su camino hacia el primer chakra (Sahasrara o punto Bai Hui), donde se produce la unión definitiva de la Conciencia Individual con la Conciencia Universal y con el Yo Superior.

3. El cierre de la lengua: ya conocemos y dominamos la postura de la lengua contra el paladar. Ahora avanzamos un poco más doblando la lengua hacia atrás todo lo que podamos de forma que la parte inferior quede en contacto con el paladar y la punta lo más cerca posible de la faringe.

Esta posición activa los chakras superiores quinto, sexto y séptimo, y estimula las glándulas pituitaria y pineal.

4. Posición PIC (pulgar, índice, corazón). Colocamos los dedos pulgar, índice y corazón juntos.

Es un postura de recarga energética que se utiliza para introducir energía en el chakra del corazón: colocamos nuestras dos manos en esta posición encima de la glándula timo y visualizamos cómo penetra un flujo de luz blanca a través de él.

LA GRAN LLAVE

Es una combinación de tres posiciones que en yoga se denominan bandhas, que quieren decir llaves o cierres, porque producen el efecto de cerrar el paso al flujo energético a determinados sectores de nuestro organismo, dirigiendo la energía hacia la columna vertebral para acumularla en el nadi sushumna al que están unidos todos los chakras. Esta concentración de Ki en el canal energético principal activa todos los chakras y limpia sushumna de bloqueos energéticos y nudos de energía negativa, preparando el camino para el ascenso de la energía kundalini.

Las llaves consisten en realizar una contracción mantenida de un área concreta de nuestro cuerpo que aumenta la circulación sanguínea en esa zona y afecta a las glándulas endocrinas.

Se realiza sentado en la posición del loto o bien en una silla con el respaldo recto; también se puede realizar de pie o tumbado. Lo esencial es que la columna vertebral esté completamente recta.

Las llaves pueden realizarse separadamente o combinarlas en una para producir el máximo efecto energético.

La Gran Llave consiste en la realización simultánea de las tres llaves, la cual en yoga se denomina bandhatraya o mahabandha.

Para efectuarla se combinan a la vez estas tres llaves o bandhas:

1. *La posición Hui Yin o Mulabandha.*
2. *La llave de la garganta o Jalandhara Bandha.*
3. *La llave del diafragma o Uddiyana Bandha.*

1. La posición Hui Yin o Mulabandha: se contrae la zona del primer chakra (Mulabandha), que comprende el esfínter anal, los órganos sexuales y todos los músculos de la pelvis, empujando hacia arriba y hacia adentro el bajo vientre.

Esta llave se realiza mientras inspiramos, retenemos el aliento con los pulmones llenos hasta que nos resulte incómodo, manteniendo la posición; después espiramos y relajamos.

Repertirlo quince veces.

Mulabandha actúa sobre el primer y el segundo chakras, liberando los bloqueos en ellos, facilita la circulación energética en toda la zona pelviana y conduce la energía hacia la cavidad abdominal y hacia los chakras superiores.

Despierta y excita a la energía kundalini, que permanece latente en el primer chakra abriéndole el camino hacia la cabeza.

Igualmente, produce efectos en el control de la eyaculación y ayuda a la transmutación de la energía sexual en energía mental y espiritual.

Físicamente activa la circulación sanguínea en la zona pélvica, facilitando los movimientos intestinales, especialmente en el colon.

2. *La llave de la garganta o Jalandhara bandha*: se realiza cerrando la glotis con un movimiento como si fueras a tragar, a la vez que contraes los músculos del cuello tirando de los hombros hacia arriba e inclinando la cabeza hacia adelante hasta apoyar el mentón contra el esternón y manteniendo las cervicales bien estiradas.

El cierre de la garganta debe realizarse siempre conjuntamente con la retención del aliento con los pulmones llenos porque impide que la presión causada por la retención ascienda a la cabeza y pueda afectar al cerebro.

Al retener el aliento con los pulmones llenos aumenta la tensión arterial, lo que podría provocar un aumento del ritmo cardiaco, pero esta llave presiona sobre los nervios de los senos carótidas que por vía refleja ajustan el ritmo cardiaco.

Al presionar sobre las fibras nerviosas de la zona del cuello y alas arterias carótidas se regula el flujo sanguíneo hacia el cerebro y se produce una disminución de la frecuencia de las ondas cerebrales, facilitando la entrada en el estado alfa situado entre ocho y doce ciclos por segundo.

También afecta a la glándula tiroides facilitando su funcionamiento.

Activa el quinto chakra de la garganta, disolviendo los bloqueos de esta zona y abriendo el camino a la energía ascendente hacia los chakras sexto y séptimo, lo cual afecta indirec-

tamente a las glándulas pituitaria y pineal.

Se puede realizar aisladamente o en combinación con mulabandha mientras retenemos el aliento con los pulmones llenos.

3. *La llave del diafragma o Uddiyana bandha*: esta llave se practica reteniendo el aliento con los pulmones vacíos.

Se puede realizar de pie con las rodillas flexionadas con las manos apoyadas en los muslos o sentado en la posición del loto, apoyando las manos en las rodillas.

Se espira totalmente y se eleva el diafragma al máximo hacia atrás y hacia arriba realizando una falsa inspiración.

Esta llave aumenta la circulación sanguínea en la cavidad abdominal y proporciona un masaje y amasado de las vísceras abdominales, hígado, riñones, páncreas, bazo, estómago e intestinos.

Actúa sobre el tercer y cuarto chakras, disolviendo los bloqueos en ellos e impulsando la energía hacia arriba.

Para realizar la Gran llave combinando los tres cierres espiramos totalmente, retenemos el aliento con los pulmones vacíos y realizamos las llaves: primero la de la garganta, después la del diafragma y por último la de la raíz, mientras llevamos la atención al primer chakra, al tercero y al quinto. Cuando sea incómoda la retención, deshacemos las llaves en sentido contrario e inspiramos lentamente comenzando un nuevo ciclo.

Puedes hacer entre cinco y diez vueltas.

ALGUNAS TÉCNICAS DE RESPIRACIÓN ENERGÉTICA

Los motivos para respirar por la nariz: realizamos de 15 a 18 respiraciones por minuto y en cada una de ellas inspiramos aproximadamente de un litro a un litro y medio de aire, lo que hace un total de unos 20.000 litros de aire inspirados en un día.

Tanto la inspiración como la espiración deben realizarse por la nariz porque en ella el aire se limpia, se calienta, se humedece y se prepara para entrar en condiciones óptimas en los pulmones y al espirar el aire caliente que sale le cede parte de su calor para volver a precalentar el aire que entra en la siguiente inspiración.

También en las fosas nasales se frena la velocidad de entrada del aire, con lo que éste tiene más contacto con las pequeñas zonas de las fosas nasales encargadas de la primera absorción del Ki del aire, aprovechando así mejor el oxígeno y el Ki del aire.

Podemos aumentar este efecto frenando conscientemente la velocidad de entrada del aire durante la inspiración y durante la espiración.

Al frenar conscientemente la velocidad de salida del aire también reducimos a más de la mitad la longitud del aliento en la espiración (que normalmente es de unos veinte centímetros) y con esto relajamos la mente entrando más fácilmente en estado alfa.

La respiración lenta y silenciosa favorece el funcionamiento de las glándulas pituitaria y pineal estimulando los chakras superiores quinto, sexto y séptimo.

Nos podemos ayudar para la respiración lenta, visualizando que respiramos el aroma de una flor o el aire limpio y fresco del mar o el aire puro de una montaña.

La limpieza de las fosas nasales: para un paso fluido del aire es básico que las fosas nasales estén despejadas y limpias; para ello, realizaremos una técnica de yoga denominada neti: en una taza pondremos un poco de agua tibia con una pizca de sal, y, colocándola debajo de las fosas nasales con la boca cerrada y un orificio de la nariz cerrado, inspiramos suavemente por el otro hasta que el agua penetre por la nariz y salga por la boca.

Seguidamente, lo repetimos con el otro orificio nasal.

También se puede realizar con «la lota», que es un recipiente parecido a una tetera especialmente construido para esta limpieza cuyo extremo introducimos por una fosa nasal hasta que el agua salga por la otra.

Para expulsar el líquido nos inclinamos hacia delante y espiramos con fuerza por la nariz.

Luego lo repetimos inclinándonos a ambos lados.

La respiración completa: normalmente, sólo utilizamos un tercio de nuestra capacidad pulmonar, mientras los dos tercios restantes de los alvéolos pulmonares permanecen inactivos por falta de uso.

Comenzaremos inspirando lentamente hacia el abdomen, comprobando cómo se expande; después pasamos a la zona pectoral y finalmente llenamos de aire las clavículas, efectuando la espiración la en el mismo orden.

Con la respiración completa, el diafragma recupera su movilidad, y al expandirse, actúa como una bomba de membrana que excita a un mayor número de alvéolos pulmonares dormidos.

El oxígeno y el Ki llegan a todos los rincones de nuestros pulmones, regenerando los alvéolos pasivos y aumentando nuestra capacidad pulmonar: si la capacidad pulmonar en una persona que respira superficialmente con el pecho es de unos 1.500 c.c., con la respiración completa la aumentamos hasta unos 3.000 c.c.

El intercambio de oxígeno y dióxido de carbono es más efectivo y más denso, y absorbemos mayor cantidad de energía o Ki, la cual acumulamos en el tan-tien con las técnicas energéticas apropiadas, lo que mejorará nuestro Reiki.

Con la respiración completa también mejoramos la circulación sanguínea, al ponerse en servicio un mayor número de capilares que antes permanecían inactivos y que ahora transportan más energía y nutrientes a un mayor número de células de nuestro cuerpo.

Si una persona normal respira entre unas quince veces por minuto, con la respiración completa lo hacemos unas cinco veces por minuto, lo que favorece la tranquilidad y la relajación.

Nuestro sistema de eliminación también se ve activado, ya que al ser nuestras espiraciones más profundas, con cada una de ellas eliminamos cada vez mayor número de células muertas, tóxicos y productos de desecho.

La respiración completa la realizamos en tres fases:

1.ª *Respiración abdominal*. Comenzamos inspirando hacia el abdomen de forma que el diafragma desciende y de esta forma los pulmones se expanden más y aumentan su capacidad.

2.ª *Respiración pectoral*. Sin detenernos en la inspiración concentramos nuestra atención en la zona pectoral, separando las costillas y expandiendo la cavidad torácica, el aire penetrará en la zona media de los pulmones.

3.ª *Respiración clavicular*. Finalmente, pasamos nuestra atención a la zona de las clavículas y las levantamos conscientemente coincidiendo con el final de la inspiración para llenar la parte alta de los pulmones.

La espiración la realizamos en el mismo orden: comenzamos vaciando la zona clavicular, luego la pectoral y por último la abdominal, asegurándonos de que expulsamos todo el aire de los pulmones.

El equilibrio yin y yang de la respiración. Para mejorar nuestro Reiki en los ejercicios energéticos es importante mantener el equilibrio yin y yang con la respiración: como norma general, la inspiración y la espiración deben estar equilibradas, la inspiración dirige el Ki hacia el interior del cuerpo y la espiración lo lleva hacia el exterior, músculos, tendones y piel.

Si estás excitado, predomina el yang y la espiración predomina sobre la inspiración para dirigir el Ki a la piel y dispersar el exceso en el aire a través de los poros.

Cuando estás triste predomina el yin y la inspiración prevalecerá sobre la espiración para dirigir el Ki al interior.

La espiración lenta y consciente dirige el Ki a los puntos Lao-gong de las palmas de las manos y a los puntos Yong-quan de las plantas de los pies, volviendo el cuerpo más yang, mientras que la inspiración dirige el Ki al interior del organismo, a los órganos internos y a la médula, volviendo al cuerpo más yin.

La respiración la controlamos con la mente y a la inversa con la respiración controlamos la mente; por ello, mente y respiración son interdependientes, debiendo trabajar en coordinación sin poderse separar.

La respiración abdominal energética: Consiste en inspirar con el abdomen, concentrando la mente en el tan-tien.

En la inspiración se contraerán el Hui Yin y el ano, relajándolos durante la espiración.

Calentamiento con kapalabhati: Es una técnica de Pranayama yoga que significa limpieza del cráneo.

Se utiliza para calentar el diafragma y para energetizar todo nuestro organismo.

En la respiración normal la inspiración es activa y la espiración pasiva, pero en este ejercicio este orden se invierte: contraemos bruscamente el diafragma y los músculos abdominales cuando espiramos empujando al aire hacia afuera (convirtiéndose la espiración en la fase activa de la respiración) y relajándolos cuando inspiramos (transformándose la inspiración en la fase pasiva de la respiración).

Las espiraciones y las inspiraciones se realizan rápidamente y se debe producir un ruido característico durante la espiración.

Lo realizamos en tres series de unas 50 veces por minuto.

Kapalabhati expulsa todo el aire residual y contaminado de los pulmones y se depura y oxigena la sangre, con lo que se facilita el transporte del Ki.

El movimiento vigoroso y continuo del diafragma produce una activación de la circulación sanguínea y el oxígeno es transportado en poco tiempo a todos nuestros órganos y nuestras células, las cuales se llenan de Ki.

También se proporciona un masaje vibratorio a todos los órganos y tejidos y especialmente al cerebro, que se hiperoxigena activándose todas sus neuronas.

Si lo realizamos asiduamente como preparación de nuestras sesiones Reiki conseguiremos más claridad mental y mejoraremos nuestra capacidad para contactar con el mundo espiritual y para transmitir la Energía Universal.

La respiración inversa: al inspirar, contraer el abdomen y al espirar dilatarlo. Para aprenderla, presionar el abdomen con la mano derecha a la vez que inspiramos y expandirlo al espirar.

Contraer el Hui Yin en la inspiración y relajarlo en la espiración.

La respiración mental: debemos conseguir

fusionarnos con nuestra mente al respirar de forma que mente y respiración se hagan de la misma esencia.

La respiración de la piel: el primer paso es visualizar cómo respiramos simultáneamente y con sincronización por el Bai Hui, por los puntos Lao-gong de las palmas de las manos y los puntos Yong-quan de las plantas de los pies.

Después visualizo cómo respiro absorbiendo el Ki por cada poro de mi piel; al inspirar dirijo el aire y la energía hacia la piel, los huesos, los músculos y los tendones y al espirar la llevo a los órganos internos y a la médula.

La reducción de la longitud del aliento: nuestras inspiraciones y espiraciones las debemos realizar en silencio y lentamente, controlando siempre la entrada y la salida del aire y sintiendo su contacto suavemente con las aletas de la nariz.

La respiración alternativa: el nadi Ida comienza en el conducto nasal izquierdo y es refrescante, tranquilizador y frío.

El nadi Pingala comienza en el conducto derecho y es energetizante y caliente.

Por ello, la respiración alternativa por cada fosa nasal produce unos efectos determinados.

Durante el día los conductos izquierdo y derecho se obstruyen alternativamente en función del equilibrio general del organismo y de las órdenes del hígado (este proceso se denomina rinitis pendular).

Para destapar los orificios nasales cuando uno de ellos se encuentra obstruido hay varios métodos:

Comprimir la axila contraria con el respaldo de una silla o con la mano contraria.

Recostarse sobre el lado contrario.

Apretar un punto concreto de la nuca cerca de la base del cráneo.

Con la respiración alternativa o Nadi Sodhana se equilibra la corriente de aire por las dos fosas nasales y los diferentes efectos que se producen en nuestro organismo, nivelándose los dos hemisferios cerebrales izquierdo y derecho, y se purifica toda la red de meridianos y nadis.

Para realizarla tapamos con el pulgar de la mano derecha el orificio derecho e inspiramos por la fosa izquierda; tapamos con el dedo índice o corazón la fosa izquierda y espiramos por la fosa derecha y volvemos a inspirar por la fosa derecha; tapamos la fosa derecha y comenzamos de nuevo.

Realizamos de 20 a 30 repeticiones.

La respiración con el «YO SOY»: al inspirar, repetir mentalmente el mantra Yoooo…, y al espirar, repetir mentalmente el mantra Soyyyy…

Al realizarlos juntos quieron decir Yo Soy Él, y simbolizan la identificación de nuestra individualidad con el Todo o la Unicidad del universo.

La antigua ley del Uno dice que todos estamos formados de la misma sustancia, que es la energía de la conciencia pura del Creador.

Formamos parte de «Todo lo que es», que es la energía de Dios.

(En yoga se utilizan los mantras «So» al inspirar y «Ham» al espirar».)

La respiración circular: es una técnica consistente en respirar sin realizar pausas entre inspiración y espiración.

Para empezar, podemos realizar 20 respiraciones distribuidas de esta forma: 4 series de 4 o 5 respiraciones seguidas y rápidas, y después de cada serie, sin detenernos, realizar una inspiración y una espiración más lenta, más intensa y profunda.

CAPÍTULO 54

El automasaje

La tensión a la que continuamente estamos sometidos hace que se ralentice o se estanque la circulación del Ki y de la sangre, y de mantenerse esta situación, puede producirnos trastornos energéticos y físicos en nuestro organismo.

El automasaje es una técnica para incrementar la circulación de la sangre y de la energía o Ki en tus cuerpos físico y sutil, tranquilizando la mente y relajando el cuerpo físico.

Con la fatiga diaria se van acumulando ácido láctico y toxinas en nuestros músculos y órganos, bloqueando el libre flujo de la energía; el automasaje es una práctica que nos ayuda a eliminar los desechos acumulados en nuestros tejidos.

El origen de nuestros estados de decaimiento, bajo tono vital y muchas dolencias y enfermedades es una deficiente circulación de energía en el tejido conjuntivo porque tiene una estructura molecular cristalina con propiedades bioeléctricas que conecta entre sí a todas las células del organismo y cubre todos los órganos, músculos y huesos; para su buen funcionamiento debe conservarse húmedo, elástico, activo y energetizado.

En cualquier sistema, con el estancamiento y la inmovilidad comienzan la cesación de funciones, la degeneración y la putrefacción, circunstancias que se atenúan con el automasaje porque pone en circulación los líquidos, humores y fluidos materiales e inmateriales que transportan la energía por nuestros cuerpos físicos y sutiles: la sangre y la linfa que reparten la energía a los órganos y sistemas de nuestro cuerpo físico y las corrientes energéticas que lo hacen a través de los meridianos y nadis, de forma que las células son movidas, energetizadas y lavadas por estos fluidos en movimiento a través del automasaje.

Practicándolo con frecuencia, conjuntamente con el autotratamiento Reiki, constituyen una autoterapia preventiva de las dolencias y enfermedades contribuyendo a retrasar el envejecimiento del organismo al mantener una fluida circulación sanguínea y energética en nuestro cuerpo.

Con la práctica del automasaje adquirimos una especial sensibilidad hacia la percepción del Ki en nuestro cuerpo, pudiendo anticipar futuros problemas detectando con anterioridad las alteraciones energéticas en nuestro organismo.

PRÁCTICA DEL AUTOMASAJE

Lo podemos practicar a cualquier hora y en cualquier postura, aunque resulta más efectivo si lo combinamos con la meditación y la consciencia plena de lo que estamos haciendo.

Comenzamos sentados en la posición de meditación con las manos en la zona del hara descansando la izquierda sobre la derecha,

Realizamos unas respiraciones abdominales centrando nuestra atención en el tan-tien.

Adoptamos la posición Hui Yin y ponemos la lengua en contacto con el paladar; al realizar unas órbitas microcósmicas notamos cómo con cada inspiración la energía asciende por el du-mai desde el Hui Yin hasta la cabeza y al espirar, desciende por el ren-mai, de nuevo hasta el Hui Yin, donde comienza a ascender con la siguiente inspiración. Al principio notaremos cómo recorre el circuito un punto y cuando lo percibamos claramente se transformará en una bola energética de luz, que nos produce un cosquilleo al circular. Debemos sentir claramente dónde está en cada momento.

1. Apertura de los chakras de las manos: para abrir los puntos Lao-gong de las manos, las colocamos una hacia abajo y otra hacia arriba y las abrimos y cerramos veinte veces. Luego cambiamos y lo repetimos otras veinte veces. Ahora sentimos claramente la energía en nuestras palmas.

Para facilitar la circulación del Ki también podemos frotar las manos por ambas caras hasta que se calienten.

2. Cabello: comenzamos masajeando el cuero cabelludo con los dedos de ambas manos en todas las direcciones. Movemos la piel alrededor del cráneo y acabamos con sucesivas pasadas hacia atrás.

3. Frente: frotamos las manos y masajeamos alternativamente la frente de izquierda a derecha diez veces y de derecha a izquierda otras diez veces.

4. Sienes: con los dedos corazón e índice masajeamos las sienes en el sentido de las agujas del reloj unas veinte veces.

5. Ojos: frotamos con las manos, colocando el dedo corazón de cada mano encima del ojo correspondiente y el anular debajo, el índice encima de las cejas y el meñique en la bolsa de los ojos, masajeando horizontalmente quince veces desde los lados hacia el centro, juntando los dedos en el entrecejo. Ahora presionamos diez veces en los puntos siguientes: las cejas en sus extremos y en su punto medio, los ojos en los extremos, en el centro y debajo.

6. *Orejas:* frotamos las manos y masajeamos con los dedos juntos cada oreja, primero de delante hacia atrás diez veces, después de arriba a abajo otras diez veces y finalmente, con los dedos índice y pulgar, frotamos circularmente los lóbulos de ambas orejas. Presionamos los puntos situados detrás y debajo de las orejas diez veces.

7. *Nuca:* colocamos las manos abiertas detrás de la cabeza y con ambos pulgares localizamos los dos puntos de la tranquilidad y los masajeamos primero circularmente y después veinte veces, presionándolos. Ahora tapamos ambas orejas y, apoyando el dedo índice de cada mano encima del dedo corazón, percutimos treinta veces en estos puntos con los dedos índices, sintiendo cómo resuenan los golpes dentro de nuestra cabeza.

8. *Nariz:* frotamos las manos, las colocamos abiertas con los índices y los pulgares juntos y masajeamos los lados y el puente de la nariz de arriba abajo y de abajo a arriba veinte veces. Después presionamos diez veces los puntos a los lados de la nariz.

9. *Boca:* con las manos abiertas y una encima de la otra con el dedo índice de la mano derecha masajeamos horizontalmente el labio superior y con el dedo índice de la mano izquierda el labio inferior. Presionamos el punto situado encima y debajo de los labios diez veces. Movemos la lengua dentro de la boca treinta veces, masajeando las encías; esto provocará una gran secreción de saliva; nos enjuagamos con ella, adoptamos la posición Hui Yin, colocamos la lengua en contacto con el paladar, retenemos la respiración, bajamos el mentón y

tragamos la saliva en tres veces siguiéndola en su recorrido hasta el estómago. La saliva es un fluido que concentra mucha energía, y si realizamos el automasaje después de los ejercicios energéticos percibiremos claramente cómo está cargada de Ki, produciendo calor al tragarla y concentrándose la energía en el tan-tien. Poco a poco, la saliva se irá haciendo más dulce y más agradable de tragar convirtiéndose en un precioso alimento energético.

10. *Cuello:* masajeamos el cuello igual que la frente y después de arriba hacia abajo

11. *Hombros y pecho:* frotamos las manos, las colocamos cruzadas sobre el pecho y masajeamos desde los hombros hasta debajo de los pectorales.

12. *Timo:* con los dedos índice, corazón y pulgar juntos percutimos veinte veces el timo.

13. *Costados:* con los puños cerrados colocamos las manos cruzadas una en el costado y la otra el pectoral y damos diez golpes suaves con las dos manos a la vez; después cambiamos de costado y repetimos.

14. *Riñones:* frotamos las manos y con los puños cerrados masajeamos circularmente con los pulgares en la zona de los riñones veinte veces. Después presionamos diez veces en el punto central entre los riñones.

15. *Estómago:* percutimos veinte veces en toda la zona abdominal con los puños cerrados.

16. *Brazos:* con la mano izquierda masajeamos el brazo derecho, primero desde el pulgar hacia el hombro subiendo por la parte exterior y bajando por la interior hasta el dedo meñique diez veces. Luego lo hacemos sobre el otro brazo.

17. *Piernas:* masajeamos con las manos abiertas, bajando por detrás, desde las nalgas hasta los talones y subiendo por el interior de las piernas.

Para finalizar, visualizamos cómo la energía generada la concentramos en el tan-tien como una esfera de un fuerte color dorado.

Automasaje energético

1. Abrir Lao-gong

2. Cabello

3. Frente

4. Sienes

5. Ojos

6a. Orejas

6b. Orejas

7a. Nuca

7b. Nuca

8. Nariz

9. Boca

10. Cuello

11. Hombros y pecho

12. Timo

13. Costados

14. Riñones

15. Estómago

16. Brazos

17. Piernas

CAPÍTULO 55

La sonrisa interior

Las emociones negativas, como el mal humor, la ira, el miedo, el rencor, la preocupación, la tristeza, la depresión, son manifestaciones de bloqueos energéticos o de energías impuras y de bajo nivel en determinados órganos, los cuales originan un desequilibrio energético, disminuyendo el nivel del Ki, y que si persisten, darán lugar a la aparición del estrés y finalmente de la enfermedad.

Si disponemos de la suficiente energía en nuestro sistema podremos usarla para abrir los bloqueos y liberar la circulación del Ki, de forma que todos los órganos afectados reciban más fuerza vital y expulsen la energía negativa.

La sonrisa tiene el poder de transmitir amor y energía positiva hacia quien va dirigida, ya que una sonrisa siempre es un signo de amor y de fraternidad universalmente aceptado.

Al sonreír transmitimos energía amorosa y curativa, y el que la recibe se siente acogido y reconfortado por ella.

La sonrisa influye en la glándula timo, que es la reguladora de la energía en nuestro organismo: el timo produce unas células específicas, cuya misión es aislar y destruir las células anormales, y si la actividad del timo es baja, estas células anormales se multiplicarán, pudiendo llegar a desarrollar un tumor. Por ello, mantener el timo estimulado y energéticamente activo contribuye a prevenir la formación de tumores.

La autosonrisa o sonrisa interna dirigida a uno mismo es un poderoso aliado de la autoterapia Reiki y del automasaje, ya que con ella transmitimos amor a nuestro Yo Interior y a nuestros cuerpos físicos y energéticos.

Sonreírte a ti mismo aceptándote como eres y queriéndote por ello es como estar permanentemente debajo de una cascada de amor que sientes fluir placenteramente sobre todo tu ser.

En nuestro quehacer diario estamos sometidos continuamente a situaciones y circunstancias indeseables que producen estrés en nuestro cuerpo, en nuestra mente y en nuestro espíritu: las tensiones de la vida moderna, el continuo bombardeo de malas noticias, el exceso de trabajo, el hábito de fumar, canceroso para ti e irrespetuoso con los demás, la falta de contacto humano, las preocupaciones, la contaminación del humo, los tóxicos alimenticios que constantemente ingerimos, como café, alcohol, dulces, conservantes, colorantes; la prisa, la ansiedad, la falta de reposo, los autorreproches y los reproches de los demás, que interpretamos como cuestiones personales; los excesos con las comidas, y especialmente la negación del amor a nosotros mismos y al prójimo, se van acumulando en nuestro ser; mientras que el cuerpo y el espíritu disponen de salud y energía suficientes para asimilarlos, no llegamos a percibir claramente sus efectos demoledores, pero llega un momento en que no puede más, y nos lo hace saber en forma de dolencia o enfermedad, resultado de años de estrés acumulado y de esos pequeños abusos a los que no dábamos importancia.

Los bloqueos energéticos producidos por estas causas nos impiden disfrutar del mundo exterior, mientras que la serenidad, la relajación, la paz, el descanso, la alegría y principalmente el amor por todo nos abren a la comunión con el universo.

La sonrisa interior comunica a nuestro cuerpo físico, a nuestra mente y a nuestro espíritu la serenidad, la alegría, la paz y el amor del Creador, que interiorizamos a través de este simple gesto cargado de energía curativa.

MEDITACIÓN DE LA SONRISA INTERIOR

Para practicar la sonrisa interior, si no nos surge de forma espontánea, comenzaremos forzando un sutil gesto de sonrisa en nuestras meditaciones y oraciones, ampliándolo posteriormente a todas las actividades de nuestra existencia.

Visualizamos mentalmente todas las partes y órganos de nuestro cuerpo sonriéndoles una por una:

Primero sonreímos a nuestros *ojos* y con ellos a toda nuestra *cabeza,* cabello, nariz, orejas, boca, lengua, dientes, piel, cerebro, cuello; en segundo lugar sonreímos al *tronco,* corazón, pulmones, estómago, hígado, riñones, intestinos, etcétera, y en tercer lugar sonreímos a nuestras *extremidades,* brazos, manos, dedos, piernas y pies y por último sonreímos a nuestras *glándulas internas,* pituitaria y pineal en la cabeza, tiroides y paratiroides en la garganta, el timo en el pecho, las suprarrenales en los riñones y finalmente las gónadas o glándulas sexuales. Hablamos con todas ellas, dándoles mentalmente las gracias por la labor que realizan y animándolas a seguir trabajando en armonía y sincronicidad.

Nos detenemos especialmente en el *corazón,* que es el órgano de la alegría, dándole las gracias por dispersar la energía amorosa de la sonrisa por todo el sistema circulatorio.

Centramos ahora nuestra atención en la *boca* y movemos la lengua en todas las direcciones dentro de ella para producir saliva, que es un fluido transmisor del Ki.

Cuando la boca se llene de saliva realizaremos unos enjuagues con ella y después adoptaremos la posición Hui Yin, contrayendo el ano, colocando la lengua al final del velo del paladar; simultáneamente, hacemos la llave de la garganta, bajando el mentón contra el pecho y manteniendo la respiración, y tragamos la saliva acumulada en tres veces sintiendo cómo desciende la saliva cargada con la energía de la sonrisa hacia nuestro estómago y se concentra en el tan-tien.

Finalizaremos colocando las manos encima del timo y transmitiéndole energía Reiki acompañada de nuestra sonrisa interior, visualizándolo como una flor que abre sus pétalos a medida que recibe nuestro amor.

CAPÍTULO 56

El Reiki para retrasar el envejecimiento

Según vamos cumpliendo años, el nivel de energía en nuestro cuerpo va descendiendo, la respiración se hace más lenta, la capacidad pulmonar desciende y se dirige menos Ki a la piel y la médula.

La energía se empieza a estancar en determinadas zonas del cuerpo y la piel se arruga, el esqueleto se encoge y el cabello se vuelve gris y se cae.

Las rutas de energía del organismo se van bloqueando progresivamente debido a la tensión y a la falta de ejercicio.

También se producen menos glóbulos rojos y de menor calidad que tienen menos capacidad de transmitir el oxígeno, la energía y los nutrientes al resto del organismo; como consecuencia de ello, comenzamos a envejecer y a enfermar con más frecuencia.

Con los ejercicios energéticos y el Reiki podemos deshacer los bloqueos y mantener las rutas energéticas abiertas a la circulación fluida del Ki, con lo cual conseguiremos tener revitalizados y activos nuestras glándulas y órganos internos.

Estimularemos la glándula timo y el cóccix.

Llenaremos de Ki el vaso gobernador y el vaso de la concepción.

CAPÍTULO 57

Los cristales en Reiki Tres

Si en Reiki Dos realizamos una introducción al uso de los cristales, en el grado tercero vamos a profundizar un poco más en la utilización de los mismos en Reiki.

Vamos a aprender a limpiarlos, a cargarlos, a programarlos, a realizar parrillas de cristales, a su uso en meditación y en la sesión Reiki y sus usos alternativos.

En Reiki Dos (véase capítulo 33) ya vimos qué son estructuras capaces de acumular la energía Reiki, cómo se limpian, se cargan y se programan; también cómo se utilizan en las sesiones de terapia y para la sanación a distancia.

En Reiki Tres vamos a aprender a utilizarlos en forma de parrilla, que puede ser usada con fines terapéuticos o para reforzar la corriente energética de manifestación y también para la meditación.

LA PARRILLA DE CRISTALES

La parrilla de cristales es una formación geométrica realizada con varios cristales que, debido a su ordenación peculiar, forma una estruc-

tura energética única con propiedades superiores a las del conjunto, las cuales pueden ser utilizadas para la sanación y para otros fines, como el perfeccionamiento consciente, la meditación o la consecución de objetivos y metas.

Para realizar una parrilla debes preparar una base o un soporte para colocar los cristales; yo lo hago en una bandeja de madera natural de 40 centímetros de lado con unos listones en los bordes para poder moverla sin peligro de que los cristales se caigan.

La colocación de los cristales depende del número que dispongas y de tus preferencias, pero lo normal es colocar en el centro una esfera que recibe y emite uniformemente la energía desde todos los ángulos o también una pirámide. En cada esquina se colocan las puntas siguiendo las diagonales del cuadrado y si tienes más cristales puedes colocarlos en el centro de cada lado orientados todos ellos hacia el cristal central.

Para cargar la parrilla debes cargar primero cada cristal individualmente acogiéndolo entre tus manos y canalizándole energía Reiki durante el tiempo que creas necesario.

También puedes realizar una sintonía Reiki para cada cristal de forma individual.

Después se colocan en la parrilla en la forma elegida, se toma tu cristal maestro con la mano derecha y se carga de la misma manera.

Ahora vas trazando líneas entre cada cristal y el central como si fueran porciones de tarta en el sentido de las agujas del reloj, visualizando cómo vas coordinado la potencia energética de cada cristal mientras la energía Reiki va penetrando por tu chakra corona y, atravesando el chakra cardiaco, sale por los puntos Laogong de las manos a través del cristal maestro y penetra y activa cada uno de los cristales, concentrándose finalmente en el cristal central a cuyo alrededor se va generando una esfera de cálida energía dorada.

A la vez vas repitiendo mentalmente un mantra o alguna oración apropiada como: «Yo, con la ayuda de mis guías, cargo esta parrilla con energía, luz y amor, y os invoco para que proyectéis vuestra energía de amor divino hacia ella y con vuestra sabiduría intemporal me ayudéis a cargar con Reiki esta parrilla para la sanación de...» [«o para conseguir mis metas u *objetivos siempre que éstos sean posible dentro del orden cósmico y adecuados para mi evolución espiritual»*].

Para cargar la parrilla y armonizar y focalizar su energía, finalmente le puedes realizar una sintonización Reiki en conjunto introduciendo todos los símbolos en cada uno de los cristales, visualizando después cómo la energía de la parrilla se ha condensado en la esfera dorada encima del cristal central donde introduces todos los símbolos Reiki.

Con estas operaciones los cristales de la figura geométrica que forman la parrilla quedarán interconectados por la energía mental del individuo y por la energía Reiki que se le han transmitido, de forma que se armonizan y coordinan los patrones energéticos de cada cristal, combinándolos y unificándolos en un solo campo unificado de energía produciéndose un potente efecto sinérgico.

EL USO DE CRISTALES EN LA MEDITACIÓN

Puedes utilizar las propiedades de los cristales en la meditación para facilitar la conexión con tu Yo Superior y con la dimensión espiritual. Para ello, debes realizar una composición geométrica con los cristales colocándolos a tu alrededor y situándote tú en el centro con el cristal maestro, teniendo en cuenta que las diferentes figuras geométricas producirán efectos diferentes.

Las formaciones básicas, como el triángulo, el cuadrado, el círculo o la estrella de David, potenciarán tu meditación, disminuyendo la frecuencia de tus ondas cerebrales hasta el estado alfa y activando el hemisferio cerebral derecho que te conecta con tu Yo Superior.

Como en cualquier meditación, para evitar perturbaciones energéticas indeseables en la meditación con cristales es conveniente protegerse antes de penetrar en los dominios espirituales, resultando muy eficaz para ello la técnica de visualizarte dentro de una esfera de luz dorada o de una pirámide con todos los símbolos Reiki a tu alrededor.

También puedes realizar tu meditación colocando cristales en cada uno de los chakras. Puedes utilizar solamente cristales de cuarzo o también piedras o gemas de colores, situando encima de cada chakra su correspondiente color, resultando especialmente potente la meditación realizada con una amatista colocada entre las dos cejas y un cristal de cuarzo en cada mano que facilitan el acceso a los registros akáshicos.

CAPÍTULO 58

El Antahkarana en Reiki Tres

*E*n estado alfa, visualiza tu cuerpo sutil, que es una replica energética exacta de tu cuerpo físico, y dentro de él, visualiza tu mente individual o Antahkarana, que te conduce hasta las puertas de tu registro akáshico, donde están grabadas todas las situaciones, pensamientos y emociones de tu vida.

Algunas de ellas las has interpretado y clasificado en función de tus creencias y de la información que ya tenías almacenada, la cual utilizas como punto de referencia para ello, mientras que otras, que son las que te han producido dolor o placer, permanecen grabadas en un nivel más profundo, las que te han producido placer en azul o verde, y las productoras de dolor en rojo.

Visualizo como un observador objetivo las situaciones (o samskaras) que no quise interpretar en su momento porque podían producirme dolor, y para evitarlo me inhibí y las suprimí de mi mente consciente, pero, a pesar de ello, estas situaciones no interpretadas han quedado grabadas en mi subconsciente, y al no haber sido expresados sus aspectos negativos han seguido influyendo en mi vida y actualmente son la causa de algunos de mis bloqueos, frustraciones, tensiones, ansiedad, etcétera.

La meditación con el símbolo del Antahkarana y con los símbolos Reiki me ayudan a sacar estas situaciones a la superficie, para reinterpretarlas, nutrirlas con amor y energía Reiki y después volver a archivarlas reescritas o bien neutralizarlas.

LA MEDITACIÓN CON EL ANTAHKARANA

Se coloca una imagen con el símbolo enfrente de los ojos, aproximadamente a un metro de distancia.

empiecen a humedecerse por la secreción de las lágrimas.

Cuando me resulte molesto tener los ojos abiertos, los cierro y me concentro en la pantalla mental, en la cual aparece el símbolo en negativo; esta imagen durará unos minutos.

Cuando comienza a desvanecerse, vuelvo a abrir los ojos y repito lo mismo.

A la tercera o la cuarta repetición empiezo a sentir cómo mi entorno se disuelve y sólo permanecemos aquí y ahora, el símbolo y yo, mi Yo Interior.

Al inspirar visualizo cómo el símbolo se expande dentro de mi mente, y al espirar cómo se disuelve en el infinito.

El Antahkarana tiene el poder de elevar la frecuencia vibratoria de nuestro cuerpo energético.

Al observarlo fijamente, primero ves un halo luminoso a su alrededor, y después ves cómo avanza hacia ti y se vuelve tridimensional. A veces lo ves girar en un sentido o en otro, o también puedes hacerlo girar mentalmente.

Sentados en la postura de meditación, cerramos los ojos, repasamos mentalmente todo el cuerpo, empezando por el dedo gordo del pie derecho, y se va eliminando cualquier tensión.

Abro los ojos y fijo la mirada en el centro del símbolo, manteniendo los ojos abiertos sin parpadear unos dos o tres minutos, hasta que

CAPÍTULO 59

La cirugía psíquica

La técnica de la cirugía psíquica no es exclusiva del Reiki, ya que se usa en otras disciplinas, pero se estudia en el grado tercero.

Esta técnica es una manipulación energética y se basa en la concentración, en la visualización y en la transmisión de amor curativo.

La enfermedad y las dolencias físicas comienzan generándose en el plano no físico en forma de frustraciones, miedos, odios, rencores y falta de expresión de nuestras emociones creando acumulaciones o nudos de energía negativa e impura que perturban el libre flujo de la energía a través de nuestra red energética (chakras, meridianos y nadis), alojándose finalmente en los órganos de nuestro cuerpo físico y produciéndonos con el tiempo la enfermedad.

La cirugía psíquica la puedes realizar aislada o conjuntamente en una sesión de Reiki, y puede facilitar la sanación de problemas físicos, espirituales, mentales o emocionales.

En las sanaciones psíquicas aplicaremos un método dividido en cinco fases:

1.º Visualizar y materializar el problema. Hay que determinar el mayor número posible de datos sobre el problema, tales como forma, color, olor, sabor, peso, situación, temperatura, y ver si se identifica con algún objeto de mi vida, darle un nombre, ver si encierra algún sentimiento y averiguar qué finalidad tiene y si encierra alguna enseñanza para mí.

2.º Contactar con la fuente de Energía Universal curativa. Desde el punto de vista del paciente, puedes ser una esfera de luz dorada semejante al sol o una ducha de luz curativa con los colores del arco iris o un guía o ser de luz que nos regala ilimitadamente Energía Universal curativa.

Desde el punto de vista del transmisor puede ser una fuente de Energía Universal de la que brota el amor curativo o sus guías, cuyos dedos se prolongan para penetrar en los cuerpos energéticos y físicos del paciente y remueven la causa del problema.

3.º Visualizar cómo la energía curativa actúa sobre el problema. Vemos cómo la sola presencia de la Energía Universal curativa y luminosa derrite y barre la energía negativa que causa el problema como si fuera hielo o polvo o bien lo tiñe de un color dorado curativo inundándolo de luz.

Transmisor y receptor evocan la alegría que sienten porque la Energía Universal curativa ha penetrado en ellos.

4.º Visualizar el resultado curativo. Ahora visualizamos cómo una vez que la Energía Universal ha disuelto el problema y a la energía negativa asociada a él, el paciente se ha liberado y siente la zona donde estaba localizado el problema caliente, relajada, sanada y llena de luz y amor curativo. Se ve a sí mismo como un ser luminoso lleno de salud y alegría, las sombras ya no existen en la dimensión espiritual porque la materia es energía.

5.º Agradecimiento. Finalmente, comenzamos una fase de agradecimiento por haber recibido este baño renovador de energía curativa.

CÓMO REALIZAR UNA SESIÓN DE CIRUGÍA PSÍQUICA

En la práctica, una sesión de cirugía psíquica la realizaremos siguiendo estos pasos:

1. Se realiza una relajación inicial al paciente y un chequeo y reequilibrado de chakras.

2. Le pedimos al paciente que nos describa detalladamente el tipo de problema que desea sanar.

3. Ahora debemos hacerle una serie de preguntas para concretar y conducir al paciente a una visualización del problema, de forma que pongamos en juego el mayor número de sentidos posibles, para construir una clara imagen del mismo.

Con esta finalidad, le formulamos preguntas como:

— Si pudiera situar su problema en una parte de su cuerpo, *¿dónde* estaría éste? Ahora visualice su problema, relájese y dígame: ¿de qué *color* lo siente y lo ve? Visualice de nuevo su problema y dígame si su problema tiene *peso* y cuál es éste aproximadamente.

— Relájese, escuche a su problema y dígame si percibe algún tipo de *sonido* o murmullo procedente de éste.

— De la misma forma, concéntrese en el olfato y dígame si nota algún *olor* o aroma que emane de su problema.

— Mueva la lengua alrededor de la boca varias veces y dígame si nota algún *sabor* característico al pensar en su problema.

— ¿Percibe *alguna otra sensación* en la zona donde ha situado su problema?

4. Ahora dile al cliente que vas a enviar su problema hacia la dimensión espiritual para que allí se disuelva y sea depurado por el amor divino.

5. Por detrás del paciente trazas el Dai-ko-

Myo en tus manos, palmeas tres veces y las colocas en posición de oración unos instantes junto a tu chakra cardiaco. Traza un gran Cho-Ku-Rei delante de ti. Traza otro Cho-Ku-Rei en cada uno de tus chakras.

6. Para abrir los chakras de las manos las abrimos y las cerramos veinticinco veces, realizamos unas cuantas órbitas microcósmicas e inmediatamente notaremos cómo la energía fluye a través de nosotros.

7. Ahora debes alargar tus dedos etéreos para poder actuar en los cuerpos físicos y sutiles del paciente; para ello, deja los dedos de ambas manos colgando en el aire visualizando cómo se van extendiendo. Cuando percibas claramente la energía a través de ellos trazas en cada uno mentalmente el Cho-Ku-Rei.

8. Realiza una oración pidiéndole a Dios, a tus guías Reiki, a los guías de tu paciente y a los ángeles y seres espirituales sanadores, que te den la permeabilidad suficiente para transmitir la Energía Universal sanadora al paciente y que ésta absorba el bloqueo energético que está perturbando su armonía física y mental. Ahora visualiza claramente cómo tus dedos etéreos penetran en la zona donde se encuentra el nudo de energía contaminada y la arrancas enviándola hacia arriba, donde los seres sanadores de luz se harán cargo de ella.

9. A la vez que visualizas cómo la masa de energía negativa sale del paciente, sopla suavemente con un sonido audible visualizando a la vez cómo un gran Cho-Ku-Rei estira de la nube energética y la dirige hacia el cielo.

10. Continúa trabajando y limpiando la zona mientras lo sientas necesario.

11. Si lo crees oportuno o si el problema es emocional o producido por cualquier tipo de adicción, utiliza además el Sei-He-Ki.

12. Cuando consideres que has terminado, realiza un movimiento seco y cortante entre el paciente y tú para romper la conexión y coloca tus dedos colgando mientras visualizas cómo vuelven a su tamaño físico normal.

13. Para finalizar, puedes administrarle una sesión de Reiki insistiendo en la zona que ha quedado limpia.

CAPÍTULO 60

La sesión terapéutica en Reiki Tres

Las posiciones son básicamente las mismas, pero matizadas por la experiencia que nos han dado las sesiones Reiki de los grados primero y segundo.

Al introducir en el grado tercero el símbolo espiritual contactaremos con facilidad con la dimensión espiritual del paciente y con el mundo espiritual cósmico.

Los símbolos de Reiki Tres nos facilitan el acceso a los archivos akáshicos y a las reservas kármicas, donde se encuentran los orígenes de muchas de nuestras enfermedades, disfunciones y malestares, para así poder comprender sus pautas y actuar sobre ellas.

La vida terrenal de cada ser humano tiene el propósito de asimilar determinadas enseñanzas para progresar en nuestro camino de evolución espiritual, y estas enseñanzas y lecciones a veces están relacionados con débitos kármicos producidos por acciones traumatizantes y situaciones no resueltas de vidas pasadas que influyen en nuestro presente.

Durante el período de gestación antes de nuestro nacimiento, los cuerpos sutiles del futuro ser humano se constituyen antes que su cuerpo físico, y su estructura energética puede quedar afectada por las pautas energéticas que trae consigo el Yo Superior de sus tránsitos anteriores.

Los símbolos de Reiki Tres nos ayudan a penetrar en los dominios espirituales para intentar descubrir cuáles son las causas de las dolencias y enfermedades físicas, y si la persona logra corregir esa causa es muy probable que la enfermedad o dolencia desaparezca.

CAPÍTULO 61

La sanación de situaciones pasadas y la configuración del futuro

TIPOS DE ONDAS CEREBRALES

En el nivel de vigilia predominan las ondas beta de más de 13 ciclos por segundo.

Las ondas alfa están comprendidas entre 12 y 8 ciclos por segundo, y aparecen en estados de tranquilidad, relajación y meditación.

Las ondas theta van de los 7 a los 4 ciclos por segundo y aparecen durante el sueño y la anestesia.

Las ondas delta están comprendidas en la banda entre 4 y 0,5 ciclos por segundo y sólo se dan durante el sueño profundo. En este estado desaparece la diferencia entre el consciente, el subconsciente y el inconsciente y la mente trabaja holográficamente.

En la meditación comenzamos llevando a nuestra mente al estado alfa.

El sueño consciente o yoga nidra es un esta-do más intenso que la meditación, ya que nos movemos entre el estado alfa y el theta, o sea entre 9 y 7 ciclos por segundo.

TÉCNICA DE SANACIÓN DE SITUACIONES PASADAS Y PARA CONFIGURAR NUESTRO FUTURO

En la banda de frecuencias comprendida entre alfa y theta, entre 10 y 7 ciclos por segundo, nuestra mente se vuelve más receptiva y nos permite conectar con nuestro Yo Interior y con el mundo espiritual. En este estado vibratorio podemos penetrar en los archivos akáshi-cos y en el inconsciente donde subyacen las causas de nuestras aflicciones y conflictos y también sus correspondientes soluciones. En estos viajes interiores debemos adoptar la mis-ma actitud que en la meditación: la de un simple observador objetivo, sin juzgar, valorar o involucrarnos en las situaciones. El objetivo es erradicarlas de nuestro equipaje interior y liberarnos de las ataduras que nos producen.

Para ello podemos transmitirles nuestro amor y energía curativa mediante el Reiki, con la finalidad de purificar progresivamente las pautas que nos están bloqueando y despertar nuestro auténtico Yo Interior levantando el castigo que con las represiones, bloqueos energéticos y emocionales, y demás situaciones negativas habíamos autoimpuesto a nuestro Niño interior.

El Reiki transmitido con amor a tu Niño interior en este estado de meditación purifica rápidamente tu mente y tu espíritu de las rémoras e impresiones negativas (samskaras) del pasado fijadas en el inconsciente y en el subconsciente. La energía Reiki purifica toda tu mente potenciando las capacidades intelectuales y creativas que resurgen de la intuición innata de tu Niño interior.

En las terapias y sesiones con Reiki Uno, Reiki Dos, Reiki Tres, y en los autotratamientos, se produce la inmersión del paciente (o la tuya en el autotramiento) en un estado cercano al sueño consciente (yoga nidra), que puede ser inducido utilizando los símbolos correspondientes de cada grado: así, en Reiki Dos se utilizan el Cho-Ku-Rei para conectar y abrir el paso a la energía; el Sei-He-Ki, para penetrar en las áreas mentales y emocionales del consciente y del subconsciente, y el Hon-Sha-Ze-Sho-Nen para llegar al inconsciente y al mundo espiritual y penetrar en los archivos o registros akáshicos y en el inconsciente cósmico colectivo.

En Reiki Tres podemos utilizar el Dai-Ko-Myo para acceder directamente al Yo Interior y al Alma (Atman), y contactar con lo más profundo del inconsciente y con el mundo espiritual.

Una vez logrado el estado meditativo, podemos inducir una penetración en el pasado, retrocediendo en el tiempo para sanar los traumas y eliminar bloqueos que nos afecten en el presente.

En nuestra mente está grabada toda nuestra existencia, incluidos muchos datos que en su momento no interpretamos conscientemente y que pueden producirnos conflictos en el presente.

Hay situaciones que vivimos realmente pero que no pasamos al consciente, y que han quedado atascadas, produciéndonos bloqueos energéticos y tensiones emocionales que influyen negativamente en nuestra vida actual.

Sabiendo que el origen de muchos de nuestros conflictos y aflicciones actuales se encuentra en el pasado, podemos penetrar en él y recuperar estas situaciones para revivirlas mentalmente y reinterpretarlas, comprenderlas y aceptarlas, con lo cual desaparecerán de nuestras vidas como elementos perturbadores.

Iniciamos este retroceso en la línea del tiempo con varios Hon-Sha-Ze-Sho-Nen trazados y visualizados en un color viajero y mutante, como el amarillo (que tiene el poder de cambiar al rojo en naranja y al azul en verde) y que es el complementario del violeta.

Al visualizar intensamente el Hon-Sha-Ze-Sho-Nen nos trasladamos rápidamente a una de estas situaciones pasadas que necesitan ser sanadas, manteniendo siempre una actitud de observador imparcial y objetivo, que no juzga ni valora.

Nuestro Yo Interior que lo sabe nos conducirá instantáneamente en la línea del tiempo lineal hasta las situaciones que requieran sanación, en función de nuestras necesidades de cada etapa de nuestra vida.

Cuando nos detengamos, es que hemos «pescado» una situación perturbadora que nos está influyendo. La revivimos sin oponer resistencia y sin implicarnos en ella, y la re-interpretamos a la luz de nuestra evolución actual, enviándole varios Hon-Sha-Ze-Sho-Nen de color amarillo, un Cho-Ku-Rei y un Dai-Ko-Myo, que inserto mentalmente en la situación a la que imagino teñida de rojo, enviándole mi amor y mi comprensión a través de la transmisión Reiki.

Visualizo cómo los símbolos se funden con la situación roja y al insertarse en ella veo transmutarse su color, virando progresivamente hacia el naranja que se va tornando cada vez más claro, hasta que la situación queda teñida del mismo color amarillo que los símbolos que le he aplicado.

Con ello, esta impresión mental negativa que me perturbaba ha quedado desactivada para siempre y ya no puede ejercer ninguna influencia sobre mí.

Ahora visualizo cómo comienzo a avanzar hacia el presente a través de la línea del tiempo y, mirando hacia atrás, observo cómo la situación y los símbolos se han transformado en un hermoso y suave color violeta rosado que se integra perfectamente en mi inconsciente como una experiencia sanada y reparada que ya no ejerce sobre mí ninguna influencia negativa y que desde ahora recordaré con amor y gozo.

Si tengo mi propio símbolo, éste guiará todo el proceso, visualizándolo del mismo color que los demás, pero más intenso y brillante.

CAPÍTULO 62

Meditación del desapego

Cuando nos sentimos impulsados por un deseo no debemos dejarnos llevar sin más hacia él.

El principio del camino del desapego es la toma de conciencia de la situación y estar preparados para enfrentarnos a ellos.

Observar desapegadamente el objeto de nuestro deseo, analizar por qué nos atrae y meditar en el hecho de si su consecución nos va a proporcionar más felicidad, más satisfacción y más unión, o si por el contrario nos va a seguir produciendo más desasosiego y más insatisfacción al comprobar que después de alcanzado no ha colmado nuestras expectativas de felicidad y de satisfacción íntima.

Ahora párate, respira lentamente centrándote en la inspiración y la espiración, realiza cinco series de diez respiraciones y recuerda algún deseo que hayas perseguido compulsiva-

mente y analiza qué porción de satisfacción te produjo.

¿Mereció la pena?

¿Te alegró?

¿Te causó satisfacción y placer interno o únicamente te sirvió para reforzar tu ego?

¿Te hizo más feliz?

Ahora recuerda algún momento o situación en la que verdaderamente te sintieras conecta-

do con tu Yo Superior experimentando la sensación de ser Uno con el Todo y de formar parte estructural del Universo; en este estado te encuentras conectado e integrado, irradiando y recibiendo energía y amor por todos tus poros y te colma una sensación de expansión espiritual que te hace más liviano y que te disuelve con el Cosmos.

Piensa y analiza si esa sensación fue producida por la consecución de algún deseo o fue formada en una meditación o en algún momento de dar amor y compartir compasión con los demás. Con toda probabilidad fue un acto de desapego y de amor lo que te produjo más satisfacción auténtica y más sentimiento de pertenencia y disolución en el Todo.

Disfruta este estado e interiorízalo para plantar en tu interior la semilla de que el desapego de los deseos nos hace más fuertes y mejores.

Piensa ahora en tu realidad actual.

¿Ardes en el fuego interno de la ilusión que te producen los deseos?

El no desear y la falta de apego a los deseos te dará más libertad, más felicidad y más satisfacción.

Observa desapegadamente cuáles son tus motivaciones, cuál es el impulso que te mueve.

¿Qué es lo que te impulsa a actuar?

¿Cuáles son los resultados de tus acciones?

¿Te crean más paz, más felicidad y más sosiego?

¿Te crean karma positivo o negativo?

Repasa las motivaciones de tus acciones en los últimos días y analiza su causas y efectos y ahora, como parte del Todo que eres, obsérvate desde el punto de vista de un observador imparcial y analiza si esas acciones y sus causas las colocarías en la parte de la balanza que produce karma positivo.

Comprueba si las motivaciones de tus acciones son el apego a los deseos o no, contrastando dos situaciones concretas: una, en la que actuaste motivado por el apego a algo, y otra, por el amor y la compasión.

¿Cuál de ellas te produjo más satisfacción?

¿Con cuál de ellas creaste karma positivo?

Observa que el desapego y el desprenderte de las ataduras de tus deseos te producen paz y sosiego y te acercan a la Luz.

Tu Yo Superior no puede satisfacerse con tus deseos. Tu ego tampoco porque siempre quiere más.

¿Estás aquí para satisfacer deseos o para crecer y evolucionar realizando acciones que te hagan avanzar en el camino de la Luz?

Sólo tu Yo Superior es el juez de tus acciones.

Por ello escucha siempre lo que te dice tu conciencia, que sabe.

CAPÍTULO 63

Meditación de Reiki Tres

*E*n Reiki Tres realizamos la meditación de sintonización energética sanadora. Nos relajamos.

Realizamos la meditación de concienciación de los chakras.

Visualizamos una esfera dorada flotando encima de tu cabeza; está caliente y palpitante y en ebullición.

Siento su fuerza y visualizo cómo palpita la energía amorosa y curativa que es como una masa plasmática de energía sanadora. Disfruto de esta sensación.

Al inhalar, imagino cómo desciende lentamente hacia mi séptimo chakra encima de mi cabeza y, penetrando por el punto Bai Hui, se funde con el séptimo chakra de color blanco transformándolo en el color sanador dorado.

Después se desliza hacia el tercer ojo y se fusiona con la energía violeta del sexto chakra, llenando mi cabeza con su energía limpia y pura, transformándose en una masa curativa de energía dorada.

Ahora desciende hasta el cuello y veo cómo se fusiona con el quinto chakra de la garganta y se convierte en un flujo energético que cambia del color azul celeste al dorado.

Penetra en el tronco y se fusiona lentamente con el chakra del corazón cambiando al color verde brillante en dorado que llena todo mi pecho.

Ahora, un poco más abajo, llega a la zona del chakra del plexo solar de color amarillo, inundando esta zona con una luz dorada pura y limpia.

Desciende hasta más abajo del ombligo y allí se mezcla con el chakra sexual de color naranja y con el chakra de la raíz de color rojo, a los que inunda con su potente color dorado, llenando toda la parte baja de mi cuerpo con su energía dorada.

Ahora visualizo cómo se mueve hacia mis brazos y mis piernas avanzando hasta las palmas de las manos y las plantas de los pies y saliendo en un flujo ininterrumpido por los puntos Lao-gong de las palmas y los puntos Yong-quan de las plantas de los pies, se va formando una gran esfera de energía dorada, hasta que todo mi cuerpo queda envuelto por ella y conjuntamente nos dirigimos ingrávidos hacia la unidad cósmica, donde nos fusionamos en comunión con otras muchas esferas igualmente doradas y bellas, que son las de todos los seres humanos que han sido canales Reiki a través de los tiempos, sintiendo que somos parte y esencia de la Energía Universal.

En esta dimensión eterna disfrutamos y sentimos conjuntamente nuestra individualidad energética sanadora que se confunde con nuestra sensación de pertenencia a la unidad cósmica y universal.

CAPÍTULO 64

Explicación del Yo Soy

«YO SOY»

La oración y la meditación son el camino para acercarnos a la Luz y realizar el propósito de nuestra vida, que es crecer y avanzar hacia la consciencia de nuestras propias cualidades divinas, y esto lo conseguiremos acercándonos mediante la oración y la meditación a la realidad espiritual que existe dentro de cada uno de nosotros.

Sabemos que somos espíritu y que nuestro destino final es disolvernos en la Luz y formar parte de la Unidad Cósmica Divina.

Con la meditación y la oración nos aislamos de la confusión exterior y nos acercamos a la paz del espíritu, de forma que su práctica nos hace más fuertes para superar los problemas y preocupaciones humanas.

Comprendemos que las cosas materiales son ilusorias y que los problemas que nos abruman son sólo sombras que debemos atravesar para disciplinar nuestros cuerpos físicos y sutiles con la finalidad de elevar nuestra frecuencia vibratoria para poder ser recibidos en la Luz.

La oración «YO SOY [di tu nombre], DIOS Y YO SOMOS AMOR», es mi oración preferida y a la vez un mantra, que simboliza las realidades básicas y eternas, y su repetición encierra un gran poder sanador de nuestros cuerpos físicos, mentales y emocionales aumentando a la vez la autoconfianza y el poder interior.

Jesucristo dijo: *«Dios y yo somos uno»*; por ello, esta oración simboliza nuestra individualidad y a la vez la pertenencia a un Plan Divino, recordándonos que dentro de cada uno de nosotros hay una chispa divina que nunca se extinguirá.

Simboliza también la comunión con Dios al decir «DIOS Y YO SOMOS AMOR».

Es una oración poderosa que reivindica ante mí mismo mi individualidad y el poder que se deriva de mi libre albedrío, que es la única pero también la más poderosa herramienta de la que dispongo para sanar mi karma y avanzar hacia la Luz, la cual nadie me puede usurpar.

Yo soy fuerte espiritualmente y nada me puede dañar.

Mediante la repetición de esta oración llegamos a interiorizar estas realidades y a comprender el poder de nuestra individualidad y lo grandioso de nuestra unicidad. Jesús también dijo: «*Mi padre y yo somos uno*», y con esta oración reafirmamos constantemente esta realidad, de forma que al insertarlo en nuestra mente consciente abrimos la puerta principal al poder sanador que consiste en la comprensión e interiorización de que tú eres parte de Dios y que sanas a través de lo divino que hay en ti, porque Dios y tú lo queréis así, y este poder sanador se manifiesta al transmitir la Energía Universal a ti mismo y al corazón de las personas en las que te concentras.

CAPÍTULO 65

Mi símbolo

LA CRUZ Y EL CÍRCULO

En la meditación de mi grado de Maestría, dentro del Templo de los Maestros, uno de mis guías, que era un ser alegre y amoroso de luz dorada, me entregó un símbolo, que consiste en una cruz dorada con un círculo a su alrededor.

Es un símbolo muy antiguo que fue utilizado por muchas culturas antes de Cristo, y que luego, en su variante de cruz latina, fue adoptada por el cristianismo y el catolicismo.

La cruz es un símbolo que tiene dos movimientos, horizontal y vertical, con un punto central que representa el presente, en el que se funden el pasado (línea izquierda), el futuro (línea derecha), lo celeste (línea vertical superior) y lo terrenal (línea vertical inferior).

La línea vertical de izquierda a derecha simboliza la línea del tiempo lineal terrestre, que va desde el nacimiento hasta la muerte; es también el registro akáshico, donde están grabados todos los acontecimientos, pensamientos, emociones y acciones de nuestra vida.

La línea vertical simboliza otra dimensión diferente a la terrestre, representando al hombre entre el cielo y la tierra.

La cruz en la Tierra también indica los cuatro puntos cardinales, indicándonos que tenemos la capacidad de viajar en el tiempo; hacia la izquierda, que representa el pasado; hacia la derecha, que es el futuro; hacia arriba, para conectar con el mundo espiritual, y hacia abajo, para fundirnos con la madre Tierra.

Desde el punto de vista energético, este símbolo representa la estructura energética del hombre, que básicamente es una cruz de luz, rodeada por el aura, que es una esfera de energía dorada, y representada por el círculo; el centro se corresponde con el chakra del corazón, que representa el Amor, una vibración de frecuencia muy elevada y componente esencial de la Energía Universal que nos nutre y nos mantiene.

El tramo vertical simboliza que hay un camino de unión con el mundo espiritual en el que están nuestros guías y los seres angelicales que Dios nos ha asignado en esta vida.

En esta estructura, nosotros siempre estamos en el centro, que representa el presente, el aquí y ahora, resultado de nuestras acciones y pensamientos pasados y a la vez el punto de partida para configurar nuestro futuro, que a su vez dependerá de nuestras acciones y pensamientos actuales.

El Reiki es una herramienta que nos ha sido concedida para ayudarnos en nuestro camino evolutivo, otorgándonos la posibilidad de sanar el pasado, vivir el presente con armonía y configurar el futuro.

El círculo que rodea a la cruz es el origen de todo, y simboliza, a la vez, la totalidad y la vacuidad, de las que surgen el yin y el yang, en movimiento e interacción eterna.

El círculo también representa el éter o akasha, que es la sustancia original y primaria de la creación, la cual contiene el Prana y la Energía Universal o Ki, que se transmite con el Reiki, a través del éter, utilizando la voluntad y la mente.

El centro es también una encrucijada y un punto de equilibrio que simboliza nuestro libre albedrío, recordándonos que tenemos el poder de sanar el pasado, de influir en nuestro futuro y de conectar con las dimensiones espirituales, sin olvidar que estamos sujetos a las ataduras de la gravedad terrestre que tiran de nosotros hacia abajo con los hilos de las pasiones, los deseos humanos y las cosas materiales.

La cruz inscrita en un círculo perfecto refleja lo esencial y trascendente de nuestra esencia física, mental, espiritual y energética, y representa el hombre en equilibrio y en armonía con el cosmos.

La cruz inscrita en un círculo representa una rueda con cuatro radios, que los hindúes relacionan con el samsara o rueda de nuestras existencias, la cual encierra los ciclos de nuestras existencias, en la que permaneceremos atrapados por los deseos, las pasiones y el apego a las cosas materiales hasta que, avanzando en nuestro camino de evolución, lleguemos a la liberación.

Utilizando el Hon-Sha-Ze-Sho-Nen y el Sei-He-Ki podemos viajar por el tramo horizontal izquierdo hacia el pasado para sanarlo, enviándole comprensión, aceptación y amor donde sean necesarios para minimizar situaciones pasadas no resueltas que nos lastran en el presente.

El punto central en nuestro presente, el aquí y ahora; y desde él, podemos construir nuestro futuro con seguridad y confianza, aplicando los principios Reiki, en los que se repite constantemente el mantra «Sólo por hoy», para recordarnos que en nuestro devenir diario debemos avanzar hacia una concienciación cada vez mayor y convertirnos en espectadores objetivos de nuestros propios actos, sin involucrarnos en juicios ni valoraciones subjetivas sobre la realidad.

Con nuestra mente consciente elaboramos los pensamientos que configuran nuestro futuro. En este camino, una vez que has elegido, no te reproches nada, simplemente vive el presente, agradécelo y acéptalo.

De la misma forma, nos indica que los pensamientos negativos también se convierten en realidad.

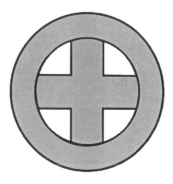

CAPÍTULO 66

Alcanzando nuestras metas. El Reiki y la manifestación

Estamos en un universo infinito que no tiene principio ni final.

El planeta Tierra forma parte del Cosmos, que es infinito, pero la Tierra es finita, tuvo un principio y tendrá un final.

Los seres humanos terrestres somos entidades formadas de un cuerpo finito y de un espíritu infinito.

Nuestra mente es un instrumento muy poderoso del que Dios nos ha dotado para afrontar nuestra estancia en la Tierra; ella crea nuestros pensamientos, que son ilimitados, ya que tenemos la capacidad de pensar en lo que queramos, sin límites ni siquiera temporales, puesto que en la dimensión mental no existe el tiempo.

Al pensar, elaboramos ideas que, aunque sean abstractas, van acompañadas de imágenes mentales, y en este proceso generamos unas ondas energéticas vibracionales que al nacer la idea tienen poca intensidad.

Posteriormente, al repetir mentalmente una idea y recrear la imagen que la acompaña vamos aumentando paulatinamente la longitud de onda y la frecuencia de esta vibración. Cada vez que pensamos en ella, la vamos acercando al umbral perceptible por los humanos, de manera que llega un momento en que hemos coordinado todas las fuerzas y aumentado la vibración, de tal forma que la idea original se convierte en realidad.

Hemos creado realidad a partir de una idea, y así es como nosotros mismos creamos nuestra propia realidad, al estar continuamente pensando y generando ideas.

Si nos concentramos en una de ellas y la alimentamos con imágenes nítidas y repetidas con la suficiente persistencia le estamos diciendo al universo que cree esa realidad para nosotros.

Las ideas y las imágenes mentales son la materia prima para generar el futuro, y por ello, el futuro que imaginamos para nosotros mismos se convierte en realidad. Y en este proceso de conversión de las imágenes en realidad nos apoya el Universo, porque es respetuoso con nuestro libre albedrío respecto a la libertad de elección de cada ser humano que nos permite cumplir nuestra misión en la vida.

La atención en una idea es manifestadora porque es energía concentrada, de forma que cuanta más atención prestemos a lo que queremos conseguir más real se hará para nosotros mismos y para nuestro mundo.

Cada uno de nosotros somos los responsables de las imágenes que creamos en nuestra mente, y este proceso de creación de imágenes es el que conforma el mundo material, pero hay que tener en cuenta que el proceso de manifestación funciona igualmente para imágenes positivas que para imágenes negativas; por ello, es muy importante habituarnos a desechar las ideas negativas y alimentar nuestra mente con ideas positivas.

Dios nos creó con esta capacidad de manifestar nuestras ideas y nos ha dejado las instrucciones de la manifestación en el legado de los maestros y profetas de las distintas religiones:

Cualquiera que diga a esta montaña apártate y lánzate al mar, y no dude en su corazón, y crea que aquello que dice va a suceder, tendrá cuanto diga.

Cualesquiera cosas que pidas cuando rezas, cree en que vas a recibirlas y las tendrás.

CUARTA PARTE

MANUAL
DE
MAESTRIA
REIKI

Para que se produzcan los efectos específicos que se mencionan en este manual es preciso haber recibido las enseñanzas y la sintonización de Maestría Reiki de un Maestro Reiki.

CAPÍTULO 67

Manual de Maestría Reiki

En el camino que iniciaste con el primer grado Reiki has ido avanzando y profundizando en el Reiki y paralelamente has ido evolucionando y creciendo espiritualmente.

Ahora eres más consciente de tu realidad, más objetivo en tu existencia, estás más desapegado de tu ego y de lo exterior y te has orientado hacia tu interior.

Estás en un proceso de sanación continuo de ti mismo y de los demás.

Tu vida ha cambiado desde que el Reiki entró en ella.

Tienes más capacidad para dar y recibir amor.

Eres mucho más sensible a las manifestaciones energéticas y ha aumentado considerablemente tu capacidad para transmitir energía.

Tus sentidos se han agudizado.

La meditación y la oración te han hecho un ser más completo y más fuerte ante los problemas del devenir diario.

Ha mejorado tu alimentación.

Has eliminado parte de los bloqueos energéticos que te impedían la libre manifestación de tus sentimientos.

La vida está en un proceso de expansión continuo e imparable en el cual todas las entidades que tienen vida siguiendo la ley del progreso y de la evolución tienden a superarse a sí mismas.

Lo mismo ocurre con todas las áreas de tu vida en las cuales generalmente te mueves en un proceso de superación avanzando cada vez un paso más.

En el Reiki comenzaste por un libro que cayó en tus manos en el momento oportuno, o tal vez por la recomendación de un amigo, pero desde que recibiste la sintonización del primer grado has ido avanzando en el Reiki-do (senda o camino del Reiki) con satisfacción y alegría y has evolucionado y crecido física y espiritualmente con los grados segundo y tercero.

Has acumulado la suficiente experiencia en tus sesiones ayudándote a ti mismo y a todos los demás.

En este camino que estás recorriendo llega un momento en que sientes que debes transmitir tus experiencias y tus conocimientos Reiki.

Sientes que ha llegado el momento de realizar la Maestría, y te pones en contacto con tu maestro Reiki (recuerda que cuando el alumno está preparado, aparece el Maestro).

El curso de Maestría está dedicado a enseñar cómo se realizan las sintonizaciones y a transmitir al alumno sus enseñanzas y experiencias personales y las pautas éticas que cada Maestro considera necesarias para la enseñanza del Reiki.

La labor esencial del Maestro consiste en abrir su corazón al alumno para que éste pueda abrir el suyo al Reiki y mostrarle su propio camino.

CAPÍTULO 68

Los símbolos de la Maestría

En el grado de Maestría se dan dos *símbolos* más, que se van utilizar en las sintonizaciones:

El Raku Tradicional.
El Raku No Tradicional.
Estos dos símbolos se usan únicamente en las sintonizaciones.

El Raku Tradicional se usa para abrir el aura, el Canal Central y la Línea Hara, de quien va a recibir la sintonización. Tiene la forma de un rayo o relámpago que son portadores de la energía celeste y yang del fuego que con su fuerza expansiva abre el aura del receptor como una flor para recibir la sintonización.

Se traza por detrás del receptor a lo largo de su columna vertebral.

El Raku No Tradicional, también conocido

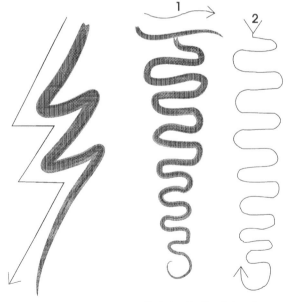

El Raku Tradicional

El Raku No Tradicional.
Símbolo de la serpiente de
fuego ondulada

como símbolo de la serpiente de fuego ondulada, se usa inmediatamente después del anterior para potenciar la apertura del Canal Central y abrir los chakras y por ello su trazado realiza siete curvas, una por cada chakra, finalizando en una semiespiral que evoca la kundalini y que concentra la energía en el perineo o Hui Yin.

Después de trazar el Raku Tradicional se traza el Raku No Tradicional por detrás del receptor y a lo largo de su columna vertebral.

CAPÍTULO 69

La Maestría. Cómo realizar las sintonizaciones

En el curso de Maestría se enseñan fundamentalmente los procedimientos y las técnicas para realizar las sintonizaciones. Hay muchas formas de efectuarlas, tantas como maestros, ya que con la práctica cada uno va adaptando su propio método, aunque si se reciben de un Maestro Reiki todas son igualmente efectivas.

Las sintonizaciones son ceremonias solemnes en las que el Maestro invoca a sus guías y a los del alumno para que le ayuden y le utilicen como canal para transmitir su energía de alta frecuencia y poder realizar una sintonización óptima en el alumno.

Por ello, el alumno y el Maestro deben prepararse lo mejor posible y adquirir plena conciencia de la ceremonia que se va a realizar.

Los alumnos deben permanecer con los ojos cerrados durante todo el proceso y con las manos en la posición de oración, aunque si se cansan pueden colocarlas encima de sus piernas.

Tanto la lengua del alumno como la del Maestro deben permanecer en contacto con el paladar durante toda la sintonización para poner en contacto los meridianos du-mai y ren-mai y facilitar la circulación de la energía a través de la Órbita microcósmica.

Preparación de los alumnos y colocación: La forma más cómoda de realizar las sintonizaciones es con los alumnos sentados en sillas normales con la espalda recta.

Como el Maestro debe realizar manipulaciones desde delante y por detrás, lo más indicado es colocar las sillas de forma circular, dejando espacio suficiente delante, detrás y entre ellas para poder moverte con libertad.

Para no distraerles durante la ceremonia se les explican a los alumnos los movimientos de las manos que deberán realizar:

1.º Que deben colocarlas en posición de oración junto al chakra del corazón, y que...

2.º Cuando les toques el hombro izquierdo deben levantar las manos y colocarlas encima de la cabeza en el chakra corona, enseñándoles el movimiento.

3.º Diles que después colocarás tus manos sobre su cabeza, pero que entonces ellos no tienen que hacer nada.

4.º Explícales también que cuando les cojas sus manos para manipulárselas no opongan ninguna resistencia.

Preparación del Maestro: El Maestro debe prepararse comenzando con algún ejercicio de acumulación energética.

Es preferible que antes de la sesión realice el ejercicio del árbol o cualquier otro similar, con la finalidad de acumular la máxima energía en su sistema.

Después de colocar a los alumnos y de darles las instrucciones que hemos visto, dejas a los alumnos realizando una breve concienciación mientras tú te preparas concentrándote en el tipo de sintonización que vas a efectuar; para ello, puedes realizarte una autosintonización si te parece oportuno.

El Maestro realizará unas vueltas de su Órbita microcósmica para activar sus chakras al máximo y tomar conciencia de su Canal Central, ampliando su aura y su campo energético y procurando realizar una fusión de las auras de los alumnos y de la suya propia, de forma que el grupo se convierta en una entidad energética autónoma con su propio Canal Central que el Maestro potenciará con su fuerza espiri-tual dirigiéndolo hacia el Universo y hacia la Tierra.

Una vez conectado y sintonizado con el grupo y antes de comenzar la ceremonia, realizará una oración invocando a sus guías y los guías de cada alumno pidiéndoles amorosamente su ayuda para la sintonización.

Durante toda la ceremonia el Maestro debe procurar mantener la lengua en contacto con el paladar y el Hui Yin contraído mientras realiza la sintonización, con la finalidad de que no haya fugas de energía para poder mantener su integridad energética y lograr la máxima fluidez de circulación y acumulación en su sistema energético, consiguiendo con ello realizar unas sintonizaciones más potentes.

Duración: La duración de las sintonizaciones no es fija, pudiendo variar en función de las circunstancias y del número de alumnos, y serán la intuición y la experiencia del Maestro las que determinen el tiempo para realizarlas (a título orientativo, serán suficientes unos 15 minutos para cada alumno).

REALIZACIÓN DE LAS SINTONIZACIONES

En mi escuela he sistematizado un método propio dividido en siete fases, de las cuales la 1.ª, 2.ª, 3.ª, 4.ª y 7.ª son iguales para todos los grados, y se diferencian únicamente en los pasos 5.º y 6.º:

1.º Oración inicial: (Por delante del alumno.) Antes de comenzar, sitúate delante del alumno y realiza una oración silenciosa saludando y pidiendo ayuda a Dios, a tus guías Reiki, a los del alumno, a los Maestros Ascendidos, a tu Yo Superior, a los ángeles y arcángeles, etcétera, comunicándoles que con su ayuda vas a realizar una sintonización Reiki del grado que corresponda. Ahora traza en tus dos manos el Cho-Ku-Rei y el Dai-Ko-Myo tradicional, luego traza delante de tu cuerpo un Cho-Ku-Rei grande y también sobre cada uno de tus chakras.

Si lo deseas, traza además los seis símbolos en el aire.

2.º *Apertura del aura y del Canal Central:* (Por detrás.) Colócate detrás del alumno y traza el símbolo de la serpiente de fuego ondulada y el Raku desde la cabeza hasta la base de la columna.

Para la apertura del aura puedes utilizar además el método que te parezca más conveniente; yo, después de percibir la vibración del aura, realizo unos movimientos como apartándola, o de apertura como si abriera una gran cremallera energética.

3.º *Armonización de auras y apertura del chakra corona:* (Seguimos colocados detrás del alumno.) Ahora coloca suavemente tus manos encima de su cabeza y medita unos minutos para sintonizarte con su aura.

A continuación abre su chakra corona mentalmente o con un gesto sintiendo la energía, como separar las manos, o girarlas en sentido contrario a las agujas del reloj; aspira y contén

el aliento en posición Hui Yin mientras introduces el siguiente símbolo.

4.º *Introducción del Dai-Ko-Myo no tradicional en la cabeza a través del chakra corona:* (Todavía seguimos colocados por detrás del alumno.) Abre tus manos encima de la cabeza del alumno unos instantes; después coloca tu mano izquierda junto a su oreja izquierda sin tocarla, a una distancia de unos cinco centímetros (que permanecerá junto a la oreja izquierda mientras estemos detrás).

Trazas el Dai-Ko-Myo no tradicional en tu mente, lo dibujas con la mano derecha sobre su cabeza y soplas sobre el chakra corona, imaginando cómo con el soplo se traslada el símbolo hasta el chakra corona del alumno y baja suavemente hasta la base de su cráneo guiado por tu mano derecha.

Respira hondo y contén otra vez el aliento, manteniendo a la vez la posición Hui Yin mientras introduces los siguientes símbolos.

5.º *Introducción en la cabeza de los símbolos del grado correspondiente:* (Por detrás.) Toca ahora su hombro izquierdo (previamente, habrás convenido con él que al hacerlo debe colocar las manos juntas encima de la cabeza) y cuando suba las manos encima del chakra corona, traza los símbolos correspondientes y, guiando cada uno con la mano derecha, los alojas también en la base de su cráneo, repitiendo tres veces el nombre de cada símbolo.

Toma sus manos entre las tuyas encima de su cabeza y sopla sobre ellas y sobre su chakra corona.

Vuelve a colocarle las manos en el pecho en la posición de orar.

6.º *Introducción en las manos de los símbolos del grado correspondiente:* (Por delante.) Pásate ahora delante del alumno, ábrele las manos extendidas y juntas con las palmas hacia arriba, y, colocando tu mano izquierda debajo de las suyas, con la derecha trazas los símbolos correspondientes (antes aspira hondo y contén el aliento); después palmeas o repicas encima de sus manos, tres veces con cada símbolo, imaginando cómo entran los símbolos en sus manos y repitiendo tres veces sus nombres.

Ahora le vuelves a colocar las manos en el pecho y soplas sobre ellas, luego hacia abajo al chakra de la raíz y de nuevo hacia arriba, volviendo hacia abajo otra vez hasta las manos, que estarán en posición de oración junto al chakra del corazón.

7.º *Finalización y sellado:* (Por detrás.) Ahora te colocas de nuevo por detrás, le pones suavemente tus manos en sus hombros y miras mentalmente a través de su chakra corona hasta su chakra de la raíz, visualizando la columna de energía del Canal Central alrededor de la médula espinal y comprobando que los símbolos correspondientes hayan quedado insertados en él, repites mentalmente la frase que hayas elegido para la sintonización de la Maestría Reiki:

Tú [nombre del alumno] *eres ahora un sanador Reiki Uno.*

Desde ahora [nombre del alumno] *tienes la capacidad de transmitir la energía Reiki.*

Ahora forma un triángulo con tus índices y tus pulgares, los colocas por detrás en la base de su cráneo y mentalmente dices:

Aquí y Ahora yo sello este proceso de sintonización de [nombre del alumno], *con divino amor y divina sabiduría.*

Visualizas cómo los símbolos que has introducido se quedan encerrados tras esta puerta imaginaria, cierras el aura mentalmente o con un gesto, trazas el Raku a lo largo de su columna vertebral y para terminar, le vuelves a colocar tus manos en sus hombros con la finalidad de igualar las frecuencias de vuestras auras realizando varias órbitas microcósmicas ampliándolas para abarcar en ellas al alumno y redistribuir la energía que se ha generado durante el proceso de sintonización.

Finalmente, realizas un acto de gratitud a los guías tuyos y del alumno y al Creador, manifestándoles tu agradecimiento por haber sido los protagonistas de esta maravillosa experiencia con la que Dios os ha obsequiado.

Diferencia entre las sintonizaciones: La diferencia entre las sintonizaciones de cada grado es que en Reiki Uno sólo entra en las manos el Cho-Ku-Rei; en Reiki Dos entran el Cho-Ku-Rei, el Sei-He-Ki y el Hon-Sha-Ze-Sho-Nen; en Reiki Tres se inserta además el Dai-Ko-Myo, y en la Maestría se añaden la enseñanza del Raku y de los símbolos tibetanos.

Para que tus sintonizaciones sean más potentes conviene que realices tú mismo o en compañía de tus alumnos algún ejercicio específico de acumulación energética durante diez minutos aproximadamente:

He comprobado, sin duda alguna, que los ejercicios que mejores resultados producen son:

Mantener la postura de abrazar el árbol durante algún tiempo, acompañado de la posición Hui Yin (lengua en contacto con el paladar y ano contraído), que puedes acompañar con unos cuantos ciclos microcósmicos.

También puedes utilizar la postura del jinete con las palmas de las manos hacia arriba, adoptar la postura Hui Yin y realizar una visualización de respiración violeta: realiza varias respiraciones profundas moviendo los codos hacia atrás con las palmas hacia arriba e imagina que al inspirar entra por el chakra corona un haz de luz blanca que atraviesa tu lengua en contacto con el paladar, baja por la parte delantera de tu cuerpo hasta el punto Hui Yin y después pasa por la base de la columna subiendo por la espalda por dentro de la médula espinal hasta llegar de nuevo a la cabeza, desde donde comienza de nuevo a bajar para repetir el mismo ciclo; ahora imagínate que esta luz blanca sigue girando y se vuelve primero azul clara y poco a poco va cambiando al color violeta (tú puedes visualizar el Dai-Ko-Myo de color dorado arrastrado por la corriente de luz violeta y cuando has realizado varios giros, lo soplas hacia la base del cráneo del alumno donde se queda fijado).

CAPÍTULO 70

Cómo realizar la sintonización Reiki Uno

Previamente, y con la finalidad de ponernos en contacto con la energía, es conveniente realizar un breve ejercicio de acumulación energética, como abrazar el árbol, la postura del jinete, o simplemente permanecer de pie con las rodillas ligeramente flexionadas y las palmas de las manos vueltas hacia arriba, adoptar la posición Hui Yin y completar varias órbitas de circulación microcósmica.

1.º Oración inicial: (Por delante.) Antes de comenzar, sitúate delante del alumno y realiza una oración silenciosa saludando y pidiendo ayuda a Dios, a tus guías Reiki, a los del alumno, a los Maestros Ascendidos, a tu Yo Superior, a los ángeles y arcángeles, etcétera, comunicándoles que con su ayuda vas a realizar una sintonización de Reiki Uno, y traza en tus dos manos el Cho-Ku-Rei y el Dai-Ko-Myo tradicional; luego traza delante de tu cuerpo un Cho-Ku-Rei grande y también trázalo sobre cada uno de tus chakras.

Si lo deseas, traza además los seis símbolos en el aire.

2.º Apertura del aura y del Canal Central: (Por detrás.) Colócate detrás del alumno y traza el símbolo de la serpiente de fuego ondulada y el Raku desde la cabeza hasta la base de la columna.

3.º Armonización de auras y apertura del chakra corona: (Por detrás.) Coloca tus manos encima de su cabeza y medita unos minutos para sintonizarte con su aura. A continuación abre el chakra corona mentalmente o con un gesto, como separar las manos o girarlas en sentido contrario a las agujas del reloj, aspira y contén el aliento manteniendo la posición Hui Yin mientras introduces el siguiente símbolo.

4.º Introducción del Dai-Ko-Myo no tradicional en la cabeza a través del chakra corona: (Por detrás.) Abre tus manos encima de la cabeza del alumno unos instantes y después coloca tu mano izquierda junto a su oreja izquierda (que permanecerá junto a la oreja izquierda mientras estemos detrás); trazas el Dai-Ko-Myo no tradicional en tu mente, lo dibujas con la mano derecha sobre su cabeza y soplas sobre el chakra corona, imaginando cómo con el soplo se traslada el símbolo hasta el chakra corona del alumno y baja suavemente hasta la base de su cráneo guiado por tu mano derecha.

Respira hondo y contén otra vez el aliento mientras introduces los siguientes símbolos.

5.º Introducción de los símbolos del grado uno en la cabeza: (Por detrás.) Toca ahora su hombro izquierdo (previamente, habrás convenido con él que al hacerlo debe colocar las manos juntas encima de la cabeza) y, cuando suba las manos encima del chakra corona, trazas únicamente el Cho-Ku-Rei y guiándolo con la mano derecha lo alojas también en la base de su cráneo, repitiendo tres veces su nombre.

Coge sus manos con las tuyas encima de su cabeza y sopla encima de ellas y de su chakra corona.

Vuelve a colocarle las manos en el pecho en la posición de orar.

6.º Introducción de los símbolos del grado uno en las manos: (Por delante.) Pásate ahora delante del alumno, ábrele las manos y, colocando tu mano izquierda debajo de las suyas, trazas los símbolos del grado uno sobre sus palmas (antes, aspira hondo y contén el aliento); traza únicamente el Cho-Ku-Rei y palmeas tres veces encima de sus manos, imaginando cómo entran los símbolos en sus manos y repitiendo tres veces sus nombres.

(Por delante.) Vuelve a colocarle las manos en el pecho y sopla sobre ellas, luego hacia abajo al chakra de la raíz, y de nuevo hacia arriba, volviendo hacia abajo otra vez hasta las manos (chakra del corazón).

7.º Finalización y sellado: (Por detrás.) Ahora te colocas de nuevo por detrás, le pones suavemente tus manos en sus hombros y miras mentalmente a través de su chakra corona hasta su chakra de la raíz, visualizando la columna de energía del Canal Central alrededor de la médula espinal mientras compruebas que los símbolos correspondientes hayan quedado insertados en él, y repites mentalmente la frase que hayas elegido para la sintonización de la Maestría Reiki:

Tú [nombre del alumno] *eres ahora un sanador Reiki Uno.*

Desde ahora [nombre del alumno], *tienes la capacidad de transmitir la energía Reiki Uno y de actuar en el plano físico.*

Ahora forma un triángulo con tus índices y tus pulgares, los colocas por detrás en la base de su cráneo y mentalmente dices:

Aquí y ahora yo sello este proceso de sintonización de [nombre del alumno], *con divino amor y divina sabiduría.*

Visualizas cómo los símbolos que has introducido se quedan encerrados tras esta puerta imaginaria, cierras el aura mentalmente o con un gesto, trazas el Raku a lo largo de su columna vertebral y para terminar le vuelves a colocar tus manos en sus hombros con la finalidad de igualar las frecuencias de vuestras auras realizando varias órbitas microcósmicas ampliándolas para abarcar en ellas al alumno y redistribuir la energía que se ha generado durante el proceso de sintonización.

Finalmente, realizas un acto de gratitud a los guías tuyos y del alumno y al Creador, manifestándoles tu agradecimiento por haber sido los protagonistas de esta maravillosa experiencia con la que Dios os ha obsequiado.

CAPÍTULO 71

Cómo realizar la sintonización Reiki Dos

Previamente, y con la finalidad de ponernos en contacto con la energía, es conveniente realizar un breve ejercicio de acumulación energética como abrazar el árbol, la postura del jinete, o simplemente permanecer de pie con las rodillas ligeramente flexionadas y las palmas de las manos vueltas hacia arriba, adoptar la posición Hui Yin y completar varias órbitas de circulación microcósmica.

1.º *Oración inicial:* (Por delante.) Antes de comenzar, sitúate delante del alumno y realiza una oración silenciosa saludando y pidiendo ayuda a Dios, a tus guías Reiki, a los del alumno, a los Maestros Ascendidos, a tu Yo Superior, a los ángeles y arcángeles, etcétera, comunicándoles que con su ayuda vas a realizar una sintonización de Reiki Dos, y traza en tus dos manos el Cho-Ku-Rei y el Dai-Ko-Myo tradicional; luego traza delante de tu cuerpo un Cho-Ku-Rei grande y también trázalo sobre cada uno de tus chakras.

Traza además los seis símbolos en el aire.

2.º *Apertura del aura y del Canal Central:* (Por detrás.) Colócate detrás del alumno y traza el símbolo de la serpiente de fuego ondulada y el Raku, desde la cabeza hasta la base de la columna.

3.º *Armonización de auras y apertura del chakra corona:* (Por detrás.) Coloca tus manos encima de su cabeza y medita unos minutos para sintonizarte con su aura. A continuación abre el chakra corona mentalmente o con un gesto como separar las manos o girarlas en sentido contrario a las agujas del reloj, aspira, contén el aliento y mantén la posición Hui Yin mientras introduces el siguiente símbolo.

4.º Introducción del Dai-Ko-Myo no tradicional en la cabeza a través del chakra corona: (Por detrás.) Abre tus manos encima de la cabeza del alumno unos instantes y después coloca tu mano izquierda junto a su oreja izquierda (la mano permanecerá junto a la oreja izquierda mientras estemos detrás); trazas el Dai-Ko-Myo no tradicional en tu mente, lo dibujas con la mano derecha sobre su cabeza y soplas sobre el chakra corona, imaginando cómo con el soplo se traslada el símbolo hasta el chakra corona del alumno y baja suavemente hasta la base de su cráneo guiado por tu mano derecha.

Respira hondo y contén otra vez el aliento mientras introduces los siguientes símbolos.

5.º Introducción de los símbolos del grado dos en la cabeza: (Por detrás.) Toca ahora su hombro izquierdo (previamente, habrás convenido con él que al hacerlo debe colocar las manos juntas encima de la cabeza) y cuando suba las manos encima del chakra corona traza el Cho-Ku-Rei y, guiándolo con la mano derecha, lo alojas también en la base de su cráneo, repitiendo tres veces su nombre.

Traza el Sei-He-Ki y, guiándolo con la mano derecha, lo alojas también en la base de su cráneo, repitiendo tres veces su nombre.

Traza el Hon-Sha-Ze-Sho-Nen y, guiándolo con la mano derecha, lo alojas también en la base de su cráneo, repitiendo tres veces su nombre.

Coge sus manos encima de la cabeza y sopla encima de ellas y del chakra corona.

Vuelve a colocarle las manos en el pecho en la posición de orar.

6.º Introducción de los símbolos del grado dos en las manos: (Por delante.) Pásate ahora delante del alumno, ábrele las manos y, colocando tu mano izquierda debajo de las suyas, trazas los símbolos del grado dos (antes aspira hondo y contén el aliento); traza el Cho-Ku-Rei y palmeas tres veces encima de sus manos; luego, el Sei-He-Ki, y palmeas tres veces encima de sus manos; el Hon-Sha-Ze-Sho-Nen, y palmeas tres veces encima de sus manos, imaginando cómo entran los símbolos en sus palmas y repitiendo tres veces sus nombres.

(Por delante.) Vuelve a colocarle las manos en el pecho en posición de oración y sopla sobre ellas; luego hacia abajo al chakra raíz, y de nuevo hacia arriba, volviendo hacia abajo otra vez hasta las manos junto al chakra del corazón.

7.º Finalización y sellado: (Por detrás.) Ahora te colocas de nuevo por detrás, le pones suavemente tus manos en sus hombros y miras mentalmente a través de su chakra corona hasta su chakra de la raíz visualizando la columna de energía del Canal Central alrededor de la médula espinal, comprobando que los símbolos correspondientes hayan quedado insertados en él, y repites mentalmente la frase que hayas elegido para la sintonización de la Maestría Reiki:

Tú [nombre del alumno] *eres ahora un sanador Reiki Dos.*

Desde ahora [nombre del alumno], *tienes la capacidad de transmitir la energía Reiki Dos y de actuar en el plano mental y emocional.*

Ahora forma un triángulo con tus índices y tus pulgares, los colocas por detrás en la base de su cráneo y mentalmente dices:

Aquí y ahora yo sello este proceso de sintonización de [nombre del alumno], *con divino amor y divina sabiduría.*

Visualizas cómo los símbolos que has introducido se quedan encerrados tras esta puerta imaginaria, cierras el aura mentalmente o con un gesto, trazas el Raku a lo largo de su columna vertebral y para terminar le vuelves a colocar tus manos en sus hombros con la finalidad de igualar las frecuencias de vuestras auras realizando varias órbitas microcósmicas ampliándolas para abarcar en ellas al alumno y redistribuir la energía que se ha generado durante el proceso de sintonización.

Finalmente, realizas un acto de gratitud a los guías tuyos y del alumno y al Creador, manifestándoles tu agradecimiento por haber sido los protagonistas de esta maravillosa experiencia con la que Dios os ha obsequiado.

CAPÍTULO 72

Cómo realizar la sintonización Reiki Tres

Previamente, y con la finalidad de ponernos en contacto con la energía, es conveniente realizar un breve ejercicio de acumulación energética, como abrazar el árbol, la postura del jinete, o simplemente permanecer de pie con las rodillas ligeramente flexionadas y las palmas de las manos vueltas hacia arriba, adoptar la posición Hui Yin y completar varias órbitas de circulación microcósmica.

1.º Oración inicial: (Por delante.) Antes de comenzar, sitúate delante del alumno y realiza una oración silenciosa saludando y pidiendo ayuda a Dios, a tus guías Reiki, a los del alumno, a los Maestros Ascendidos, a tu Yo Superior, a los ángeles y arcángeles, etcétera, comunicándoles que con su ayuda vas a realizar una sintonización de Reiki Tres, y traza en tus dos manos el Cho-Ku-Rei y el Dai-Ko-Myo tradicional; luego traza delante de tu cuerpo un Cho-Ku-Rei grande y también trázalo sobre cada uno de tus chakras. Traza además los seis símbolos en el aire.

2.º Apertura del aura y del Canal Central: (Por detrás.) Colócate detrás del alumno y traza el símbolo de la serpiente de fuego ondulada, y el Raku, desde la cabeza hasta la base de la columna.

3.º Armonización de auras y apertura del chakra corona: (Por detrás.) Coloca tus manos encima de su cabeza y medita unos minutos para sintonizarte con su aura. A continuación abre el chakra corona mentalmente o con un gesto, como separar las manos o girarlas en sentido contrario a las agujas del reloj, aspira y contén el aliento en posición Hui Yin mientras introduces el siguiente símbolo.

4.º *Introducción del Dai-Ko-Myo no tradicional en la cabeza a través del chakra corona:* (Por detrás.) Abre tus manos encima de la cabeza del alumno unos instantes, después coloca tu mano izquierda junto a su oreja izquierda (que permanecerá junto a la oreja izquierda mientras estemos detrás); después trazas el Dai-Ko-Myo no tradicional en tu mente, lo dibujas con la mano derecha sobre su cabeza y soplas sobre el chakra corona, imaginando cómo con el soplo se traslada el símbolo hasta el chakra corona del alumno y baja suavemente hasta la base de su cráneo guiado por tu mano derecha.

Respira hondo y contén otra vez el aliento mientras introduces los siguientes símbolos.

5.º *Introducción de los símbolos del tercer grado en la cabeza:* (Por detrás.) Toca ahora su hombro izquierdo (previamente, habrás convenido con él que al hacerlo debe colocar las manos juntas encima de la cabeza) y, cuando suba las manos encima del chakra corona, traza el Dai-Ko-Myo tradicional y guiándolo con la mano derecha lo alojas también en la base de su cráneo, repitiendo tres veces su nombre.

Traza el Cho-Ku-Rei y, guiándolo con la mano derecha, lo alojas también en la base de su cráneo, repitiendo tres veces su nombre.

Traza el Sei-He-Ki y, guiándolo con la mano derecha, lo alojas también en la base de su cráneo, repitiendo tres veces su nombre.

Traza el Hon-Sha-Ze-Sho-Nen y, guiándolo con la mano derecha, lo alojas también en la base de su cráneo, repitiendo tres veces su nombre.

Coge sus manos encima de la cabeza y sopla encima de ellas y del chakra corona.

Vuelve a colocarle las manos en el pecho en la posición de orar.

6.º *Introducción de los símbolos del grado tres en las manos:* (Por delante.) Pásate ahora delante del alumno, ábrele las manos y, colocando tu mano izquierda debajo de las suyas, traza los símbolos del grado tres (antes aspira hondo y contén el aliento); traza el Dai-Ko-Myo tradicional, y palmeas tres veces encima de sus manos; el Cho-Ku-Rei, y palmeas tres veces encima de sus manos; el Sei-He-Ki, y palmeas tres veces encima de sus manos; el Hon-Sha-Ze-Sho-Nen, y palmeas tres veces encima de sus manos, imaginando cómo entran los símbolos en sus manos y repitiendo tres veces sus nombres.

(Por delante.) Vuelve a colocarle las manos en el pecho en posición de oración, y soplas sobre ellas, luego hacia abajo al chakra de la raíz, y de nuevo hacia arriba, volviendo hacia abajo otra vez hasta las manos, junto al chakra del corazón.

7.º *Finalización y sellado:* (Por detrás.) Ahora te colocas de nuevo por detrás, le pones suavemente tus manos en sus hombros y miras mentalmente a través de su chakra corona hasta su chakra de la raíz, visualizando la columna de energía del Canal Central alrededor de la médula espinal y comprobando que los símbolos correspondientes hayan quedado insertados en él, repites mentalmente la frase que hayas elegido para la sintonización de la Maestría Reiki:

Tú [nombre del alumno] *eres ahora un sanador Reiki Tres.*

Desde ahora [nombre del alumno], *tienes la capacidad de transmitir la energía Reiki Tres y de actuar en el plano espiritual.*

Ahora forma un triángulo con tus índices y tus pulgares, los colocas por detrás en la base de su cráneo y mentalmente dices:

Aquí y ahora yo sello este proceso de sintonización de [nombre del alumno], *con divino amor y divina sabiduría.*

Visualizas cómo los símbolos que has introducido se quedan encerrados tras esta puerta imaginaria, cierras el aura mentalmente o con un gesto, trazas el Raku a lo largo de su columna vertebral y para terminar, le vuelves a colocar tus manos en sus hombros con la finalidad de igualar las frecuencias de vuestras auras realizando varias órbitas microcósmicas ampliándolas para abarcar en ellas al alumno y redistribuir la energía que se ha generado durante el proceso de sintonización.

Finalmente, realizas un acto de gratitud a los guías tuyos y del alumno y al Creador, manifestándoles tu agradecimiento por haber sido los protagonistas de esta maravillosa experiencia con la que Dios os ha obsequiado.

CAPÍTULO 73

Cómo realizar la sintonización de Maestría Reiki

*P*reviamente, y con la finalidad de ponernos en contacto con la energía, es conveniente realizar un breve ejercicio de acumulación energética, como abrazar el árbol, la postura del jinete, o simplemente permanecer de pie con las rodillas ligeramente flexionadas y las palmas de las manos vueltas hacia arriba, adoptar la posición Hui Yin y completar varias órbitas de circulación microcósmica.

1.º Oración inicial: (Por delante.) Antes de comenzar, sitúate delante del alumno y realiza una oración silenciosa, saludando y pidiendo ayuda a Dios, a tus guías Reiki, a los del alumno, a los Maestros Ascendidos, a tu Yo Superior, a los ángeles y arcángeles, etcétera, comunicándoles que con su ayuda vas a realizar una sintonización de Maestría Reiki, y traza en tus dos manos el Cho-Ku-Rei y el Dai-Ko-Myo tradicional; luego traza delante de tu cuerpo un Cho-Ku-Rei grande y también trázalo sobre cada uno de tus chakras. Traza además los seis símbolos en el aire.

2.º Apertura del aura y del Canal Central: (Por detrás.) Colócate detrás del alumno y traza el símbolo de la serpiente de fuego ondulada y el Raku, desde la cabeza hasta la base de la columna.

3.º Armonización de auras y apertura del chakra corona: (Por detrás.) Coloca tus manos encima de su cabeza y medita unos minutos para sintonizarte con su aura. A continuación abre el chakra corona mentalmente o con un gesto, como separar las manos o girarlas en sentido contrario a las agujas del reloj, aspira y contén el aliento mientras introduces el siguiente símbolo.

4.º Introducción en la cabeza del Dai-Ko-Myo no tradicional a través del chakra corona: (Por detrás.) Abre tus manos encima de la cabeza del alumno unos instantes; después coloca tu mano izquierda junto a su oreja izquierda (que permanecerá junto a la oreja izquierda mientras estemos detrás), trazas el Dai-Ko-Myo no tradicional en tu mente, lo dibujas con la mano derecha sobre su cabeza y soplas sobre el chakra corona, imaginando cómo con el soplo se traslada el símbolo hasta el chakra corona del alumno y baja suavemente hasta la base de su cráneo guiado por tu mano derecha.

Respira hondo y contén otra vez el aliento mientras introduces los siguientes símbolos.

5.º Introducción en la cabeza de todos los símbolos: (Por detrás.) Toca ahora su hombro izquierdo (previamente, habrás convenido con él que al hacerlo debe colocar las manos juntas encima de la cabeza) y cuando suba las manos encima del chakra corona trazas el Raku en sus dos versiones, que pasa desde tu cabeza a la del estudiante, mientras lo guías con tu mano derecha hasta dejarlo alojado en la base de su cráneo, repitiendo a la vez tres veces el nombre del símbolo.

Traza el Dai-Ko-Myo no tradicional pasa desde tu cabeza a la del estudiante mientras lo guías con tu mano derecha hasta dejarlo alojado en la base de su cráneo, repitiendo a la vez tres veces el nombre del símbolo.

Traza el Dai-Ko-Myo tradicional, y guiándolo con la mano derecha, lo alojas también en la base de su cráneo, repitiendo tres veces su nombre.

Traza el Cho-Ku-Rei y, guiándolo con la mano derecha, lo alojas también en la base de su cráneo, repitiendo tres veces su nombre.

Traza el Sei-He-Ki y, guiándolo con la mano derecha, lo alojas también en la base de su cráneo, repitiendo tres veces su nombre.

Traza el Hon-Sha-Ze-Sho-Nen y, guiándolo con la mano derecha, lo alojas también en la base de su cráneo, repitiendo tres veces su nombre.

Coge sus manos con las tuyas encima de su cabeza y soplas sobre ellas y sobre su chakra corona.

Vuelve a colocarle las manos en el pecho en la posición de orar.

6.º Introducción en las manos de todos los símbolos: (Por delante.) Pásate ahora delante del alumno, ábrele las manos y, colocando tu mano izquierda debajo de las suyas, trazas los seis símbolos (antes aspira hondo y contén el aliento); traza el Raku, y palmeas tres veces encima de sus manos; el Dai-Ko-Myo tradicional, y palmeas tres veces encima de sus manos; el Dai-Ko-Myo no tradicional, y palmeas tres veces encima de sus manos; el Cho-Ku-Rei, y palmeas tres veces encima de sus manos; el Sei-He-Ki, y palmeas tres veces encima de sus manos; el Hon-Sha-Ze-Sho-Nen, y palmeas tres veces encima de sus manos, imaginando cómo entran los símbolos en sus manos y repitiendo tres veces sus nombres.

(Por delante.) Vuelve a colocarle las manos en el pecho y sopla sobre ellas, luego hacia abajo al chakra de la raíz, y de nuevo hacia arriba, volviendo hacia abajo otra vez hasta las manos (chakra del corazón).

7.º *Finalización y sellado:* (Por detrás.) Ahora te colocas de nuevo por detrás, le pones suavemente tus manos en sus hombros y miras mentalmente a través de su chakra corona hasta su chakra de la raíz, visualizando la columna de energía del Canal Central alrededor de la médula espinal, comprobando que los símbolos correspondientes hayan quedado insertados en él, y repites mentalmente la frase que hayas elegido para la sintonización de la Maestría Reiki:

Tú [nombre del alumno] *eres ahora un sanador y un maestro Reiki.*

Desde ahora [nombre del alumno], *tienes la capacidad y la responsabilidad de realizar las sintonizaciones Reiki de todos los grados y de formar Maestros Reiki.*

Ahora forma un triángulo con tus índices y tus pulgares, los colocas por detrás en la base de su cráneo y mentalmente dices:

Aquí y ahora yo sello este proceso de sintonización de [nombre del alumno], *con divino amor y divina sabiduría.*

Visualizas cómo los símbolos que has introducido se quedan encerrados tras esta puerta imaginaria, cierras el aura mentalmente o con un gesto, trazas el Raku a lo largo de su columna vertebral y para terminar, le vuelves a colocar tus manos en sus hombros con la finalidad de igualar las frecuencias de vuestras auras realizando varias órbitas microcósmicas ampliándolas para abarcar en ellas al alumno y redistribuir la energía que se ha generado durante el proceso de sintonización.

Finalmente, realizas un acto de gratitud a los guías tuyos y del alumno y al Creador, manifestándoles tu agradecimiento por haber sido los protagonistas de esta maravillosa experiencia con la que Dios os ha obsequiado.

CAPÍTULO 74

Autosintonización y reiniciaciones a distancia

Antes de realizar una sesión de Reiki o las sintonizaciones, puedes realizarte una sintonización a ti mismo para aumentar tu capacidad transmisora.

Sentado con la espalda recta imagina que tu rodilla es tu cabeza y el muslo es tu espalda y, usando la otra rodilla como la parte frontal de tu cuerpo, realizas los pasos anteriores. También puedes usar un muñeco o una almohada para este fin.

Las reiniciaciones a distancia sirven para reforzar la sintonización de las personas que ya han sido iniciadas y sólo en el grado que ya posean.

Se puede usar una almohada o un muñeco o cualquier otra cosa que se te ocurra.

CAPÍTULO 75

Sintonizaciones complementarias: de sanación y para reforzar la consecución de metas

La sintonización también puede realizarse con una finalidad sanadora, de forma que abriendo el aura del receptor queda más receptiva a la energía Reiki, a la vez que facilitamos la ayuda de los guías del receptor. Estas sintonizaciones no inician al receptor porque no se le introducen los símbolos en las manos.

La sintonización de sanación remueve la energía negativa del receptor y los bloqueos energéticos causantes de su malestar. Es esencial que el receptor sepa lo que estamos haciendo; por eso, le explicaremos claramente todos los pasos y le remarcaremos la importancia de estar abierto y dispuesto a aceptar los cambios de actitud necesarios para eliminar los factores negativos que perturban su bienestar y su equilibrio disolviendo los bloqueos que pudieran existir.

También puede ser usada la sintonización para apoyar la consecución de metas y objetivos que el receptor tiene dificultad en conseguir o cuando está inseguro.

Cuando un objetivo largamente perseguido se resiste es que quizá exista algo que nos está bloqueando el camino hacia él, que puede ser desde pensamientos limitadores sobre nuestras metas, miedo al fracaso o incluso al cambio que nos supondría el éxito, o que existe algún aspecto o situación que debemos resolver previamente, o que los objetivos que perseguimos no son compatibles con nuestro estado actual de evolución y quizá deberemos esperar o reconsiderar el planteamiento inicial realizando los cambios de metas que se adapten mejor a nuestro estado actual.

Previamente, y con la finalidad de ponernos en contacto con la energía, es conveniente realizar un breve ejercicio de acumulación energética, como abrazar el árbol, la postura del jinete, o simplemente permanecer de pie con las rodillas ligeramente flexionadas y las palmas de las manos vueltas hacia arriba, adoptar la posición Hui Yin y completar varias órbitas de circulación microcósmica.

1.º *Oración inicial:* antes de comenzar, sitúate detrás del alumno y realiza una oración silenciosa, saludando y pidiendo ayuda a Dios, a tus guías Reiki, a los del alumno, a los Maestros Ascendidos, a tu Yo Superior, a los ángeles y arcángeles, etcétera, comunicándoles que con su ayuda vas a realizar una sintonización de Sanación Reiki, y traza en tus dos manos el Cho-Ku-Rei y el Dai-Ko-Myo tradicional; luego traza delante de tu cuerpo un Cho-Ku-Rei grande y también trázalo sobre cada uno de tus chakras. Traza además los seis símbolos en el aire.

2.º *Apertura del aura y de la Línea Hara:* colócate detrás del alumno y traza el símbolo de la serpiente de fuego desde la cabeza hasta la base de la columna.

3.º *Armonización de auras:* coloca tus manos encima de su cabeza y medita unos minutos para sintonizarte con su aura.

4.º *Introducción del Dai-Ko-Myo en el chakra del corazón:* abre tus manos encima de la cabeza del alumno unos instantes; después coloca tu mano izquierda junto a su oreja izquierda, trazas el Dai-Ko-Myo no tradicional en tu mente, lo dibujas con la mano sobre su cabeza y soplas sobre el chakra corona, imaginando cómo con el soplo se traslada hasta el chakra corona del alumno y baja suavemente hasta el chakra del corazón guiado por tu mano derecha; luego toca suavemente tres veces en su cabeza con la punta de tus dedos.

5.º *Introducción de los símbolos en el chakra del corazón:* haz lo mismo con estos símbolos: traza el Dai-Ko-Myo tradicional y, guiándolo con la mano derecha, lo alojas en su chakra del corazón, repitiendo tres veces su nombre; traza el Cho-Ku-Rei y, guiándolo con la mano derecha, lo alojas en su chakra del corazón, repitiendo tres veces su nombre; traza el Sei-He-Ki y, guiándolo con la mano derecha, lo alojas en su chakra del corazón, repitiendo tres veces su nombre; traza el Hon-Sha-Ze-Sho-Nen y, guiándolo con la mano derecha, lo alojas en su chakra del corazón, repitiendo tres veces su nombre; sopla desde el estómago subiendo hasta el chakra corona, después hacia abajo hasta el ombligo y de nuevo hasta el chakra corona. Mientras soplas, haz con tus manos un movimiento guiado de la energía con la intención de recoger toda la negatividad y expulsarla fuera del aura del receptor con el último soplido.

6.º *Finalización y sellado:* colócate detrás, le pones suavemente tus manos en sus hombros y miras mentalmente a través de su chakra corona hasta su chakra del corazón, observando una bola de luz de color rosa (color del amor) o dorada (color de la energía curativa) o verde (color del chakra corazón) que hay allí, y repites mentalmente la frase que hayas elegido para la sintonización de sanación:

Tú estás ahora completamente curado por el amor Divino.

Tú estás ahora guiado por el amor y por el poder divino para la consecución de tu meta siempre que ésta sea buena para ti.

Ahora suminístrale un tratamiento Reiki completo.

CAPÍTULO 76

Cuadro resumen de las sintonizaciones

RESUMEN DE LAS SINTONIZACIONES				
	REIKI UNO	**REIKI DOS**	**REIKI TRES**	**MAESTRÍA**
	1) Oración inicial	1) Oración inicial	1) Oración inicial	1) Oración inicial
Por detrás (*igual para todos*)	2) Apertura del aura y del Canal Central	2) Apertura del aura y del Canal Central	2) Apertura del aura y del Canal Central	2) Apertura del aura y del Canal Central
Por detrás (*igual para todos*)	3) Armonización de auras y apertura del Chakra corona	3) Armonización de auras y apertura del Chakra corona	3) Armonización de auras y apertura del Chakra corona	3) Armonización de auras y apertura del Chakra corona
Por detrás (*igual para todos*)	4) Introducción del DKM-NT en la cabeza (soplar)	4) Introducción del DKM-NT en la cabeza (soplar)	4) Introducción del DKM-NT en la cabeza (soplar)	4) Introducción del DKM-NT en la cabeza (soplar)

RESUMEN DE LAS SINTONIZACIONES				
Por detrás (*diferente:* en cada grado se introducen en la cabeza los símbolos correspondientes al grado)	5) Introducción de los símbolos del grado 1.º en la cabeza: Solamente el CKR	5) Introducción de los símbolos del grado 2.º en la cabeza: el CKR el SHK el HSZSN	5) Introducción de los símbolos del grado 3º en la cabeza: el CKR el SHK el HSZSN el DKM-T	5) Introducción de todos los símbolos en la cabeza: el CKR el SHK el HSZSN el DKM-T el DKM-NT el R-T el R-NT
Por detrás (*igual para todos*)	6) Vuelta de las manos al pecho	6) Vuelta de las manos al pecho	6) Vuelta de las manos al pecho	6) Vuelta de las manos al pecho
Por delante (*diferente:* en cada grado se introducen en las manos los símbolos correspondientes al grado)	7) Introducción de los símbolos del grado 1.º en las manos: Solamente el CKR	7) Introducción de los símbolos del grado 2.º en las manos: el CKR el SHK el HSZSN	7) Introducción de los símbolos del grado 3.º en las manos: el CKR el SHK el HSZSN el DKM-T	7) Introducción de todos los símbolos en las manos: el CKR el SHK el HSZSN el DKM-T el DKM-NT el R-T el R-NT
• Repicar tres veces con cada símbolo • Coger sus manos y soplar	• Repicar tres veces con cada símbolo • Coger sus manos y soplar	• Repicar tres veces con cada símbolo • Coger sus manos y soplar	• Repicar tres veces con cada símbolo • Coger sus manos y soplar	• Repicar tres veces con cada símbolo • Coger sus manos y soplar

RESUMEN DE LAS SINTONIZACIONES				
Por delante (*igual para todos*)	8) Vuelta de las manos al pecho (soplar abajo, arriba y abajo)	8) Vuelta de las manos al pecho (soplar abajo, arriba y abajo)	8) Vuelta de las manos al pecho (soplar abajo, arriba y abajo)	8) Vuelta de las manos al pecho (soplar abajo, arriba y abajo)
Por detrás (*igual para todos*)	9) Finalización y sellado	9) Finalización y sellado	9) Finalización y sellado	9) Finalización y sellado

CAPÍTULO 77

Meditación de Maestría Reiki

Me conciencio de que en esta meditación voy a ir al *Templo de los Maestros*, que es el hogar de todos los seres que han sido, son y serán canales Reiki.

Este santuario existe en una dimensión vibracional de una frecuencia más elevada de las que podemos percibir por nuestros sentidos, pero podemos acudir a él, relajándonos y entrando en un estado alfa para poder invocar a los guías, pidiéndoles que acudan en mi ayuda y me conduzcan al Templo de los Maestros.

Me visualizo sentado en la playa de *la Isla de la Sanación* junto con mi guía (meditación de Reiki Uno), disfrutando de la luz, de los olores, de la suave brisa que me acaricia y de la armonía de los sonidos de la naturaleza.

Estoy alegre porque siento que me ha llegado el momento de seguir avanzando en mi camino de evolución hacia la Luz y el Amor, y mi guía me impulsa dulcemente a levantarme y a ponerme en marcha.

Comienzo a caminar por la cálida arena de la playa sintiendo cómo se desliza entre mis pies y un poco más allá distingo una ladera cubierta por una hierba olorosa y fresca de un verde brillante; comienzo a ascenderla etéreamente, sin esfuerzo, como guiado por una fuerza que me eleva venciendo a la gravedad, y así voy avanzando entre jardines naturales que guardan una armonía perfecta.

Sin esfuerzo, llego a la cima desde la que se distingue todo el horizonte y en ella se levanta majestuoso el Templo de los Maestros.

A su alrededor el aire que respiro es más puro, como si tuviera más oxígeno.

Contemplo sus paredes doradas de luz y sus torres y cúpulas, que se alzan acariciando el cielo azul.

Me aproximo a la entrada y siento como si ya hubiera estado antes allí.

En la puerta me recibe un ser de luz, me saluda con afecto y amor, invitándome a pasar y me guía tomando mi mano.

Atravesamos unos jardines en los que las plantas y las flores me ofrecen sus aromas y colores sanadores, sintiendo cómo al absorberlos se funden en la esencia de cada una de mis células.

En un extremo del jardín veo un túnel de luz violeta y el guía me indica mentalmente que debo entrar yo solo, impulsándome con suavidad hacia su entrada en la que puedo ver con letras luminosas que se trata del *Túnel de la Armonía*.

Nada más entrar compruebo con sorpresa que este túnel solamente se puede atravesar desplazándote hacia *atrás*.

Según voy avanzando hacia atrás van apareciendo las situaciones de mi vida que me han creado conflictos emocionales que he guardado sin resolverlos satisfactoriamente para mi Yo Superior, y también las personas con las que no he sintonizado y con las que he tenido unas relaciones difíciles.

A mitad del túnel llego a una gran cámara circular abovedada e iluminada con una luz violeta y amarilla, en la que se escucha una música armoniosa y suave; me detengo en el centro y me encuentro rodeado de todas estas situaciones y personas que se muestran ante mí de forma pasiva como si estuvieran esperando algo de mí.

Comprendo que únicamente quieren restablecer la armonía y al extender mis manos para transmitirle mi amor, mi entrega y la energía Reiki, siento cómo baja un gran chorro de luz dorada que atraviesa mi cabeza y sale por el chakra del corazón y por las palmas de las manos, y, dirigiéndose hacia cada una de estas situaciones y personas, las envuelve rodeándolas con su luz dorada; entonces se despiertan y se van abriendo hacia mí tendiéndome sus manos, hasta que siento cómo la armonía y el amor van sanando cada una de estas situaciones y personas.

Ahora continúo por el túnel, comprobando que ya avanzo *de frente* y con una cálida sensación en mi interior.

Al final del túnel me está esperando otro ser de luz que me tiende su mano y me conduce por el Templo.

Avanzamos por varias salas en las que también hay seres de luz que me van recibiendo con cariño y alegría volviéndose a mi paso.

Llegamos al *Patio de la Depuración*, que es una especie de patio circular con una nube transparente encima de la que desciende un chorro de luz dorada con todos los colores del arco iris; me introduzco dentro de ella y siento cómo todo mi cuerpo se inunda con su luz sanadora, notando cómo mis células reciben esa luz y ese color, aumentando su vibración las partículas elementales que las forman y liberándose cualquier bloqueo energético que pudiera quedar en ellas.

Ahora los colores del arco iris se funden en un cálido color dorado que me inunda y que va cambiando de color. Primero recibo una ducha de luz sanadora verde suave, luego rosa y violeta y finalmente blanca, que limpian y energetizan mis chakras y mi aura.

Ahora me siento renovado, puro, limpio y fresco como la luz del sol al amanecer.

Sigo avanzando solo y llego a una gran *Sala Central*, donde se encuentran reunidos un número indeterminado de seres de luz que parece que están celebrando una fiesta, y al verme entrar, ríen y aplauden mi llegada pronunciando mi nombre, cantando a la vez dulces y suaves melodías.

Ahora comprendo que la fiesta es en mi ho-nor. Veo cómo uno de ellos se separa del resto, se me acerca lentamente abriendo sus alas de luz y me rodea con ellas acogiéndome como parte del grupo y disfruto de esta paz sanadora que me llega hasta cada una de mis células.

Ahora este ser me entrega un *Símbolo Sagrado* y me dice que desde este momento he quedado convertido en un Maestro Reiki y que mi misión es abrir mi corazón al amor y mostrar a los demás el camino de su propia sanación.

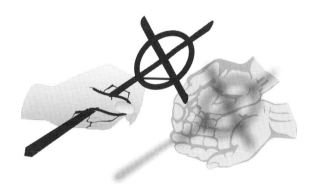

LIBRO COMPLETO DE LA SALUD Y BIENESTAR

Plan integral de salud, con test de autodiagnóstico, instrucciones y ejercicios para la armonía física, mental y emocional

DR. JOHN W. TRAVIS & REGINA SARA RYAN

Una obra inmensamente práctica y didáctica para liberar tu energía y dejarla fluir sana y armoniosamente tanto a nivel físico como emocional, mental y espiritual. Esta obra contempla tratamientos naturales, dietas desintoxicantes y ejercicios energéticos, pero su enfoque es mucho más amplio y nos enseña a comprender cómo es nuestra propia energía, cómo la gestionamos en las distintas áreas de la vida y cómo podemos crearnos una vida única y vibrante a nuestra propia y peculiar manera.

LAS ENERGÍAS CURATIVAS DEL AGUA
CHARLIE RYRIE

Las energías curativas del agua enseña múltiples y novedosas maneras de emplear sus potentes virtudes sanadoras, tanto para curar dolencias como para equilibrar el organismo y optimizar la salud. Esta obra despliega la íntima relación que tiene el ser humano con el agua en toda su diversidad.

Con ilustraciones a todo color

TUI NA PASO A PASO
Masaje para despertar el cuerpo
y la mente
MARIA MERCATI

El Tui Na forma parte de la medicina tradicional china, junto con la medicina herbolaria y la acupuntura. Es vigorizador y energetizante. Puede utilizarse incluso para mejorar el rendimiento deportivo.

Con ilustraciones a todo color

YOGA PARA EL ESTRÉS
SWAMI SHIVAPREMANANDA

Yoga para el estrés es un completo y coherente programa de actividades que incluye ejercicios respiratorios, meditaciones y las más apropiadas posiciones de yoga (asanas) para prevenir o eliminar el estrés y las tensiones que origina la vida diaria.

Con ilustraciones a todo color

LIBRO COMPLETO DE SHIATSU
SHIGERU ONODA

El Shiatsu es una terapia incluida dentro del ámbito de la medicina natural que sintetiza el conocimiento científico-médico occidental y la sabiduría milenaria de la medicina oriental. Refuerza el sistema inmunológico, equilibra el sistema nervioso, mejora el metabolismo, aumenta el rendimiento físico e intelectual y desarrolla la responsabilidad sobre la salud.

EL LIBRO COMPLETO DE LOS CHAKRAS
Armonía y salud a través de los centros de energía
LIZ SIMPSON

Esta obra ofrece formas prácticas y eficaces de trabajar con los chakras y muestra cómo desbloquear y armonizar su energía para lograr el equilibrio físico, mental, emocional y espiritual.

Con ilustraciones a todo color

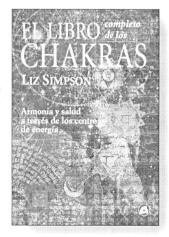

LIBRO COMPLETO DE MEDICINA NATURAL
Todas las enfermedades, todos los síntomas, todas las terapias
DR. INGFRIED HOBERT

Una guía completísima y sumamente fácil y accesible. Permite familiarizarse rápida y sencillamente con todos los métodos de la medicina alternativa y hallar los más apropiados para sanar cada dolencia.

GIMNASIA ENERGÉTICA CHINA
Ejercicios sencillos y eficaces para el vigor, la vitalidad y el equilibrio físico, mental y espiritual
FABRIZIO MELONI

LA GIMNASIA ENERGÉTICA CHINA parte del hecho de que cuerpo, mente y espíritu constituyen una sola unidad orgánica y energética.

La gimnasia energética no requiere ningún conocimiento previo ni un estado de forma cualificado. Consiste en sencillos y, sin embargo, eficaces ejercicios de contracción muscular estática que todo el mundo, sin importar la edad o la condición física, puede realizar fácilmente y en cualquier momento y lugar.

Esta obra presenta doce tablas de ejercicios basados en la medicina energética china. La práctica de estas tablas —cada una de las cuales se corresponde con uno de los doce meridianos energéticos— tiene una probada influencia saludable y reguladora en la actividad del campo energético humano, tanto a nivel físico como psíquico.

YOGA PARA EL EMBARAZO
WENDY TEASDILL

EL YOGA RELAJA la mente, otorgándote un sentimiento de armonía, tranquilidad y bienestar, e igualmente una mayor vitalidad y mejor salud física.

Yoga para el embarazo es una guía que ofrece, paso a paso, los mejores ejercicios para cada fase del embarazo y los recursos que necesitas para tener un embarazo armónico y un parto feliz; expone igualmente ejercicios adecuados para las primeras semanas en las que el bebé ya estará a tu lado.

Es el primer libro sobre yoga, a todo color, que abarca desde el primer trimestre hasta el posparto, está dirigido tanto a las mujeres que quieren iniciarse en el yoga como a las que ya tienen experiencia, expone posturas seguras, está escrito con el asesoramiento de expertos maestros de yoga, comadronas y médicos.

Si deseas recibir información gratuita
sobre nuestras novedades

- Llámanos

o

- Manda un fax

o

- Manda un e-mail

o

- Escribe

o

- Recorta y envía esta página a:

C/ Alquimia, 6
28933 Móstoles (Madrid)
Tel.: 91 614 53 46 / 91 614 58 49
Fax: 91 618 40 12
E-mail: alfaomega@sew.es
www.alfaomegadistribucion.com

Nombre: ....

Primer apellido: ....

Segundo apellido: ....

Domicilio: ....

Código Postal: ....

Población: ....

País: ....

Teléfono: ....

Fax: ....

Libro completo de Reiki